传感器应用与信号控制

主　编　田　梅
副主编　方　川　孙　庆
参　编　李劲松　况敬晶　吕星宇　龙永杰
主　审　王士星

重庆大学出版社

内容提要

本书是对标国家"双高"建设标准,对标汽车产业发展规划,调研企业急需的关键工作岗位和职业能力要求,结合职业教育人才培养标准,以工作任务驱动,校企联合开发的智能汽车技术丛书中的一本。

本书介绍了智能汽车主要的车载传感器,包括毫米波雷达、超声波雷达、视觉传感器、激光雷达传感器以及 GPS 卫星组合惯导的结构、原理、类型、安装标定和信号处理等基础理论和应用案例。

本书适合作为高等院校、职业院校智能汽车相关专业的教材,也可作为汽车技术研发企业、汽车制造企业、汽车维修人员的参考用书及培训教材,同时适合用作广大对智能汽车感兴趣的各类人员的参考用书。

图书在版编目(CIP)数据

传感器应用与信号控制/田梅主编. --重庆:重
庆大学出版社,2022.3
ISBN 978-7-5689-3203-5

Ⅰ.①传… Ⅱ.①田… Ⅲ.①智能控制—汽车—传感
器—研究 Ⅳ.①U463.6

中国版本图书馆 CIP 数据核字(2022)第 050725 号

传感器应用与信号控制
CHUANGANQI YINGYONG YU XINHAO KONGZHI

主 编 田 梅
副主编 方 川 孙 庆
参 编 李劲松 况敬晶 吕星宇 龙永杰
主 审 王士星
策划编辑:杨粮菊

责任编辑:文 鹏 版式设计:杨粮菊
责任校对:刘志刚 责任印制:张 策

*

重庆大学出版社出版发行
出版人:饶帮华
社址:重庆市沙坪坝区大学城西路 21 号
邮编:401331
电话:(023)88617190 88617185(中小学)
传真:(023)88617186 88617166
网址:http://www.cqup.com.cn
邮箱:fxk@cqup.com.cn(营销中心)
全国新华书店经销
重庆长虹印务有限公司印刷

*

开本:787mm×1092mm 1/16 印张:13.75 字数:303 千
2022 年 3 月第 1 版 2022 年 3 月第 1 次印刷
印数:1—1 000
ISBN 978-7-5689-3203-5 定价:49.00 元

本书如有印刷、装订等质量问题,本社负责调换

前 言

2019 年，中共中央、国务院发布《交通强国建设纲要》；2020 年，国家发展改革委、中央网信办、科技部、工业和信息化部等 11 部委联合发布《智能汽车创新发展战略》，构建国家智能网联汽车顶层设计规划，提出建设中国标准智能汽车和实现智能汽车强国的战略目标；同年，国务院办公厅印发《新能源汽车产业发展规划(2021—2035 年)》，编制发布《智能网联汽车技术路线图 2.0》，制定了面向 2035 年的智能网联汽车技术发展的总体目标、愿景与发展路径。

汽车行业科技变革趋势是向低碳化、电动化、智能化、网联化方向发展。与传统汽车是机电一体化产品相比，智能网联汽车是机电信息一体化产品，需要汽车、交通设施、信息通信基础设施(包括 4G/5G、地图与定位、数据平台)等多个产业跨界融合。根据中国汽车工程学会发布的 2021 年《智能网联汽车人才需求预测报告》，2025 年，汽车行业人才需求高达 120 万人，行业总体人才缺口达 103 万人；智能网联汽车技术人才的存量预计仅为 7.2 万人，而学校教育滞后于人才需求，人才净缺口最高为 3.7 万人，缺口比例高达三分之一。

智能网联汽车技术是一项庞大且复杂的系统工程，是集环境感知、规划决策和控制执行等功能于一体的现代运载工具和移动信息处理平台，具有典型的多学科和跨学科特点。同时，智能网联汽车具有区域属性和社会属性的特点，在行驶过程中需要通信、地图、数据平台等本国属性的支撑和安全管理，每个国家都有自己的使用标准规范。

本书主要介绍了智能汽车自动驾驶的各类传感器，包括毫米波雷达、超声波雷达、视觉传感器、激光雷达、惯性导航的结构、原理、特点、类型、标定、信号处理、应用等理论内容；同时针对上述各类车载传感器的实际应用，介绍了其认知、装配、联机调试、参数配置、多传感器的联合标定等实训内容要求。为便于读者更好地理解，针对每个传感器的理论与实训内容，录制了对应的范例视频。通过本书学习，读者既能掌握智能汽车传感器技术所涉及的知识，又能培养实际操作能力，做到实践与理论相结合。

本书特点：

1) 工作任务驱动

本书对标国家双高建设，对标汽车产业发展规划，调研企业急需的关键工作岗位及所需要的职业能力，结合职业教育人才培养标准及学生的能力特点，打造校企产教深度融合课程体系。本书配有基于企业实际岗位工作任务驱动的实训工单,充分体现了职业教育核心理念,具有较强的针对性和可操作性。

2)教学资源配套丰富

本书是"互联网+"新形态教材,除纸质教材,还嵌入了习题、视频等数字资源,将教材、课堂、教学资源三者融合,实现线上线下相结合的教学模式。

3)校企研产联合开发

本书由成都市技师学院、清研车联教育集团联合开发,并得到了重庆理工大学、清华大学苏州研究院、全国交通运输行业教学指导委员会智慧交通与智能网联汽车产教联盟及一些企业的大力支持。

成都市技师学院是国家级重点技工学校,是世界技能大赛国家级数控铣竞赛项目集训基地、国家高技能人才培养示范基地、国家级智能制造生产性实训基地、全国技工院校一体化师资培训基地,先后获得2020年亚太职业院校影响力50强、全国教育系统先进集体、全国职业教育先进单位、国家技能人才培育突出贡献奖、四川省文明校园、四川省依法治校示范学校等荣誉。

清研车联教育集团是由清华大学苏州研究院投资的创新型科技教育企业。公司致力于成为汽车数字化人才综合解决方案,从汽车新型技术技能人才培养入手,为国内院校汽车相关专业、为汽车企业提供人才培养解决方案,是校企深度融合的立交桥和放大器。

本书由成都市技师学院田梅担任主编、成都市技师学院王士星担任主审,重庆理工大学方川和成都市技师学院孙庆担任副主编。

这是一套共六册的智能网联汽车技术系列丛书,适合作为高等院校、职业院校与智能网联汽车相关专业的教材,以及汽车技术研发企业、汽车制造企业、汽车维修企业的参考用书及培训教材,同时适合用作广大对智能汽车感兴趣的各类人员的参考用书。本书配有以项目驱动的任务工单,并配有相关的教学视频,可通过扫描书中二维码观看学习。

本书在编写的过程中,企业工程师和成都市技师学院的教师参加了编写工作,他们是:况敬晶、吕星宇、龙永杰;四川大学硕士研究生徐思为完成了数据的采集、分析和测试等工作;重庆理工大学学生罗思毅、高科、雷文冰、刘莉莉、陈广、潘黎、邹鹏程参与了资料收集、整理工作。在此表示衷心感谢。

由于智能网联汽车技术尚处发展阶段,且编者学识有限,书中有不足之处在所难免,敬请读者给予指正。如读者在使用本书的过程中有其他意见或建议,恳请提出宝贵意见(电子邮箱:jsli0326@cqut.edu.cn)。

编 者

2021 年 12 月

目 录

第1章　智能汽车传感器技术系统概述

无人驾驶汽车是智能汽车发展的重要阶段性目标,未来无人驾驶汽车将是一个移动的办公场所。智能汽车的智能化就是在普通车辆的基础上增加了先进的传感器、控制器、执行器等装置,通过车载传感系统和信息终端实现与人、车、路等的智能信息交换,使车辆具备智能的环境感知能力,能够自动分析车辆行驶的安全及危险状态,并使车辆按照人的意愿到达目的地,最终实现替代人来操作的目的。

那您知道智能汽车在传统汽车的基础上增加了哪些传感器以及背后的技术原理吗?

图 1.1　智能汽车示意图

学习目标

通过本章的学习,读者能够掌握智能汽车以及 ADAS 的定义,掌握智能化汽车的分级,了解环境感知的对象,掌握环境感知传感器的类型及其应用场景,了解多传感器融合的必要性及融合模型和算法。在实训任务中,能够讲解自动驾驶微型车各个上层传感器的作用和特点,能够使用遥控器熟练操控自动驾驶微型车行驶。

教学要求

知识要点	能力要求
智能汽车的定义	掌握智能汽车的定义,以及智能汽车智能化的五个层次
ADAS 的定义	掌握 ADAS 的含义,以及信息类辅助和控制类辅助包含的功能
环境感知的定义	掌握智能汽车环境感知的定义,了解对汽车周围环境信息的获取方法
环境感知的传感器	掌握智能汽车环境感知的传感器类型,了解环境感知传感器的应用场景
传感器融合技术	了解多传感器融合的必要性及融合模型和算法
自动驾驶微型车实训任务	了解自动驾驶微型车各个上层传感器的作用和特点,能够使用遥控器熟练操控自动驾驶微型车行驶

案例导入

目前,传统汽车主要通过驾驶员观察车辆周围环境,由驾驶员进行汽车的各种操纵。无人驾驶汽车没有驾驶员,能自动驾驶,那么是由谁在观察车辆周围的环境呢?无人驾驶汽车在行驶时主要观察哪些目标,用什么手段或方法来观察这些目标,也就是车辆周围信息的来源靠什么完成,目前实现部分自动驾驶的量产车处在什么阶段,以后环境感知的发展方向和目标是什么?学完本章,读者可以得到答案。

图1.2　智能汽车环境感知示意图

1.1　智能汽车系统概述

习近平总书记在党的十九大、全国网络安全和信息化工作会议等多个场合反复强调要推动互联网、大数据、人工智能和实体经济深度融合。作为融合多种先进科技的产物,智能汽车已经成为全行业的新共识。它是我国汽车产业转型升级、由大变强的重要突破口;是关联众多重点领域协同创新、构建新型交通运输体系的重要载体;更是决定未来汽车产业谁主沉浮的试金石。

为抓住产业智能化发展战略机遇,加快推进智能汽车创新发展,国家发改委、工信部等11个部委联合印发《智能汽车创新发展战略》,从发展态势、总体要求、主要任务和保障措施四个方面,系统描绘了中国智能汽车的发展蓝图。

中国工程院李骏院士:智能汽车产业与交通系统、能源体系、城市布局与社会生活紧密结合,不仅将打破汽车传统的产业链、技术链和价值链,还将促进产业间深度交叉融合,形成全新的、十万亿级的、对未来产生深远影响的新型产业生态体系,创造科技创新的新供给,实现汽车产业从数量增长型向质量效益型转变,从自身独立发展向多元融合发展转变,从传统要素驱动向科技创新驱动转变。

当今世界正经历百年未有之大变局,新一轮科技革命和产业变革方兴未艾,智能汽车已成为全球汽车产业发展的战略方向,也成为世界范围内汽车科技创新的热点和汽车产业增长的新兴动力。智能汽车技术高度融合了车辆工程、现代传感器、信息通信、自动控制、计算机和人工智能技术,是未来汽车新技术集成的载体,代表着未来汽车科技的战略制高点。

1.1.1 智能汽车的基本定义

智能汽车(Intelligent Vehicle,IV)是指搭载先进的车载传感器、控制器、执行器等装置,并融合人工智能等新技术,具备复杂环境感知、智能决策、自动控制等功能,可实现安全、舒适、节能、高效行驶的新一代汽车。智能汽车通常又称为智能网联汽车、自动驾驶汽车等,其组成如图1.3所示。

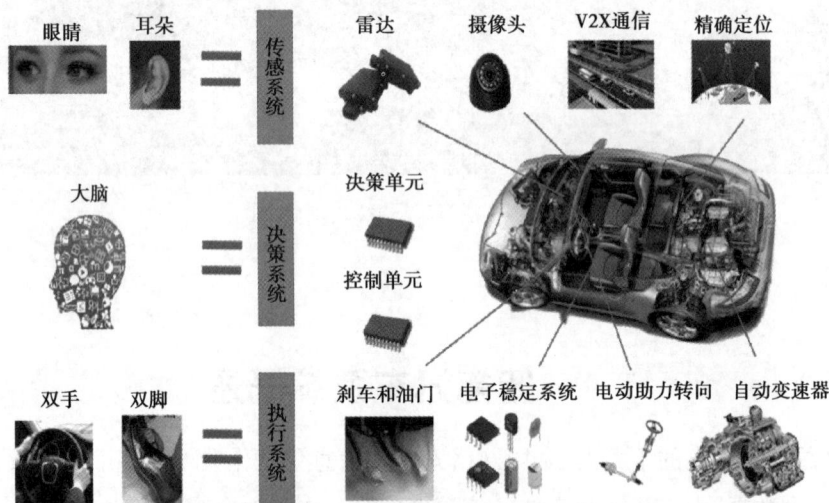

图1.3 智能汽车组成

目前典型的智能汽车是具有先进驾驶辅助系统(ADAS)的车辆,如前向碰撞预警系统、车道偏离预警系统、盲区监测系统、车道保持辅助系统、自动紧急制动系统、自适应巡航控制系统、自动泊车辅助系统、自适应前照明系统、夜视辅助系统、平视显示系统、全景泊车系统等。ADAS在汽车上的配置越多,其智能化程度越高,均是靠智能汽车上搭载的各种现代车载传感器实现的。

我国将汽车智能化划分为五个层次,如表1.1所示。

表1.1　汽车智能化五个层次

智能化等级	等级名称	等级定义	控制	监视	失效应对	典型工况
人监控驾驶环境						
1(DA)	驾驶辅助	通过环境信息对方向和加减速中的一项操作提供支援,其他驾驶操作都由人操作	人与系统	人	人	车道内正常行驶,高速公路无车道干涉路段,无泊车工况
2(PA)	部分自动驾驶	通过环境信息对方向和加减速中的多项操作提供支援,其他驾驶操作都由人操作	人与系统	人	人	高速公路及市区无车道干涉路段,无换道、环岛绕行、拥堵跟车等工况
自动驾驶系统("系统")监控驾驶环境						
3(CA)	有条件自动驾驶	由无人驾驶系统完成所有驾驶操作,根据系统请求,驾驶员需要提供适当的干预	系统	系统	人	高速公路正常行驶工况,市区无车道干涉路段
4(HA)	高度自动驾驶	由无人驾驶系统完成所有驾驶操作,特定环境下系统会向驾驶员提出响应请求,驾驶员可以对系统请求不进行响应	系统	系统	系统	高速公路全部工况及市区有车道干涉路段
5(FA)	完全自动驾驶	无人驾驶系统可以完成驾驶员能够完成的所有道路环境下的驾驶操作	系统	系统	系统	所有形式工况

1.1.2　ADAS认知

ADAS先进驾驶辅助系统(Advanced Driver Assistance System, ADAS),是利用安装在车辆上的传感、通信、决策及执行等装置,监测驾驶员、车辆状态及其行驶环境,并通过影像、灯光、声音、触觉提示/警告或控制等方式辅助驾驶员执行驾驶任务或主动避免/减轻碰撞危害的各类系统的总称。

ADAS本质是辅助驾驶,核心是环境感知,系统可分为感知层、决策层和执行层,如图1.4所示。

ADAS确切来说不是自动驾驶,但可以视作自动驾驶汽车的前序。根据我国《汽车驾驶自动化分级》国家标准,自动驾驶划分为L0~L5级,详见表1.2。

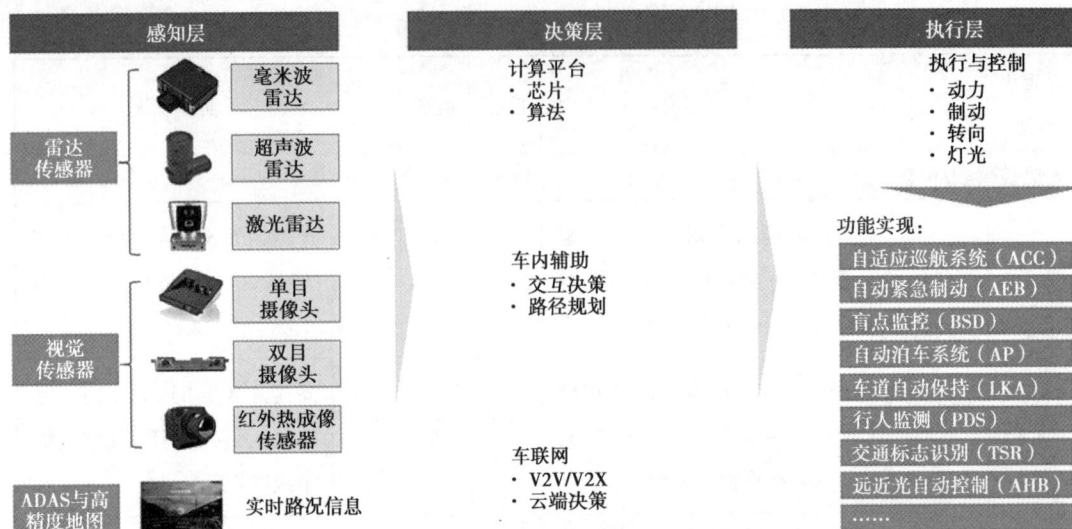

图 1.4　ADAS 功用示意图

表 1.2　自动驾驶划分为 L0～L5 级 ADAS 系统功能

等级	名称	车辆横向和纵向运动控制	目标和事件探测与响应	动态驾驶任务接管	设计运行条件	功能实现	硬件配置要求
L0	应急辅助	驾驶员	驾驶员和系统	驾驶员	有限制	1. 交通信号灯识别 2. 夜视系统 3. 盲点检测 4. 车道偏离预警 5. 360 度全景影像	1. 摄像头 2. 毫米波雷达
L1	部分自动辅助	驾驶员和系统	驾驶员和系统	驾驶员	有限制	1. 自适应巡航 2. 自动紧急制动 3. 车道保持 4. 泊车辅助	
L2	组合驾驶辅助	系统	驾驶员和系统	驾驶员	有限制	1. 车道内自动驾驶 2. 换道辅助 3. 自动泊车	1. 摄像头 2. 毫米波雷达 3. 部分 V2X
L3	有条件自动驾驶	系统	系统	动态驾驶任务接管用户	有限制	1. 高速自动驾驶 2. 城郊公路驾驶 3. 编队行驶 4. 交叉路口通过	1. 摄像头 2. 毫米波雷达 3. 激光雷达 4. 完整 V2X
L4	高度自动驾驶	系统	系统	系统	有限制	1. 车路协同 2. 城市自动驾驶	
L5	完全自动驾驶	系统	系统	系统	无限制		

　　ADAS定义与分类如下：

1）信息类辅助

　　①驾驶员疲劳监测：实时监测驾驶员状态并在确认其疲劳时发出提示信息。

　　②驾驶员注意力监测：实时监测驾驶员状态并在其注意力分散时发出提示信息。

　　③交通标志识别：自动识别车辆行驶路段的交通标志并发出提示信息。

　　④智能限速提醒：自动获取车辆当前条件下所应遵守的限速信息并实时监测车辆行驶速度，当车辆行驶速度不符合或即将超出限速范围的情况下适时发出警告信息。

　　⑤弯道速度预警：对车辆状态和前方弯道进行监测，当行驶速度超过通过弯道的安全车速时发出警告信息。

　　⑥抬头显示：将信息显示在驾驶员正常驾驶时的视野范围内，使驾驶员不必低头就可以看到相应的信息。

　　⑦全景影像监测：向驾驶员提供车辆周围360°范围内环境的实时影像信息。

　　⑧夜视：在夜间或其他弱光行驶环境中为驾驶员提供视觉辅助或警告信息。

　　⑨前向车距监测：实时监测本车与前方车辆车距，并以空间或时间距离显示车距信息。

　　⑩前向碰撞预警：实时监测车辆前方行驶环境，并在可能发生前向碰撞危险时发出警告信息。

　　⑪后向碰撞预警：实时监测车辆后方环境，并在可能受到后方碰撞时发出警告信息。

　　⑫车道偏离预警：实时监测车辆在本车道的行驶状态，并在出现非驾驶意愿的车道偏离时发出警告信息。

　　⑬变道碰撞预警：在车辆变道过程中，实时监测相邻车道，并在车辆侧/后方出现可能与本车发生碰撞危险的其他道路使用者时发出警告信息。

　　⑭盲区监测：实时监测驾驶员视野盲区，并在其盲区内出现其他道路使用者时发出提示或警告信息。

　　⑮侧面盲区监测：实时监测驾驶员视野的侧/后方盲区，并在其盲区内出现其他道路使用者时发出提示或警告信息。

　　⑯转向盲区监测：在车辆转向过程中，实时监测驾驶员转向盲区，并在其盲区内出现其他道路使用者时发出警告信息。

　　⑰后方交通穿行提示：在车辆倒车时，实时监测车辆后部横向接近的其他道路使用者，并在可能发生碰撞危险时发出警告信息。

　　⑱前方交通穿行提示：在车辆低速前进时，实时监测车辆前部横向接近的其他道路使用者，并在可能发生碰撞危险时发出警告信息。

　　⑲车门开启预警：在停车状态即将开启车门时，监测车辆侧后方的其他道路使用者，并在可能因车门开启而发生碰撞危险时发出警告信息。

⑳倒车环境辅助:在车辆倒车时,实时监测车辆后部环境,并为驾驶员提供影像或警告信息。

㉑低速行车环境辅助:在车辆泊车或低速通过狭窄通道时,探测其周围障碍物,并当车辆靠近障碍物时发出警告信息。

2)控制类辅助

①自动紧急制动:实时监测车辆前方行驶环境,并在可能发生碰撞危险时自动启动车辆制动系统使车辆减速,以避免碰撞或减轻碰撞后果。

②紧急制动辅助:实时监测车辆前方行驶环境,在可能发生碰撞危险时提前采取措施以减少制动响应时间并在驾驶员采取制动操作时辅助增加制动压力,以避免碰撞或减轻碰撞后果。

③自动紧急转向:实时监测车辆前方和侧方行驶环境,在可能发生碰撞危险时自动控制车辆转向,以避免碰撞或减轻碰撞后果。

④紧急转向辅助:实时监测车辆前方和侧方行驶环境,在可能发生碰撞危险且驾驶员有明确的转向意图时辅助驾驶员进行转向操作。

⑤智能限速控制:自动获取车辆当前条件下所应遵守的限速信息并实时监测车辆行驶速度,辅助驾驶员控制车辆行驶速度,以使其保持在限速范围之内。

⑥车道保持辅助:实时监测车辆与车道线的相对位置,持续或在必要情况下介入车辆横向运动控制,使车辆保持在原车道内行驶。

⑦车道居中控制:在车辆行驶过程中,持续自动控制车辆横向运动,使车辆始终在车道中央区域内行驶。

⑧车道偏离抑制:实时监测车辆与车道线的相对位置,在其将要超出车道线时介入车辆横向运动控制,以辅助驾驶员将车辆保持在原车道内行驶。

⑨智能泊车辅助:在车辆泊车时,自动检测泊车空间并为驾驶员提供泊车指示和方向控制等辅助功能。

⑩自适应巡航控制:实时监测车辆前方行驶环境,在设定的速度范围内自动调整行驶速度,以适应前方车辆和道路条件等改变引起的驾驶环境变化。

⑪全速自适应巡航控制:实时监测车辆前方行驶环境,在设定的速度范围内自动调整行驶速度并具有减速至停止及从停止状态起步的功能,以适应前方车辆和道路条件改变等引起的驾驶环境变化。

⑫交通拥堵辅助:在车辆低速通过交通拥堵路段时,实时监测车辆前方及相邻车道行驶环境,经驾驶员确认后自动对车辆进行横向和纵向控制。

⑬加速踏板防误踩:在车辆起步或低速行驶时,因驾驶员误踩加速踏板而紧急加速可能与周边障碍物发生碰撞时,自动抑制车辆加速。

⑭酒精闭锁：在车辆启动前测试驾驶员体内酒精含量，并在酒精含量超标时锁闭车辆动力系统开关。

⑮自适应远光灯：能够自适应地调整车辆远光灯的投射范围，以减少对前方或对向其他车辆驾驶员的炫目干扰。

⑯自适应前照灯：能够自动进行近光灯或远光灯控制或切换，从而为适应车辆各种使用环境提供不同类型的光束。

1.1.3　智能汽车环境感知技术

智能汽车具备对环境信息和车内信息的采集、处理和分析功能，即环境感知，它是车辆自动驾驶的基础和前提。环境感知通过硬件传感器来获取周围的环境信息。环境感知的对象主要包括路面、静态物体和动态物体三个方面，涉及道路边界检测、障碍物检测、车辆检测、行人检测等。对于动态物体，还要对其运动轨迹进行跟踪和预测。

环境感知作为智能汽车六大关键技术之一，它的发展路线见表1.3。

表1.3　环境感知技术发展路线

	2025 年	2030 年	2035 年
环境感知技术	突破多源协同感知技术，全面满足 CA、部分场景 HA 系统需求。障碍物检测能力>200 m	突破多源协同决策与控制技术，全面满足 HA 系统需求。障碍物检测能力>500 m	满足 FA 级自动驾驶系统需求。障碍物检测能力>1 000 m

注：CA 为有条件自动驾驶；HA 为高度自动驾驶；FA 为完全自动驾驶

环境感知是一个复杂的系统，它需要多种车载传感器实时获取周边环境的信息，通过多种算法处理和分析原始输入数据，作出合理的决策。

硬件设备是感知的物理基础，主要指各种车载传感器，包括激光雷达、毫米波雷达、视觉传感器、超声波传感器、惯性系统、多传感器信息融合系统等。一般而言，原始数据的质量越高，后续数据处理与分析模块的难度就越低，而获取高质量的数据离不开性能优异的车载传感器。

1.2　智能汽车环境感知传感器概述

环境感知作为自动驾驶汽车的基础环节，需要通过多种车载传感器来采集周围环境的基本信息。车载传感器就如同自动驾驶汽车的眼睛，例如摄像头和雷达系统的融合，可以提供动态物体的外形、速度和距离等信息。

目前应用于自动驾驶汽车的车载传感器主要有毫米波雷达、超声波雷达、视觉传感器/摄像头、激光雷达、惯性导航。用这些传感器的不同融合可实现驾驶辅助系统(ADAS),如前向碰撞预警系统、车道偏离预警系统、盲区监测系统、车道保持辅助系统、自动紧急制动系统、自适应巡航控制系统、自动泊车辅助系统、自适应前照明系统、夜视辅助系统、平视显示系统、全景泊车系统等,如图1.5所示。

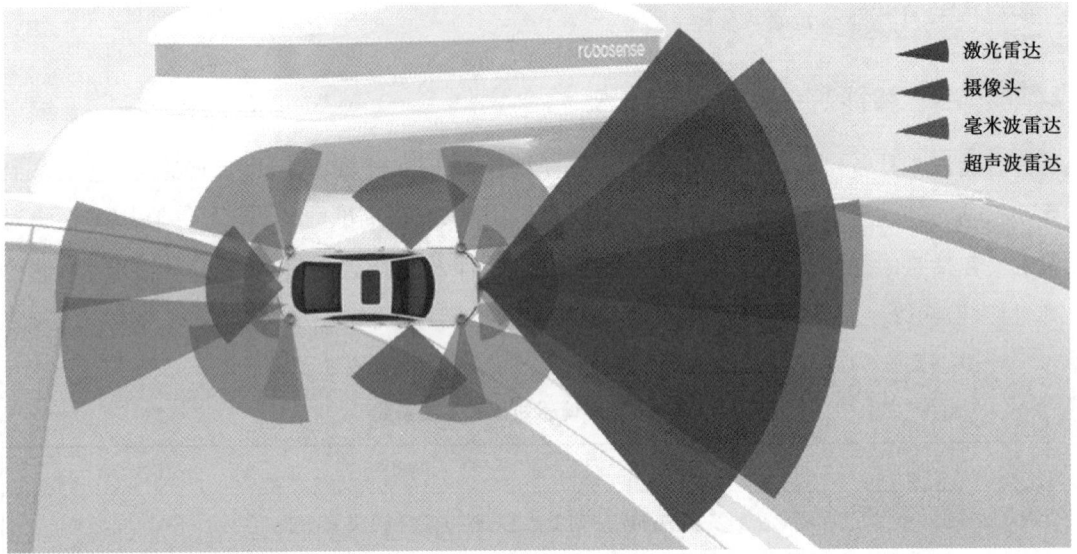

图1.5　汽车传感器配备图

1.2.1　车企配备的车载传感器类型

自动驾驶汽车环境感知核心技术在传感器。当前主流车企自动驾驶环境感知方案为1个前视摄像头+4个环视摄像头+12个超声波雷达+3~5个毫米波雷达。随着激光雷达优势显现,部分车型开始配备激光雷达。车企常配备的车载传感器类型见表1.4。

表1.4　各类传感器配备情况

类型	特斯拉 Model 3	小鹏P7	蔚来ES6	奥迪A8	E11 (华为)
激光雷达/个	/	/	/	1	3
毫米波雷达/个	1	5	5	5	6
摄像头/个	8	13	7	5	13
超声波雷达/个	12	12	12	12	12

如小鹏P7,各类传感器位置如图1.6所示。它通过配备的车载传感器可对远、中、近三个区域进行感知。车辆通过传感器获取周边环境的几何信息与语义信息,准确"认识"车道线、车辆类型、交通标识、其他道路使用者以及车位线等信息,给车辆"大脑"送去更全面可靠

的信息。

图 1.6　小鹏 P7 传感器配备图

图 1.7 所示的奥迪 A8，能实现自动驾驶级别 L3，为此配备了 4 个鱼眼摄像头、12 个超声波雷达、4 个中程毫米波雷达、1 个远程毫米波雷达、1 个激光雷达、1 个前视摄像头。其中，4个鱼眼摄像头用于 360°环视系统，12 个超声波雷达用于自动泊车系统。

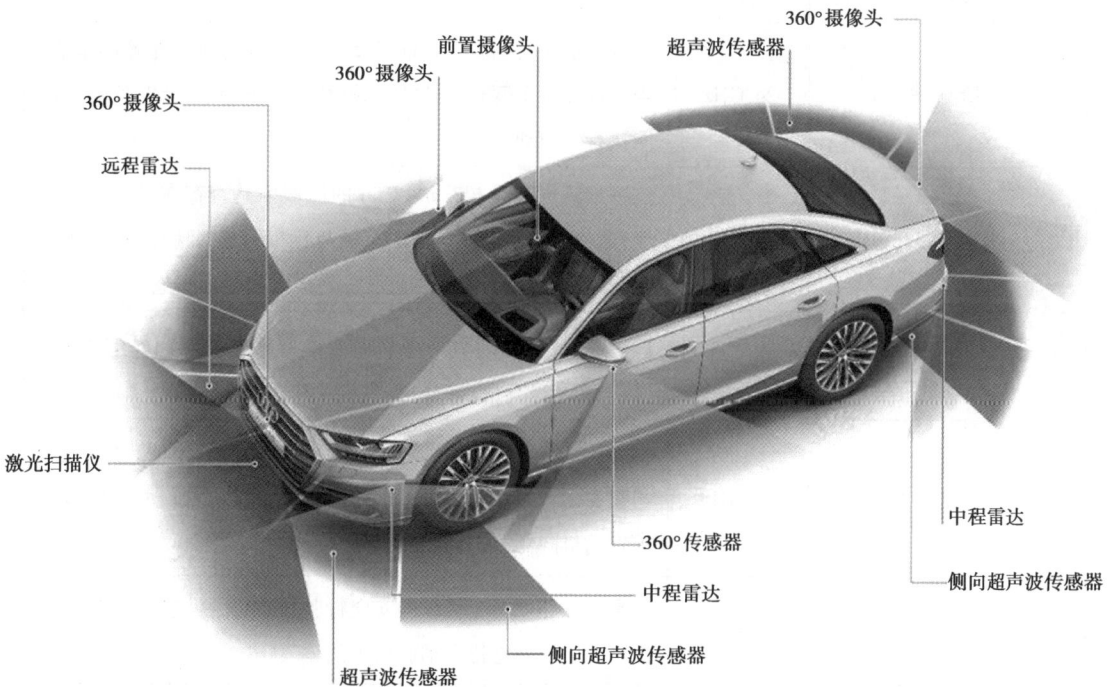

图 1.7　奥迪 A8 配备的车载传感器

1.2.2　环境感知车载传感器在自动驾驶上的应用

1)毫米波雷达在自动驾驶中的应用简介

毫米波雷达因其能够准确地测量自动驾驶汽车与周边车辆之间的距离，所以应用于诸多辅助驾驶系统。毫米波雷达频率目前主要包括 24 GHz 和 77 GHz 两种,如图 1.8 所示。24 GHz 探测距离在 60 m 以内,又称近远距离雷达(SRR);77 GHz 探测距离为 100 ~ 250 m,又称远距离雷达(LRR)。

毫米波雷达在自动驾驶中的应用见表 1.5。

图 1.8 24 GHz(左)和 77 GHz(右)毫米波雷达产品

表 1.5 毫米波雷达应用

功能	类型	功能简介
盲点检测(BSD)	24 GHz	监测车辆左右侧后方 3 m×5.5 m 区域内是否存在障碍车辆,当出现障碍车辆时,盲区监测报警灯发出警报,此时驾驶员不能执行转向动作
变道辅助(LCA)	24 GHz	监测车辆盲区后方 3 m×30 m 的区域内是否存在潜在危险车辆,通过变道辅助区域内的车辆与自车的相对速度,计算碰撞时间,依据碰撞时间警告驾驶员转向时是否存在危险
前向碰撞预警系统(FCW)	77 GHz	监测前方车辆,判断本车与前车之间的距离、方位及相对速度,当存在潜在碰撞危险时对驾驶者进行警告
紧急制动(AEB)	77 GHz	在高速公路监测前方车辆,当判断存在碰撞风险时,会首先向司机发出警报。若司机不做处理,则启动紧急制动,并同步请求发动机降低扭矩输出
自适应巡航系统(ACC)	77 GHz	在高速公路保持车辆纵向安全行驶,在有碰撞危险时,车辆会提示驾驶员并进行主动制动干预

无论是中国车企还是外国车企,都在其中高端车型上都配备了毫米波雷达。如图 1.9 所示,奔驰 S 级配备 7 个毫米波雷达:1 个 LRR(远距离雷达)和 6 个 SRR(近距离雷达)。作为自动驾驶系统的核心传感器,毫米波雷达逐步成为各个车型的标配。

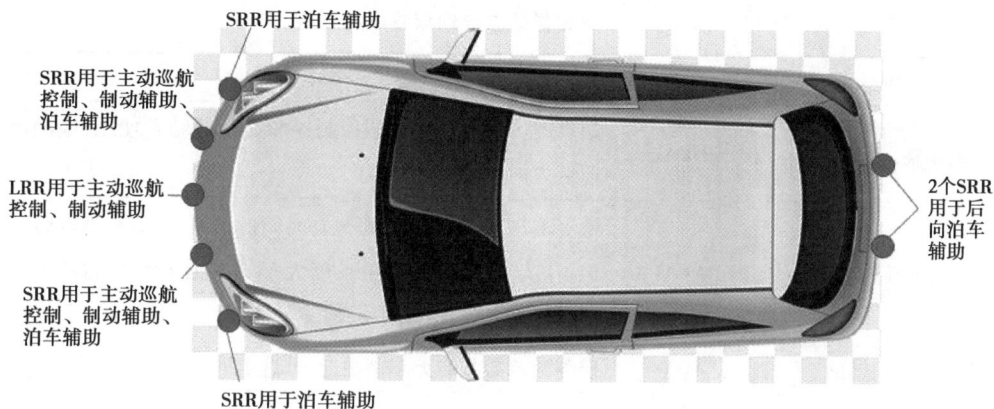

图 1.9　奔驰 S 级毫米波雷达配备

2）超声波雷达在自动驾驶中的应用简介

超声波雷达因其特性能测算 0.15～5 m 内障碍物的距离。常见的超声波有两种：第一种是安装在汽车前后保险杠上，用于测量汽车前后障碍物的倒车雷达，称为超声波驻车辅助传感器（UPA），探测距离为 0.15～2.5 m；第二种是安装在汽车侧面，用于测量侧方障碍物距离的超声波雷达，称为自动泊车辅助传感器（APA），探测距离为 0.3～5 m。

超声波雷达如图 1.10 所示。

一套倒车雷达系统需要在汽车后保险杠内配备 4 个

图 1.10　超声波雷达产品示意图

UPA 超声波传感器。自动泊车系统需要在倒车雷达系统基础上增加 4 个 UPA、4 个 APA 超声波传感器，构成前 4（UPA）、侧 4（APA）、后 4（UPA）的布置格局，如图 1.11 所示。

超声波雷达在自动驾驶中的应用见表 1.6。

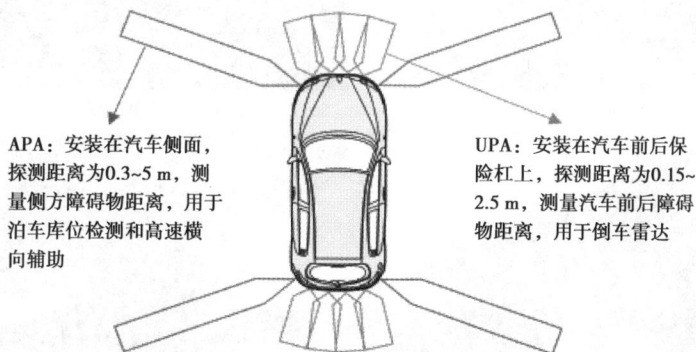

APA：安装在汽车侧面，探测距离为 0.3～5 m，测量侧方障碍物距离，用于泊车库位检测和高速横向辅助

UPA：安装在汽车前后保险杠上，探测距离为 0.15～2.5 m，测量汽车前后障碍物距离，用于倒车雷达

图 1.11　超声波雷达安装示意图

表 1.6　超声波雷达在自动驾驶中的应用

功能	类型	功能简介
倒车辅助(PA)	UPA	超声波传感器通常与同控制器和显示器结合使用,检测汽车前后方向障碍物
自动泊车系统(APS)	UPA+APA	检测泊车库,得到探测距离与时间的关系,计算得到库位的近似长度。当检测的库位长度大于汽车泊入所需的最短长度时,则认为当前空间有车位
高速横向辅助	APA	探测两侧后方有无车辆驶近,可自主进行左右微调
自动代客泊车辅助(AVP)	APA+UPA	配合摄像头使用,解决从驾驶员下车点低速(小于20 km/h)行驶至库位旁的问题

3)视觉传感器在自动驾驶中的应用简介

视觉传感器主要有单目摄像头、双目摄像头、三目摄像头和环视摄像头,主要通过镜头和图像传感器实现图像信息的采集功能。

单目摄像头仍是主流。伴随着360°全景停车和环视系统的发展,未来单辆车载摄像头预期达到6个以上,包括1个前视摄像头、1个后视摄像头和4个环视摄像头。

摄像头按位置不同可分为前视、侧视、后视及内置摄像头,如图1.12所示。

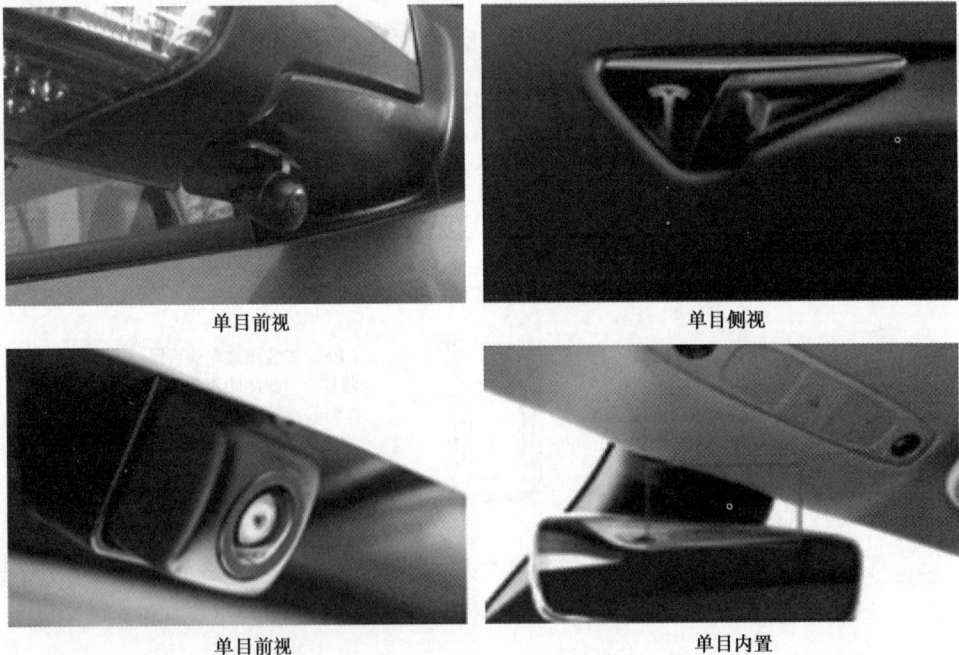

单目前视　　　　　　　　　　单目侧视

单目前视　　　　　　　　　　单目内置

图1.12　摄像头按位置分类

摄像头在自动驾驶中的应用见表1.7。

表 1.7　摄像头在自动驾驶中的应用

功能	类型	功能简介
车道偏离预警（LDW）	前视	前视摄像头会时刻采集行驶车道的标识线,通过图像处理获得汽车在当前车道中的位置参数,当汽车即将偏离车道线时发出警报
前向碰撞预警（FCW）	前视	通过前视摄像头来时刻监测前方车辆,判断本车与前车之间的距离、方位及相对速度,当存在潜在碰撞危险时对驾驶者进行警告
交通标志识别（TSR）	前视、侧视	识别道路两侧的交通标志
车道保持辅助（LKA）	前视	前视摄像头识别到车辆可能脱离行驶车道,那么会通过方向盘的振动或者声音来提请驾驶员注意,并轻微转动方向盘修正行驶方向,使车辆处于正确的车道上
行人碰撞预警（PCW）	前视	前视摄像头识别并标记前方行人,在有可能发生碰撞时及时发出警报
盲点检测（BSD）	侧视	利用侧视摄像头,将后视镜盲区内的影像进行显示
全景泊车（SVP）	前视、侧视、后视	安装在车身前后左右的摄像头同时采集车辆四周的影像,经过图像处理最终形成一幅车辆四周无缝隙的 360° 全景俯视图
泊车辅助（PA）	后视	倒车时在车前显示器可以显示车后倒车摄像头的实时视频影像
驾驶员注意力检测	内置	安装在车内,用于监测驾驶员是否过度疲劳

4）激光雷达在自动驾驶中的应用简介

在 5G+AI 趋势下,激光雷达作为"机器设备之眼",将适应 3D 感知和交互需求大幅提升的趋势,迎来快速成长。尤其在自动驾驶领域,车载激光雷达将成为感知层的核心,从技术上,激光雷达将推动 L3+自动驾驶的实现。

激光雷达按照扫描方式有无机械转动部件可分为三类:机械式、混合固态以及固态,如图 1.13 所示。混合固态分为 MEMS、转镜,纯固态分为相控阵 OPA、Flash。

机械式　　　　　　混合固态　　　　　　固态

图 1.13　激光雷达产品示意图

激光雷达因其3D传感性能优越,在自动驾驶中的应用见表1.8。

表1.8 激光雷达在自动驾驶中的应用

功能	功能简介
三维环境感知	通过激光扫描可以得到汽车周围环境的三维模型,运用相关算法比对上一帧和下一帧环境的变化可以较为容易地探测出周围的车辆和行人,并进行障碍物的检测、分类和跟踪
SLAM加强定位	通过扫描得到的点云数据实现同步创建地图,生成高精地图
车道偏离预警（LDW）	激光雷达可以检测汽车行驶前方的车道线标识和潜在的障碍,也可计算在道路中的位置,如果汽车偏离车道航线,系统发出警报
行人保护	检测车辆行驶前方是否有行人,及时发出警报信息,必要时制动
自适应巡航控制系统的启停	对周围环境的扫描可实现自动驾驶,并可自动调整速度,如有必要,制动停行
自动紧急制动	检测车辆行驶前方的所有静止物体和活动物体,并判断外形,必要时,自动紧急制动
预碰撞处理	通过扫描周围环境数据,不管即将发生什么样的碰撞,预碰撞功能在碰撞前发生警告
交通拥堵辅助	针对城市拥堵路况,能在上下班路上消除车辆频繁启停带来的烦恼

5）卫星组合惯性导航技术简介

惯性导航是一种不依赖于外部信息,也不向外辐射能量的自主式导航系统,是以陀螺仪和加速度计为敏感件的导航参数解算系统。该系统通过陀螺仪的输出建立导航坐标系,根据加速度计解算出运载体在导航坐标系中的速度和位置。

在自动驾驶技术中,高精地图、全球卫星导航系统和惯性导航系统相互配合、相辅而成,共同确定车辆的绝对位置。其中,全球卫星导航系统依赖卫星信号可以提供全局的定位信息,惯性导航不依赖外界信息提供相对的局部信息。将全球卫星导航系统和惯性导航系统的联合信息与本地的高精度地图进行比对,即可得到当前车辆在该高精地图中的绝对位置,从而为后续的感知、决策和执行模块提供数据基础。

位置信息是自动驾驶实现的关键要素。以位置信息的获取方式为分类依据,目前自动驾驶主要的技术路径分为三种方案:一是以特斯拉为代表的纯视觉方案;二是多数车企/科技公司采用的多传感器融合方案;三是车路协同方案。上述技术路径在硬件(传感器)方面,主要采用 GNSS、IMU、车载摄像头与车载雷达。从技术对比来看,各类传感器都均有自身局限,但 GNSS+IMU 组合导航能够实现优势互补,其重要性近年来越来越受到重视,已在多款乘用车、商用车中得到应用。展望未来,除纯视觉方案的技术路径外,卫惯组合导航有望成为自动驾驶车辆的标配硬件。

位置信息具体有两层含义:一是得到车与周围环境之间的相对位置,即相对定位;二是得到车的精确经纬度,即绝对定位。

位置信息获取的主要技术方案包括:

①基于卫星信号的定位:以全球导航卫星系统 GNSS 为主,结合 RTK(实时差分定位)实现厘米级定位;

②惯性定位:依靠惯性传感器获得加速度和角速度信息,通过推算获得当前位置和方位的定位技术;

③环境特征匹配:利用车载摄像头、激光雷达等传感器,感知周边环境(相对定位),用观测到的特征和数据库里的语义地图或特征地图进行匹配,得到车辆的位置和姿态(绝对定位)。

各类导航技术的对比见表 1.9。

表 1.9　各类导航技术的对比

	GNSS	IMU	视觉	激光雷达
定位模式	绝对	相对	绝对(有地图) 相对(无地图)	绝对(有地图) 相对(无地图)
优点	全天候,高精度	无外部依赖	低成本	高精度
缺点	信号阻断、电磁干扰,频率低	累积误差大	施工环境变化、地图大	施工环境变化、光照变化、遮挡等

从表 1.9 中可以看出,卫惯组合系统的优势主要表现在 IMU 对 GNSS 定位结果的修正和信号丢失情况下的定位保证。通过组合系统,卫导和惯导能够实现优势互补,在定位精度和稳定性上都有较好保证。

GNSS+RTK 方案是最常用、最成熟的高精度定位方法。IMU 全称为 inertial measurement unit,即惯性测量单元,是自动驾驶定位系统的最后一道防线。IMU 对相对和绝对位置的推演没有任何外部依赖,是一个类似于黑匣子的完备系统。

IMU 对 GNSS 的修正示意图如图 1.14 所示。

由于 IMU 提供的是一个相对的定位信息,它的作用是测量相对于起点物体所运动的路线,所以它并不能提供你所在的具体位置的信息。因此,IMU 和 GNSS 一起使用时,当在某些卫星信号微弱的地方,IMU可以让汽车继续获得绝对位置的信息,不至于"迷路"。

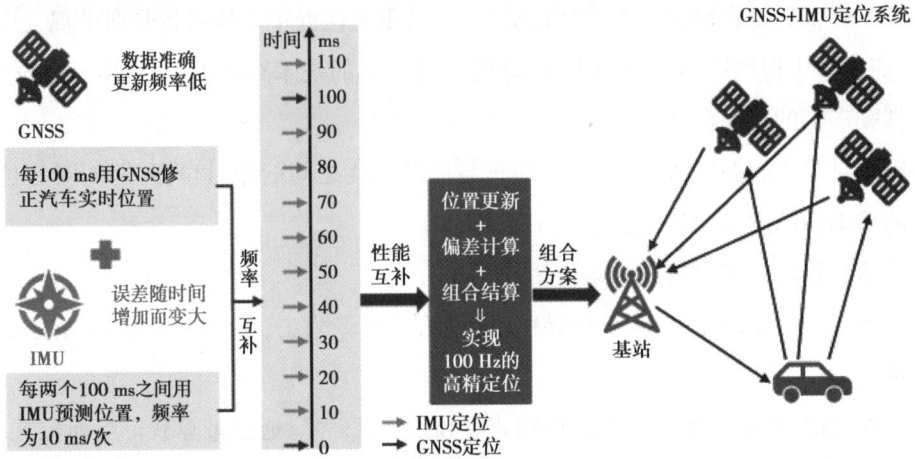

图 1.14　IMU 对 GNSS 的修正示意图

1.3　传感器融合技术概述

传感器的融合就是将多个传感器获取的数据、信息集中在一起综合分析,以便更加准确、可靠地描述外界环境,从而提高系统决策的正确性。

多传感器信息融合的优势在于:能够综合利用多种信息源的不同特点,多方位获得相关信息,从而提高整个系统的可靠性和精准度,如图 1.15 所示。未来传感器融合技术将显得更加重要,并且会成为一种趋势。多传感器信息的融合是无人驾驶安全出行的前提。

1.3.1　多传感器融合的必要性

不同车载传感器的原理、功能各异,在不同的场景下发挥着各自的优势,其获取的信息各不相同,不能互相替代。例如,相比于摄像头,毫米波雷达的分辨率较差,难以识别具体的物体种类,但是其在恶劣的环境(如夜间、雨雪雾等)中仍然可以工作,并且可以得到距离信息。而摄像头虽然受环境影响较大,但是其分辨率高并且能获取丰富的图像信息,便于物体的识别。由此可见,摄像头和毫米波雷达之间有着很强的互补性,成功实现两者信息的融合,能有效增强系统的感知能力。

不同传感器有着不同的优缺点,见表 1.10。

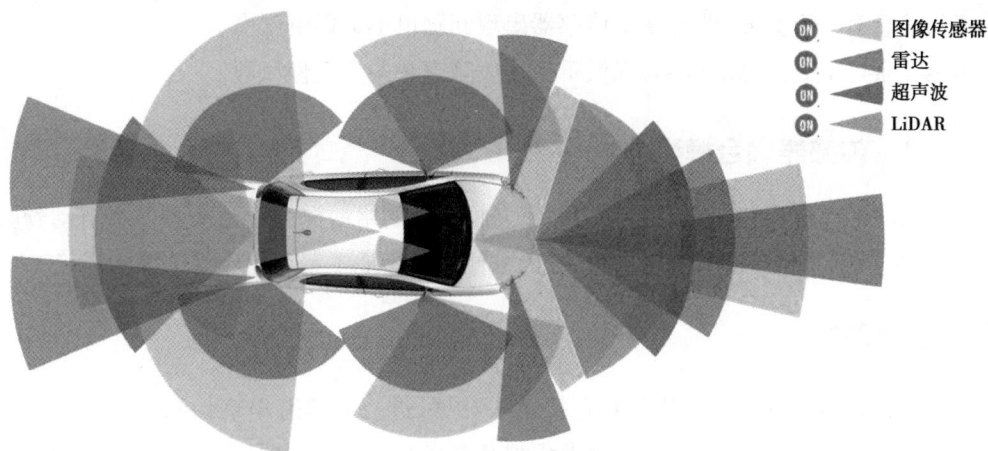

ON 图像传感器
ON 雷达
ON 超声波
ON LiDAR

图 1.15　传感器融合示意图

表 1.10　不同传感器的优缺点

	摄像头	毫米波雷达	激光雷达	超声波雷达	多传感器融合
	产品技术能力				
视场角 FOV	+	+	++	+	++
检测距离	−	++	++	+	++
水平位置精度/分辨率	++	−	++	−	++
距离精度	−	++	++	++	++
速度检测精度	−	++	+	+	++
微小障碍物检测	+	−	++	−	++
交通牌及颜色检测	++	−	+	−	++
	环境适应能力				
坏天气(雨雪雾)适应	−	++	+	+	++
夜间弱光环境下适应	−	++	++	++	++
强光环境下适应	+	++	++	++	++
串扰/干扰	++	+	++	+	++

注:"−"指没有该能力,"+"指具备一般能力,"++"指具备优秀能力

从表 1.10 中可以看出,激光雷达在产品技术能力上具备优势。摄像头+毫米波在环境适应能力上能覆盖绝大部分场景,但基本无冗余,所以从这个角度上看,激光雷达并非要替换二者,而是与其他传感器融合,增加冗余来提高感知准确率。

只有基于多个传感器的融合才能满足自动驾驶所需的安全感知,对一些指标上有冗余,使采集的信息有一定重复,即使某个传感器出现问题也不会影响安全。

多级冗余可提高感知准确率,降低单系统故障带来的安全性风险。

1.3.2　传感器融合模型

目前成功的目标检测方法大多采用基于卷积神经网络的深度学习模型。在自动驾驶领域,需要对多传感器和多模态信息进行处理,以便更全面地了解车辆所处的现实环境。

1)激光雷达+摄像头

这是一种融合三维激光雷达和彩色摄像头数据,进行多模态车辆检测的方法。它利用人工神经网络联合学习,融合基于独立卷积神经网络的车辆检测器,在每种模式下均能获得更精确的车辆检测。这一方法在目标检测数据的各个层级上均取得了相比单一模式更高的精度。

摄像头因实时精确度及经济性高而在自动驾驶中普遍使用,但是,摄像头的强光致盲性也是一个重要问题。当摄像头和激光雷达融合后,可以充分吸收激光雷达精度高、传播性好、方向性好、光束窄等优势,弥补摄像头单独使用中的很多缺点。

2)毫米波雷达+摄像头

采用单目摄像头与毫米波雷达融合的目标跟踪方法,将目标定位在图像帧中,在其周围绘制一个包围框,然后使用经过训练的深度神经网络,利用包围框的尺寸生成目标位置。在融合阶段,摄像头定位的神经网络位置与目标的雷达回波位置相关联。应用一个长时间存储器模块,利用融合数据生成连续的目标轨迹。毫米波雷达+摄像头这一融合模型与摄像头参数、系统分布无关,在至少一个传感器有检测数据的情况下,能够以合理的精度跟踪目标。它在两个传感器都有检测数据的情况下具有较高的精度。

毫米波雷达具有体积小、质量轻、空间分辨率高等特点。与红外、激光等传感器相比,毫米波雷达穿透雾、烟、灰尘能力强,具有传输距离远、性能稳定等优点。毫米波雷达与摄像头进行融合,能够适应大雾、沙尘等特殊恶劣天气,以及更加复杂的特殊环境。

1.3.3　融合算法

多传感器融合在硬件层面并不难实现,重点和难点都在算法上,拥有很高的技术壁垒,因此算法将占据价值链的主要部分。

自动驾驶常用的融合算法包括加权平均法、卡尔曼滤波法、神经网络。这三种方法具有直观性、容错性及普适性。

1)加权平均法

加权平均法融合数据信息可以通过获取各种传感器信号的平均值来实现。若某一个传感器的信号比其他传感器更可信,则为该传感器分配更高的权重,以增加其对融合信号的贡献。加权平均法是信号级融合最简单、最直观的一种算法,可以对传感器接收到的冗余信息进行加权平均。加权平均法可以对原始数据直接进行使用。

通过加权平均法,可以在图像识别中对模糊图像进行处理,使图像识别更加清晰与准确。加权平均法在交通标志牌的识别中十分重要,不仅可以提高安全性,而且可以增强鲁棒性。

2)卡尔曼滤波法

卡尔曼滤波法是一种常用的自适应传感器融合算法,用于消除系统中的冗余,预测系统的状态。卡尔曼滤波法采用线性空间模型,系统的当前状态取决于先前的状态。

在预测阶段,估计值与观测值一同更新。如果有两个传感器分别发送数据,那么在利用第二个传感器的观测值来更新预测值前,可以将第一个传感器的读取值作为先验信息。卡尔曼滤波法在图像识别中是一种常见的融合算法,可以进行降噪,并增强鲁棒性。卡尔曼滤波法虽然是数据层面的融合,但是对于传感器的融合而言非常重要。

3)神经网络

不同于卡尔曼滤波法,神经网络提供非线性传递函数和并行处理能力,可以帮助执行图像融合。神经网络由称为神经元的处理节点连接而成,建立神经网络数据融合模型,根据多传感器数据输入和输出之间的关系,分配神经元和互连权值。神经网络既有多层前馈型,也有递归型。

传统神经网络将图像一层一层映射,最后进行特征提取。目前,多用卷积神经网络进行融合。卷积神经网络可以看作特征提取与分类器的结合体,单从各个层的映射来看,类似于特征提取的过程,提取不同层次的特征。神经网络的容错性很强,能够用于复杂的非线性映射环境。神经网络强大的容错性及自学习、自组织、自适应能力等特性,可满足多传感器数据融合技术处理的要求。神经网络在数据模型中,主要根据当前系统所接受的样本相似性确定分类标准,这一过程表征为网络的权值分布。可以利用神经网络的信号处理能力和自动推理功能,实现多传感器数据融合。

未来,传感器融合会向以下几个方面发展:
①通过对算法的优化提高实时性;
②使传感器具有预判能力,提高在复杂环境下工作的准确性;
③避免各种算法之间产生干扰,增强鲁棒性。

1.4　实训任务

智能汽车传感器认识实训任务见《传感器应用与信号控制实训手册》任务一：自动驾驶微型车的认知。

1.5　本章小结

本章介绍了智能汽车的定义与智能化分级。基于自动驾驶感知层，介绍了几种常用的车载传感器：毫米波雷达、超声波雷达、视觉传感器摄像头、激光雷达和惯性导航。其中，毫米波雷达通过发射和接收毫米波，从而得到物体的距离，并能够获得目标的速度信息，可分为短距离雷达(24 GHz)和长距离雷达(77 GHz)，可提供变道辅助、自主控制车速、碰撞预警等帮助，从而实现自适应巡航功能；超声波雷达在短距离测距中有很大的优势，在自动驾驶汽车上主要用于泊车系统、辅助刹车等；摄像头是实现众多预警、识别类 ADAS 功能的基础，能够识别丰富的环境信息；激光雷达功能强大，探测精度高，可获得周围空间的点云数据，实现三维的环境感知和 SLAM 加强定位；卫惯组合系统的优势主要表现在 IMU 对 GNSS 定位结果的修正和信号丢失情况下的定位保证，通过组合系统，卫导和惯导能够实现优势互补，在定位精度和稳定性上都有较好保证。

习　题

一、选择题

1.智能汽车的终极目标是(　　)。

A.辅助驾驶汽车　　　　　　　　　　　B.有条件自动驾驶汽车

C.高度自动驾驶汽车　　　　　　　　　D.无人驾驶汽车

2.为抓住产业智能化发展战略机遇，加快推进智能汽车创新发展，国家发改委、工信部等 11 个部委联合印发(　　)，从发展态势、总体要求、主要任务和保障措施四个方面，系统描绘了中国智能汽车的发展蓝图。

A.《智能汽车创新发展战略》　　　　　B.《智能汽车发展蓝图》

C.《智能汽车发展路线图》　　　　　　D.《智能汽车未来》

3.自动驾驶中的 FA 指(　　)。

A.驾驶辅助　　　　　　　　　　　　　B.完全自动驾驶

C. 有条件自动驾驶   D. 高度自动驾驶

4. 实时监测车辆前方行驶环境，并在可能发生前向碰撞危险时发出警告信息，指(　　　)

A. FCW   B. FDM   C. CSW   D. DFM

5. 以下不是 ADAS 的是(　　　)。

A. DAM   B. AVM   C. ESP   D. RCW

6. 以下不是 ADAS 中控制辅助类的是(　　　)。

A. AEB   B. AES   C. BSD   D. AMAP

7. 以下不是 ADAS 中信息辅助类的是(　　　)。

A. RCTA   B. ISLC   C. DOW   D. MALSO

8. 视觉传感器主要有(　　　)（多选）。

A. 单目摄像头   B. 双目摄像头   C. 三目摄像头   D. 环视摄像头

9. 超声波雷达主要有(　　　)（多选）。

A. DPA   B. GPA   C. UPA   D. APA

10. 现在主流的车型常用(　　　)等传感器（多选）。

A. 毫米波雷达   B. 激光雷达

C. 视觉传感器   D. 超声波雷达

11. 摄像头在自动驾驶中的应用有(　　　)（多选）。

A. 车道偏离   B. 前向碰撞

C. 盲点检测   D. 交通标志识别

12. 激光雷达在自动驾驶中的应用有(　　　)（多选）。

A. 三维环境感知   B. SLAM 加强定位

C. 盲点检测   D. 交通标志识别

二、填空题

1. 我国将智能汽车划为_____级。

2. 自动驾驶中的 CA 指_____。

3. 实时监测驾驶员视野盲区，并在其盲区内出现其他道路使用者时发出提示或警告信息，指_____。

4. 智能汽车是指搭载先进的车载_____、控制器、执行器等装置。

5. ADAS 本质是辅助驾驶，核心是环境感知，系统可分为感知层、决策层和_____。

6. LDW 属于 ADAS 中的_____辅助功能。

7. AEB 属于 ADAS 中的_____辅助功能。

8. 毫米波雷达频率目前主要包括 24 GHz 和_____。

9. 激光雷达按照扫描方式有无机械转动部件可分为机械式、混合固态和_____。

10. 多传感器的融合算法有加权平均法、卡尔曼滤波法和_____。

三、判断题

1. 智能汽车通常又称为智能网联汽车、自动驾驶汽车。 （ ）

2. 我国将智能化划分为六个层次。 （ ）

3. DA 指驾驶辅助,通过环境信息对方向和加减速中的一项操作提供支援,其他驾驶操作都由人操作。 （ ）

4. PA 指部分自动驾驶,通过环境信息对方向和加减速中的多项操作提供支援,其他驾驶操作都由人操作。 （ ）

5. AEB 指自动紧急制动。 （ ）

6. FSRA 指自适应巡航控制。 （ ）

7. LKA 指车道保持辅助。 （ ）

8. 24 GHz 的毫米波雷达探测距离在 60 m 以内,又称近距离雷达(SRR)。 （ ）

9. 安装在汽车侧面的超声波雷达用于测量侧方障碍物距离称为自动泊车辅助传感器（APA）。 （ ）

10. 一套倒车雷达系统需要在汽车后保险杠内配备 4 个 UPA 超声波传感器。 （ ）

11. 惯性导航是一种不依赖于外部信息,也不向外辐射能量的自主式导航系统,是以陀螺仪和加速度计为敏感件的导航参数解算系统。 （ ）

12. 在自动驾驶技术中,高精地图、全球卫星导航系统和惯性导航系统是相互配合、相辅而成,共同确定车辆的绝对位置。 （ ）

13. 传感器的融合就是将多个传感器获取的数据、信息集中在一起综合分析,以便更加准确、可靠地描述外界环境,从而提高系统决策的正确性。 （ ）

14. 传感器融合避免各种算法之间产生干扰,增强鲁棒性。 （ ）

15. 传感器融合使传感器具有预判能力,提高在复杂环境下工作的准确性。 （ ）

四、简答题

1. 简述环境感知技术发展路线。

2. 什么是 ADAS?

3. 实现 L3 级以上自动驾驶,ADAS 系统硬件配置有哪些?

4. ADAS 分类有哪几种?

5. 毫米波雷达在自动驾驶中的应用有哪些?

6. 超声波雷达在自动驾驶中的应用有哪些?

7. 什么是 AEB,它的功能是什么?

8. 什么是 ACC,它的功能是什么?

9. 什么是 LKA，它的功能是什么？

五、问答题

1. 为什么要进行摄像头和毫米波雷达传感器的融合？
2. 什么是智能汽车环境感知技术？
3. 位置信息获取的主要技术方案包括哪些？

第 2 章　毫米波雷达

学习目标

通过学习本章,读者能够掌握毫米波雷达的定义与组成,了解毫米波雷达的特点、工作原理和应用;了解 24 GHz 与 77 GHz 毫米波雷达的联系与不同,了解 4D 毫米波雷达,熟悉毫米波雷达的产品及应用情况。在实训任务中,掌握毫米波雷达的安装定位方法和调试检测方法,能够说明毫米波雷达在 ADAS 中的应用。

教学要求

知识要点	能力要求
毫米波雷达的定义	了解毫米波雷达定义
毫米波雷达的特点	掌握毫米波雷达的优缺点
毫米波雷达的分类	了解毫米波雷达的分类方法
毫米波雷达的组成	掌握毫米波雷达的组成及应用
毫米波雷达的原理	掌握毫米波雷达测距、测速和测角的原理
毫米波雷达技术参数	了解智能网联汽车车载毫米波雷达的技术参数
4D 毫米波雷达	了解 4D 毫米波雷达原理和特点
24 GHz 与 77 GHz 毫米波雷达	了解两者的优缺点及应用
毫米波雷达应用	了解毫米波雷达发展现状、应用以及未来发展
毫米波雷达实训任务	掌握毫米波雷达的安装调试、标定以及数据分析

案例导入

随着汽车保有量的增加,如何降低交通事故发生率已成为迫切需要解决的问题。解决该问题最有效的方法之一就是配置先进驾驶辅助系统,提高汽车行驶安全性,最大限度降低交通安全事故发生率。先进驾驶辅助系统是利用环境感知技术采集汽车、驾驶员和周围环境的动态数据进行分析处理,通过提醒驾驶员或执行器介入汽车操纵以实现驾驶安全性和舒适性的一系列技术的总称。在智能驾驶传感器领域,和激光雷达(LiDAR)相比,毫米波雷达(Millimeter-Wave Radar)更接地气,在技术上已非常成熟,而且其市场出货量相当可观。以中国市场为例,早在 2015 年,车载毫米波雷达销量为 180 万颗,大概平均每 12 台车搭载 1 颗毫米波雷达。此外,毫米波雷达在欧洲的普及率非常高。

了解到毫米波雷达的需求,那么毫米波雷达在智能网联汽车先进驾驶辅助系统中起什么作用,毫米波雷达有哪些技术参数? 学习完本章,读者便可知晓答案。

2.1 认识毫米波雷达

2.1.1 毫米波雷达的定义

在认识毫米波雷达之前,我们先简单介绍一下毫米波。频率在 1 000 MHz 以下的波属于普通频段,频率在 1 000 ~ 30 000 MHz 的波属于微波,频率在 30 000 ~ 300 000 MHz(波长 1 ~ 10 mm)的波属于毫米波。毫米波波长短、频段宽,易实现窄波束,分辨率高,不易受干扰。

根据波的传播理论,频率越高,波长越短,分辨率越高,穿透能力越强,但在传播过程中的损耗也越大,传输距离越短;频率越低,波长越长,绕射能力越强,传输距离越远。所以与微波相比,毫米波的分辨率高,指向性好,抗干扰能力强和探测性能好;与远红外波相比,毫米波的大气衰减小,对烟雾、灰尘具有更好的穿透性,受天气影响小。这些特质决定了毫米波雷达具有全天时、全天候的工作能力。

举个例子,我们通常看到的灰尘的直径大概为 1 ~ 100 μm,自然界的雨点的直径为 0.5 ~ 4 mm。所以波长与它们相等或者更长的电磁波可以轻易穿透这些障碍物,毫米波便拥有这样的能力。毫米波雷达这个性能是其他传感器难以实现的。

表 2.1　电波波长及应用

波段		波长	频率	传播方式	主要用途
长波		30 000 ~ 3 000 m	10 ~ 100 kHz	地波	超远程无线通电通信和导航
中波		3 000 ~ 200 m	100 ~ 1 500 kHz	地波和天波	调频无线电广播、电报
中短波		200 ~ 50 m	1 500 ~ 6 000 kHz		
短波		50 ~ 10 m	6 ~ 30 MHz	天波	
微波	米波	10 ~ 1 m	30 ~ 300 MHz	近似直线传播	调频无线电广播、电视、导航
	分米波	10 ~ 1 dm	300 ~ 3 000 MHz	直线传播	移动通信、电视、雷达、导航
	厘米波	10 ~ 1 cm	3 000 ~ 30 000 MHz		
	毫米波	10 ~ 1 mm	30 000 ~ 300 000 MHz		

毫米波雷达是测量被测物体相对距离、相对速度、方位的高精度传感器,早期被应用于军事领域。随着雷达技术的发展与进步,毫米波雷达被开始应用于汽车领域。毫米波在智能驾驶方面主要应用于采集车辆前方、后方、侧向运动目标的位置和运动速度。毫米波较易于识别静态目标。

车载毫米波雷达的原理是通过天线向外发射毫米波,接收目标反射信号,经过后方处理后,快速准确地获取汽车车身周围的环境信息,然后根据所探知的物体信息对其进行目标跟踪和识别分类,进而结合车身动态信息进行数据融合,最终通过中央处理单元进行智能处理;经合理决策后,以声、光及触觉等多种方式告知驾驶员,或及时对汽车作出主动干预,以确保驾驶过程的安全性和舒适性,减少事故发生频率。如图 2.1 所示,为博世公司的一款毫米波雷达。

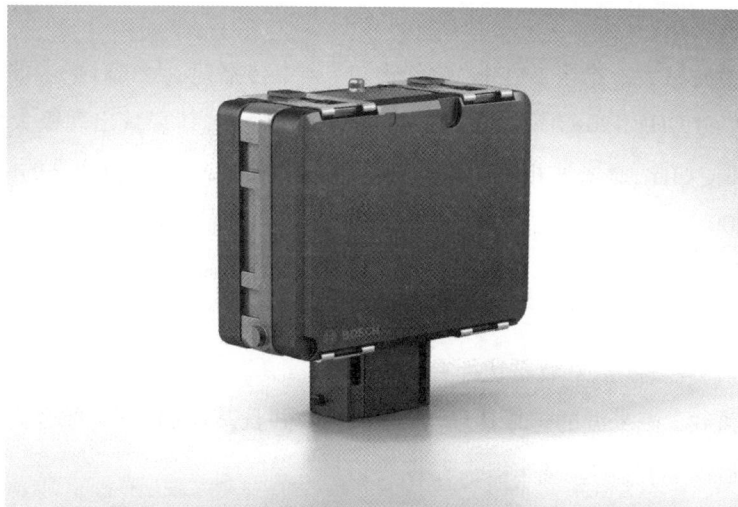

图 2.1　毫米波雷达

实际上,在 20 世纪 60 年代的美国,毫米波雷达便开始在车载领域中应用,但是当时的工艺水平较低,应用的是单天线,前端只能一收一发,其频率只有 10 GHz。这种雷达装置配备在车辆的前方并不美观,类似于两个盘子放在前端。之后,为了缩小其体积,业内专家不断将频率往上增加,增加到 30 GHz、50 GHz。雷达频率越高、天线尺寸就越小,意味着同样尺寸的雷达,其天线波束的集中度更高。到了 90 年代,就发展出 60 GHz、77 GHz 和 94 GHz 的毫米波雷达。60 GHz 频段后来主要用来通信,94 GHz 主要是军用频段,而工业上则选择了 77 GHz 作为主流的毫米波雷达频段。在历史上,也有比较典型的毫米波雷达应用。1992 年,美国交通部门在公交车上安装了 1 500 套毫米波雷达,到 1993 年取得了立竿见影的效果:交通事故发生率下降了 25%。不过最后因为效果太好,损坏了一些既得利益者的利益,所以在 1994 年被全部拆除。

2.1.2　毫米波雷达的特点

1)毫米波的特性

频带宽、波长短和大气传播衰减大,是毫米波的三大特性。

①频段宽。通常认为毫米波频率范围为 26.5 ~ 300 GHz,带宽高达 273.5 GHz,超过从直流到微波带宽之和的十倍。即使考虑大气吸收,在大气中传播时仅使用 4 个窗口,这 4 个窗口的总带宽高达 135 GHz,是微波以下各频段带宽之和的 5 倍,可以容纳大量系统信号在

该频谱工作而不会产生相互干扰。

②波长短。毫米波的频率介于红外波和厘米波之间,所以综合了两者的一些优点:能够像厘米波一样在全天候环境下工作,抗干扰能力强,不受物体表面形状、颜色的干扰;又具有红外波一样的高分辨率,易于利用多普勒效应对动态目标进行识别;还具有波束窄、天线口径小、更容易小型化的优点。

③大气传播衰减大。毫米波在非"大气窗口"频率传播时,大气对毫米波具有较强的衰减作用,尤其在 60 GHz、120 GHz、180 GHz 这三个频段附近,其衰减出现极大值,即出现"衰减峰"。但是即使如此,毫米波相对于激光和红外线,对水滴、尘埃和烟雾的穿透能力更强,一般为 150 ~ 200 m。

2)毫米波雷达的优点与不足

基于毫米波的特性,毫米波雷达拥有以下优点:

①响应速度快。毫米波的传播速度与光速一样,并且其调制简单,配合高速信号处理系统,可以快速地测出目标的距离、速度、角度等信息。

②探测距离远。毫米波雷达探测距离远,一般为 150 ~ 200 m,最远可达 300 m。

③适应力强。毫米波具有很强的穿透性,在雨、雪、大雾等极端恶劣天气不依然可以正常工作。

④探测性能好。汽车在行驶中,前方目标一般都是由金属构成的,这会形成很强的电磁反射。毫米波波长较短,其探测不受温度和颜色的影响。

⑤抗干扰能力强。毫米波雷达一般工作在高频段,而周围的噪声和干扰处于中低频区,基本不会影响毫米波雷达的正常运行。

3)毫米波雷达的缺点

①覆盖区域呈扇形,有盲点区域。

②无法识别交通标志和交通信号灯。

2.1.3　毫米波雷达的类型

毫米波雷达可按三类方法来区分其类别,分别是按工作原理、按探测距离和按频段。

1)按工作原理分类

毫米波雷达按不同的工作原理可以分为脉冲式毫米波雷达与调频式连续毫米波雷达两类。

①脉冲式毫米波雷达。脉冲式毫米波雷达通过发射脉冲信号与接收脉冲信号之间的时间差来计算目标距离。如果目标距离较近,则发射与接收脉冲信号之间的时间差相对较小。

由于智能车辆需要根据目标距离计算结果激发相应模块以实现特定功能,因此要求雷达计算目标距离的时间尽可能短,这种情况下就需要系统采用高速的信号处理技术,导致脉冲式毫米波雷达的近距离探测技术复杂、成本较高。

②调频式连续毫米波雷达。调频式连续毫米波雷达是利用多普勒效应测量得出不同距离的目标的速度,它通过发射源向给定目标发射微波信号,并分析发射信号频率和反射信号频率之间的差值,精确测量出目标相对于雷达的运动速度等信息。

2)按探测距离分类

毫米波雷达按探测距离可分为短程(SRR)、中程(MRR)和远程(LRR)毫米波雷达。短程毫米波雷达探测距离一般小于 60 m,中程毫米波雷达探测距离一般为 100 m 左右,远程毫米波雷达探测距离一般大于 200 m。

3)按频段分类

毫米波雷达按采用的毫米波频段不同,分为 24 GHz、60 GHz、77 GHz 和 79 GHz 毫米波雷达。主流可用频段为 24 GHz 和 77 GHz,其中 24 GHz 适合近距离探测,77 GHz 适合远距离探测。

24 GHz(2019 年全球市占率 54.35%):探测距离 60 m,主要应用于 BSD(盲点监测)、LCA(变道辅助)、PA(泊车辅助),目前为毫米波雷达中的常见产品。根据美国 FCC 和欧洲 ESTI 规划,24 GHz 的宽频段(21.65 ~ 26.65 GHz)将于 2022 年过期,欧洲和美国都已经宣布将逐步限制和停止 24 GHz 频段在汽车雷达中的使用。

77 GHz(2019 年全球市占率 45.52%):探测距离 100 ~ 250 m,主要应用于 ACC(自适应巡航)、AEB(自动紧急制动)、FCW(前方碰撞预警)等。相对于 24 GHz 产品,77 GHz 雷达体积更小、识别率更高,正逐步替代 24 GHz 方案而成为主流产品。

79 GHz(2019 年全球市占率 0.12%):探测距离可达 200 m,具有高探测范围和角度精度,主要应用于 BSW(盲区警告)、LCA(变道辅助)、FCTA(前方交叉路口警报)等。79 GHz 雷达在分辨率、探测距离等方面可与 77 GHz 产品比肩,需求有望不断攀升。我国工信部已于《汽车雷达无线电管理暂行规定(征求意见稿)》提出将 76 ~ 79 GHz 频段规划用于汽车雷达,但 79 GHz 产品目前在中国尚未开放民用。

2.1.4　毫米波雷达的产品

时至今日,全球主要有四大毫米波雷达供应商,简称为"ABCD",即 Autoliv、Bosch、Continental 和 Delphi。除此之外还有电装、富士通天等,国内公司近年来也推出毫米波雷达产品。

1)奥托立夫-Autoliv(瑞典)

Autoliv 以 24 GHz 盲点、变道辅助雷达为主,主要客户是戴姆勒奔驰——其车辆基本标配了变道辅助,Autoliv 的毫米波雷达出货量很大。

2)博世-Bosch(德国)

博世公司的毫米波雷达是目前全球市场中毫米波雷达技术最先进的供应商之一,在 2013 年即推出中距离雷达。截至 2016 年,公司已经向市场供应了超过一千万个毫米波雷达。从市场份额上来看,公司在全球毫米波雷达的市场份额为 19%,占据着第一的位置。从客户情况来看,博世的毫米波雷达下游客户分布广泛,包括大众、奥迪、奔驰、福特、日产、菲亚特和保时捷等;国内公司中吉利汽车、长安汽车等也是博世的客户。截至 2017 年底,国内搭载博世驾驶员辅助系统的自主品牌量产车型已多达 30 个以上。

博世 BOSCH 第五代 4D 毫米波雷达,可以实现远距离探测,增大水平视角,进一步提升探测精度。相较于第四代毫米波雷达,第五代毫米波雷达的带宽将提升 50%,点云密度提高 10 倍,同时通过拓展可占用带宽获得更多的反射量,从而实现更精确的环境建模。博世第五代 4D 雷达集成度更高,体积更小,能改善整车集成度,同时显著提升性能。

升级版角雷达最远探测距离可以达到 160 m,它在基础版的角雷达之上,还可以支持 L2 以上的功能,如高速公路辅助(HWA)。升级版前雷达最远探测距离可达 210 m,视场角是 ±60°,最高角分辨率可以做到 1 度。它可以支持 Euro-NCAP 五星的要求,也可以支持高速公路辅助、交通拥堵辅助等功能。升级版近距离雷达最远探测距离可达 50 m,视场角是 ±75°,分辨率可以做到 4 度,可支持碰撞预警相关功能,也可替代相关泊车功能。

至尊版 4D 雷达前视雷达最远探测距离可达 300 m,视场角是 ±60°,角分辨率可以做到 1 度,支持 L3 级以上功能。

3)大陆集团-Continental(德国)

德国大陆集团是全球最大的汽车零部件供应商之一,公司毫米波雷达产品全面覆盖 24 GHz 和 77 GHz 两个频率,产品包括 ARS441、ARS510、SRR520、SRR320 等多个系列。在市场份额上,2018 年,大陆集团在全球毫米波雷达的市场份额为 16%,占据着第二的位置,仅次于博世。客户情况来看,大陆集团的下游客户包括丰田、福特、通用、大众、奔驰、现代、宝马、沃尔沃、凯迪拉克等;国内公司中,广汽集团、东风汽车等也是大陆集团的客户。

大陆集团的 ARS441 远程毫米波雷达最大探测距离可以达到 250 m,在同类产品中处于领先地位。大陆集团的毫米波雷达产品可以实现自适应巡航、盲点警告、车道变换辅助、前后交叉交通警报(带制动装置)、后碰撞感应、横向碰撞躲避、堵塞检测等多种功能,其中自适应巡航功能的最高时速可以达到 200 km/h。

近日,大陆集团的下一代毫米波雷达 ARS540 也逐渐走向大众视野。从参数来看,ARS540 是目前市面上分辨率最高、性能最好、最大探测距离可以达到 300 m 且能真正测量目标高度的毫米波雷达,可以支持 L5 级别的自动驾驶,有望成为行业最先进的毫米波雷达。

①ARS408。77 GHz 毫米波雷达 ARS408 如图 2.2 所示,它采用可靠的固态技术,灵敏度高、测量距离远、测距测交测速精准、分辨率高,易于集成、性价比高、性能稳定,可以适用于不同应用场景目标的存在检测以及距离、速度、方位角的测量,主要用于汽车前向碰撞预警、自动紧急制动、自适应巡航等先进驾驶辅助系统和自动驾驶场景。

探测距离250 m,最多检测256个目标,防护等级IP67

图 2.2　77 GHz 毫米波雷达 ARS408

ARS408 体型小巧,尺寸为 137.25 mm×90.8 mm×30.66 mm,具有故障保护功能,通用外部通信接口 CAN,方便与上位机或其他 ADAS 模块集成。

ARS408 标准探测区域如图 2.3 所示。

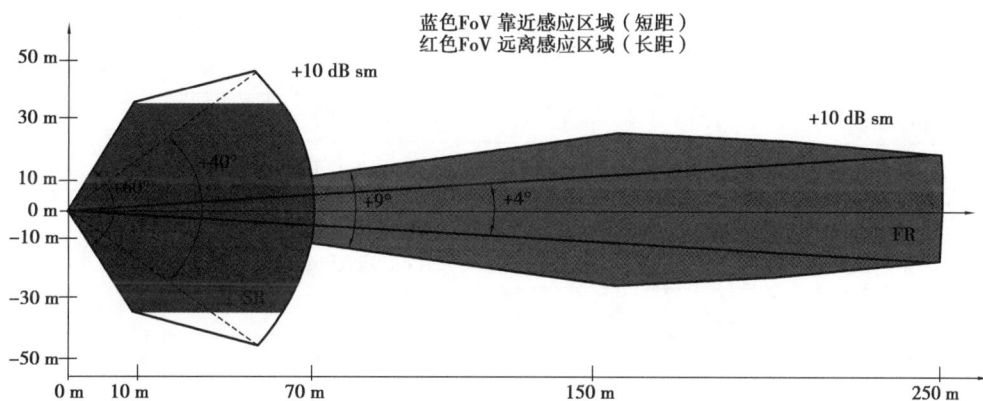

图 2.3　ARS408 标准探测区域示意图

该型号毫米波雷达具体参数见表 2.2。

表 2.2　具体参数

测试性能	一般目标
测距范围	0.2～250 m(长距模式),0.2～70 m/100 m(短距模式,±45°范围内),0.2～20 m(短距模式,±60°范围内)
距离测量分辨率	1.79 m(长距模式),0.39 m(短距模式)
距离测量精度	±0.4 m(长距模式),±0.1 m(短距模式)

续表

测试性能	一般目标
水平角分辨率	1.6°（长距模式），3.2°@0°/4.5°±45°/12.3°@±60（短距模式），在满足1.5倍到2.0倍的条件下可对两个物体进行区分。
水平角精度	±0.1°（长距模式），±0.3°@0°/±1°@±45°/±5°@±60°（短距模式）
速度范围	−400 km/h 至+200 km/h（−表示远离目标，+表示靠近目标）
速度分辨率	0.37 km/h（长距模式），0.43 km/h（短距模式）
速度精度	±0.1 km/h
天线通道数	4TX/RX=24 通道=2TX/6RX（长距模式），2TX/6RX（短距模式）
循环周期	长距和短距均为 60 ms
ARS408 双波束（长距和短距）同时工作，不可切换，检测到的目标按距离远近或 RCS 大小依次输出，默认按距离由近到远输出	
操作条件	
雷达发射频率	76 ~ 77 GHz
传输能力	14.1 dBm@77 GHz/36.1 dBm 扫频宽带 500 MHz
电源	+8 V ~ 32 V DC
功耗	典型值：6.6 W/550 mA 峰值：12 W/1.0 A
操作温度	−40 ℃ ~ +85 ℃
存储温度	−40 ℃ ~ +90 ℃
冲击	500 m/s² 半正弦
震动	20(m/s²)²/HZ@10 HZ/0.14(m/s²)²/HZ@1 000 HZ
防护等级	IP6k 9k,IP6k7
接口类型	
监视功能	自我监视
接口	IxCAN-高速 500 kibt/s

②77 GHz 毫米波雷达 ARS404。它是德国大陆公司 77 GHz 的 40X 毫米波雷达传感器系列入门产品，性价比优秀，可以适用于不同应用场景目标的存在检测以及距离、速度、方位角的测量、CAN 数据通信协议和安装固定孔兼容 ARS408-21，但比 ARS408-21 更加轻薄，适用于汽车前向碰撞预警、自动紧急制动、自适应巡航等先进驾驶辅助系统和自动驾驶场景。

③77 GHz 毫米波雷达 ARS548 如图 2.4 所示。ARS548 RDI 是德国大陆公司推出的一种新型毫米波雷达传感器，是其第五代毫米波雷达的高配版本，属于 4D 高分辨率成像毫米波雷达。它基于 ARS540 硬件平台特别适配通用型开发版固件，支持输出 Detection 和 Object 目标信息，所以除了典型的车载场景应用，也可以像其前代产品 ARS408 那样应用于各种工

业场景,当然也可以用于替代升级其他第五代入门版本雷达。

图 2.4　77 GHz 毫米波雷达 ARS548

　　ARS548 RDI 消除了优异测量性能和高度操作安全之间的明显矛盾,能够在实时扫描中确定物体的距离,并基于速度信息评估可能的碰撞风险。ARS548 RDI 雷达传感器支持故障安全(Fail-safe,不是在所有情况下),能够探知传感器故障和传感器所处环境异常并自动提示。依靠在汽车供应链行业大规模生产中使用的、具备全新设计和全新测量原理的最新雷达技术,ARS548 RDI 雷达传感器在保障高性能的同时具有非常稳健的性能。

　　其技术参数如表 2.3 所示。

表 2.3　技术参数

测量性能	
测距范围	0.2 ~ 300 m
距离分解率	0.4 m
距离精度	±0.1 ~ ±0.3 m(取决于本车/雷达自身速度,阈值为 115/110 km/h)
水平方位角	±60°
垂直俯仰角	±4° ~ ±20°(±4°@ 300 m, ±20°@ <50 m)
方位角波束 宽度(3 dB)	1.2° ~ 1.68°-1.2°@0 ~ 15°-1.68°@ ±45°
俯仰角波束 宽度(3 dB)	2.3°
方位角自校准	±4°
俯仰角自校准	±6°

续表

测量性能	
方位角精确度	±0.1° ~ ±0.2°±0.1°@ ±15°,超出此范围 上升到±0.2°
俯仰角精确度	±0.1° ~ ±0.2°
测速范围	−400 km/h ~ +200 km/h(−远离;+接近)
速度分辨率	0.35 kph
速度精确度	±0.1 kph
周期	大约 50 ms(完整的视场角单次扫描周期)
天线通道/原理	数量增加到 ARS430 的 1.75 倍/8 x inc.虚拟通道 数字波束合成-全新的射频(RF)/天线相连
操作条件	
频段	76 ~ 77 GHz
系统供电	+8.5 V ~ 17 V DC
功耗	~ 18 W/1.5 A 典型值;23 W 最大值/ ~ 2.0 A 峰值
过电压	>18 V DC 断开连接
操作-/存储温度	−40 ℃ ~ +85 ℃ /−40 ℃ ~ +105 ℃
生命周期	8 000 小时或 15 年或 300 000 km
冲击	机械符合 LV124
振动	机械符合 LV124
防护等级	IPx6k/9k(防水、高压冲洗-ISO 16750+20653) IP6kx(防尘-ISO 20653)
连接	
监控功能	自检(故障安全设计)
接口	1 x BRR BroadR 以太网 100 Mbit/s
外壳	
尺寸/重量	137 mm×90 mm×39 mm(65.5 包含接口)/约<500 g
材料	PBT GF 30 黑色(BASF-超硬橡胶 B4300G6 LS sw15073)/AC-47100(AlSi12Cul(FE))压铸铝或 EN AW 5754(3.535)AlMg3 压制成型铝

其他:在一个测量周期内的测量原理(多普勒原理),基于脉冲压缩与步进调频而提高距离分辨率。以非常快的速度测量距离、速度、方位角和俯仰角。

④24 GHz 毫米波雷达 SSR308,如图 2.5 所示。它是一款 30X 系列 24 GHz 短程宽角毫米波雷达,主要是用于汽车盲区探测、并线辅助等场景近距离、低速度、大角度范围内的相对运动目标的非接触探测和防撞预警,其水平视场角在超过中等距离时高达±75°。

图 2.5　24 GHz 毫米波雷达 SSR308

典型应用领域:

车辆盲区监控系统 BSD 的应用;

大型机械(挖掘机、建筑机械,叉车,起重机,收割机组合等)作业区监控;

自动驾驶车辆(AGVs)碰撞检测;

矿区、机场等其他非车辆应用场景的动目标监控。

4)德尔福-Delphi(美国)

Delphi 则是美国老牌企业,以 77 GHz 毫米波雷达为主,采用较为传统的硬件方案,成本比较高,性能不俗。

①德尔福 DelphiESR 毫米波雷达,如图 2.6 所示。它采用可靠的固态技术,具有一流的性能、封装和耐久性,提供给客户高性价比的前向探测雷达。德尔福 Delphi ESR 毫米波雷达输出精确的测量数据,广阔的应用功能包括自动巡航控制(ACC)、前向碰撞告警(FCW)、刹车支持和间隔距离报警等。

多模式德尔福 Delphi ESR 雷达综合宽视角中距离和窄视角长距离于一体。早期的系统使用多波束机械扫描或者几个固定重叠波束来实现诸如自动巡航控制(ACC)。单个德尔福 Delphi ESR 雷达可提供中距离宽覆盖范围和高分辨率长距离功能,中距离宽视角不仅可以发现邻近车道侧向切入的车辆,而且可以识别交叉在大车间的车辆和行人。长距离可提供精确的距离和速度数据,强大的目标区分能力,最多可识别 64 个目标。

图 2.6 德尔福 DelphiESR 毫米波雷达

图 2.7 德尔福 Delphi SRR2 毫米波雷达

具体技术参数见表2.4。

表 2.4 技术参数

Delphi ESR 毫米波雷达		
参数	长距离	中距离
	（ACC,CW）	（PCS,S&G）
系统属性		
频率	76 GHz	
封装尺寸	173.7 mm×90.2 mm×49.2 mm（w×h×d）	
封装尺寸	173.7 mm×90.2 mm×49.2 mm（w×h×d）	
更新率	50 ms	50 ms
覆盖范围		
最大探测距离	100 m（0 dBsm）	50 m（0 dBsm）
距离	1～174 m	0.5～60 m
速度	−100～25 m/s	−100～25 m/s
方位角	±10°	±45°
精度		
距离	±0.5 m	±0.25 m
速度	±0.12 m/s	±0.12 m/s
角度	±0.5°	±1°
多目标区分能力		
距离	2.5 m	1.3 m
速度	0.25 m/s	0.25 m/s
角度	3.5°	12°

Delphi ESR 毫米波雷达		
波束宽度	3.5° Az	12° Az
	4.5° El	4.5° El
输入电压	DC 12V	
消耗功率	<10 W	
发射功率	10 dBm	
工作温度	−40 ℃ ~85 ℃	
航向角速度	外部输入	
接口	CAN	

②德尔福 Delphi SRR2 后侧毫米波雷达。通过在车辆进入时提供警报盲点,德尔福 Delphi SRR2 毫米波雷达有助于司机对可能难以看清的障碍作出反应。使用全球接受的 77 GHz 单波束单脉冲雷达,德尔福 Delphi SRR2 毫米波雷达具有更好的多普勒检测范围和比 24 GHz 系统更小的 RF 窗口。实物如图 2.7 所示。

具体参数见表 2.5。

表 2.5　技术参数

性能参数	
频率	76 ~77 GHz
探测距离	0.5 ~80 m
水平视场角	±75 deg
垂直视场角	±5 deg
更新率	50 ms
速度	(−50 ~ +10 m/sec)
距离精度	±0.5 m 2.5%
测速精度	±0.125 m/sec
方位角精度	±1 deg
距离	1.5 m
接近速度	0.25 m/sec

相比于国外,车载毫米波雷达在国内仍属于起步阶段。在 24 GHz 雷达方面,国内少数企业研发已有成果,市场化产品即将问世;但在 77 GHz 毫米波雷达方面仍属于初级阶段,国内只有极少数企业能做到 77 GHz 雷达的样机阶段,产业化进程仍待突破。其中深圳安智杰

24 GHz 后向雷达已出货上千套,芜湖森斯泰克的 24 GHz 雷达产品也已量产成功。此外,雷科防务的"77 GHz 毫米波汽车防撞雷达"成为百度阿波罗生态合作伙伴的首个国产毫米波雷达,目前已经实现批量生产。

2.2 毫米波雷达组成与工作原理

2.2.1 毫米波雷达的组成

毫米波雷达系统主要包括天线、前端收发组件、数字信号处理器和控制电路,其中天线和前端收发组件是毫米波雷达最核心的硬件部分。

1)天线

天线用来发射雷达信号和接收来自目标的雷达回波信号,是毫米波雷达有效工作的关键部件之一。由于天线尺寸和波长相当,所以毫米波雷达的天线可以很小,从而可以使用多根天线来构成阵列天线,实现窄波束。由于波长很小,毫米波可以使用一种"微带贴片天线",在 pcb 板上的 ground 层上铺几个开路的微带线,就能做成天线。和大家常见的 Wi-Fi 和蓝牙的 pcb 天线很像。当然,由于毫米波的频率很高,那么一般需要高频板材。

图 2.8 毫米波雷达天线

2)前端收发组件

前端收发组件是毫米波雷达的核心射频部分,它包括多种功能电路,如低噪声放大器(LNA)、功率放大器、混频器、甚至收发系统等功能,具有电路损耗小、噪声低、频带宽、动态范围大、功率大、附加效率高、抗电磁辐射能力强等特点。

目前,前端收发组件集成的方法主要有混合微波集成电路和单片微波集成电路两种。毫米波雷达的关键部件前端单片微波集成电路(MMIC)技术由在国外半导体公司掌控,而高频的 MMIC 只掌握在英飞凌、飞思卡尔等极少数国外芯片厂商手中。国内的 MMIC 仍处于起步状态,厦门意行和南京米勒为正在研发雷达 MMIC,相关性能仍有待验证。

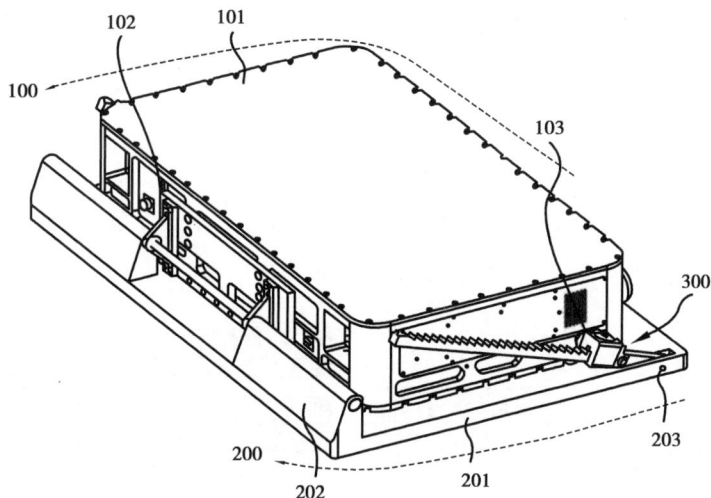

图 2.9 前端收发组件

3)数字信号处理器

数字信号处理器是毫米波雷达的重要组成部分,它通过嵌入不同的信号处理算法,提取从前端采集到的中频信号,获得特定类型的目标信息。毫米波雷达的数字处理主要算法包括整列天线波形形成和扫描算法、信号预调理、杂波处理算法、目标检测、测量算法、目标分类与跟踪算法等。

4)控制电路

控制电路是车载毫米波雷达系统实现主动安全控制执行的最后一环,根据信号处理器获得的目标信息进行数据融合,根据信号处理器获得的目标信息,结合车身动态信息进行数据融合,最后通过主处理器进行数据处理,对车辆周围环境进行分析处理,比如对前方的行人或者障碍物进行识别判断,并迅速作出处理和发送指令,及时传输给报警显示系统,提醒驾驶员。

2.2.2 毫米波雷达工作过程

毫米波雷达工作过程如图 2.11 所示,它是通过天线向外发射毫米波,接收机接收目标反射信号,经信号处理器处理后快速准确地获取汽车周围的环境信息,如汽车与其他物体之间的相对距离、相对速度、角度、行驶方向等,然后根据所探知的物体信息进行目标追踪和识

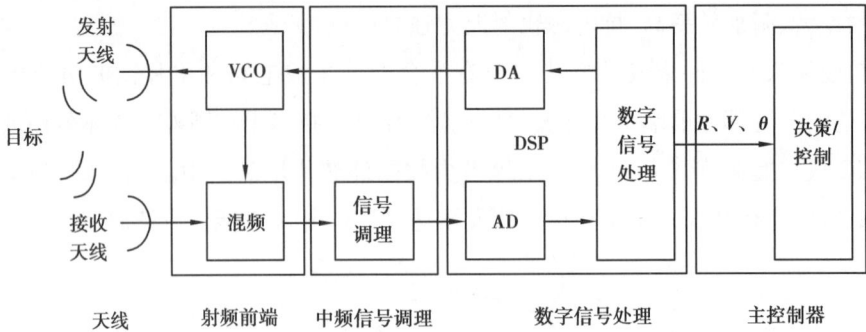

图 2.10　毫米波雷达工作过程

别,进而结合车身动态信息进行数据融合,最终通过中央处理单元(ECU)进行智能处理。经合理决策后,以声、光及触觉等多种方式告知或警告驾驶员,或及时对汽车做出主动干预,从而保证汽车行驶安全性和舒适性,降低事故发生率。

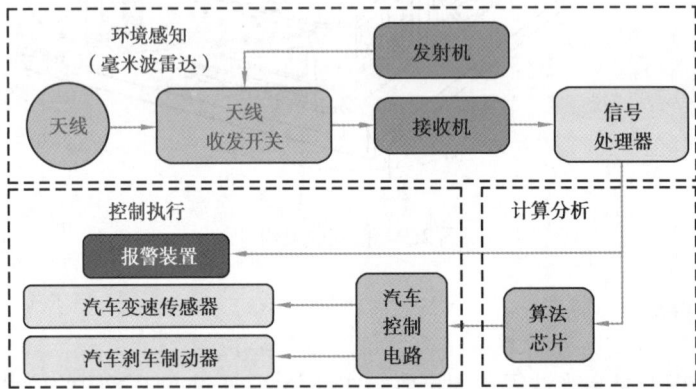

图 2.11　功能实现流程

1)测距原理

　　毫米波雷达通过发射天线发出相应波段的有指向性的毫米波,当毫米波遇到障碍目标后反射回来,通过接收天线接收反射回来的毫米波。根据毫米波的波段,通过公式计算毫米波在途中飞行的时间,再结合前车行驶速度和本车的行驶速度因素,就可以知道毫米波雷达(本车)和目标之间的相对距离了,同时也就知道目标的位置,如图 1.12 所示。

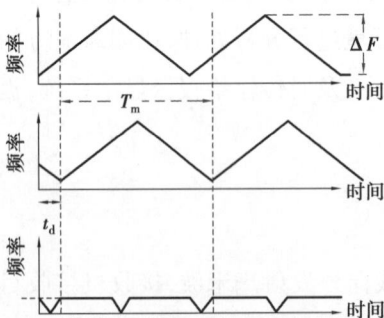

图 2.12　测距原理图

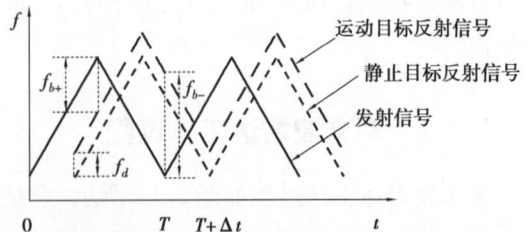

图 2.13　测速原理图

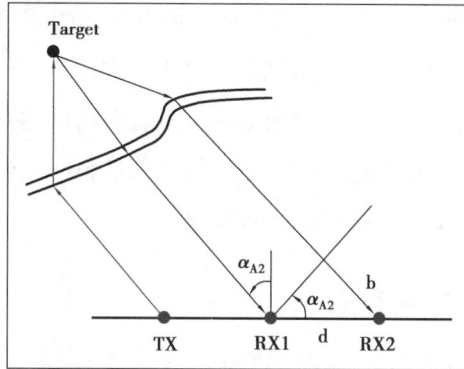

图 2.14　方位角测量原理

发射信号和接收信号之间除了一个滞后时间 t_d 外,其他特性均相同,滞后时间 t_d 与相对距离 R 的关系为:

$$t_d = 2R/c \tag{2.1}$$

$$R = (cT_m/4\Delta F)\Delta f \tag{2.2}$$

式中,c 为光速,Δf 为混频输出频率差,T_m 为雷达扫描周期,ΔF 为信号带宽。

2)测速原理

毫米波雷达测速是基于多普勒效应(Doppler Effect)原理。所谓多普勒效应,就是指当声音、光和无线电波等振动源与观测者以相对速度 v 运动时,观测者所收到的振动频率与振动源所发出的频率有不同。因为这一现象是奥地利科学家多普勒最早发现的,所以称之为多普勒效应。也就是说,当发射的电磁波和被探测目标有相对移动,回波的频率会和发射波的频率不同。当目标向雷达天线靠近时,反射信号频率将高于发射信号频率;反之,当目标远离天线而去时,反射信号频率将低于发射信号频率。由多普勒效应所形成的频率变化称为多普勒频移,它与相对速度成正比,与振动的频率成反比。如此,通过检测这个频率差,可以测得目标相对于雷达的移动速度,也就是目标与雷达的相对速度。

信号波发射和反射三角波中频频率可分别表示为:

$$F_{b+} = \Delta f - f_d \tag{2.3}$$

$$F_{b-} = \Delta f + f_d \tag{2.4}$$

式中,Δf 代表中频频率;f_d 表示多普勒平移,则可以推出雷达与目标之间的相对运动速度,其表达式为:

$$V = 4/f_0(F_{b-} - F_{b+}) \tag{2.5}$$

式中,f_0 代表发射波中心频率,速度 V 的符号与目标相对运动趋势相关:目标接近时 V 取正值,目标远离时 V 取负值。

3)方位角测试原理

毫米波雷达的发射天线发射出毫米波后,遇到被监测物体即反射回来,计算毫米波雷达并列的接收天线,计算收到同一监测目标反射回来的毫米波的相位差,就可以计算出被监测目标的方位角。原理如图 2.14 所示,毫米波雷达发射天线 TX 向目标发射毫米波,两个接收天线 RX1、RX2 接收目标反射信号。方位角 α_{Az} 是将毫米波雷达接收天线 RX1 和接收天线 RX2 之间的几何距离 d,以及两根毫米波雷达天线所接收到反射波的相位差 b,进行三角函数计算得到的值,可以据此知道被检测目标的方位角。

2.2.3 毫米波雷达技术参数

毫米波雷达的技术参数主要有最大探测距离、距离分辨率、距离测量精度、最大探测速度、速度分辨率、速度测量精度、视场角、角度分辨率和角度测量精度等。

1)最大探测距离

最大探测距离是指毫米波雷达能够检测目标的最大距离。不同的毫米波雷达,最大探测距离不同。目前最远探测距离可达 300 m。

2)距离分辨率

距离分辨率表示距离方向分辨两个目标的能力。

3)距离测量精度

距离测量精度表示测量单目标的距离测量精度,取决于信噪比。

4)最大探测速度

最大探测速度是指毫米波雷达能够探测目标的最大速度。

5)速度分辨率

速度分辨率表示速度维区分两个同一位置的目标的能力。

6)速度测量精度

速度测量精度表示测量单目标的速度测量精度,取决于信噪比。

7)视场角

视场角分为水平视场角和垂直视场角,是指毫米波雷达能够探测的角度范围。

8)角度分辨率

角度分辨率表示在角度维分离相同距离、速度目标的能力。雷达的角度分辨率一般较低，在实际情况下，由于距离、速度分辨率较高，因此目标一般可以在距离和速度维区分开。

9）角度测量精度

角度测量精度表示测量单目标的角度测量精度。

2.2.4 4D毫米波雷达解析

2020年中期，汽车毫米波雷达市场占有率第一名德国大陆汽车推出全球第一个4D成像毫米波雷达，即ARS540，第一个使用ARS540的车型可能是宝马的电动车旗舰iX。之后，4D成像毫米波雷达概念风靡业界。单从外形上看，4D毫米波雷达并没有奇异之处，那么它风靡业界的原因是什么呢？

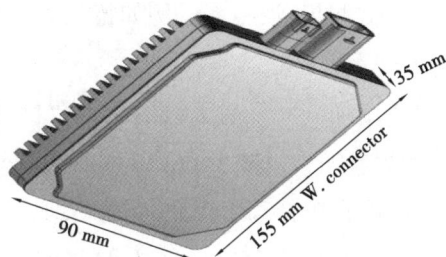

图2.15 ARS540 4D毫米波雷达

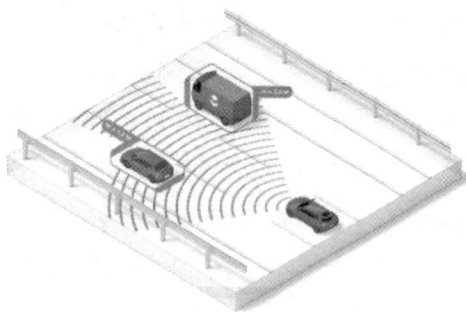

图2.16 4D雷达可探测物体水平及高度信息

4D毫米波雷达又被称为"成像雷达"。"4D"的概念指在原有距离、方位、速度的基础上增加了对目标的高度维数据解析。而"成像"的概念指其具备超高的分辨率，从而可以有效地解析目标的轮廓、类别、行为，这意味着4D毫米波雷达系统可以适应更多复杂路况，包括识别较小的物体、被遮挡的部分物体以及静止物体和横向移动障碍物的检测等。

目前，部分4D成像雷达已进入小批量样品阶段。华为在上海车展前夕发布了高分辨率4D成像雷达，采用12T24R超大天线阵列。上汽R汽车在中国首发来自采埃孚4D成像雷达，产品ES33已经进入量产前测试阶段。傲酷雷达的Eagle和Falcon两款产品也受到多家国内外车企巨头关注，公司CMO表示相关产品已经开始小规模供货。随着传统毫米波雷达巨头陆续宣布新一代4D雷达的量产时间点，4D雷达市场化量产即将来临。

传统的毫米波雷达不具备测高能力，因而难以判断前方静止物体是在地面还是在空中，无法细化刹车场景：

①井盖、减速带等"地面低小障碍物"无需刹车。

②交通标识牌、龙门架、立交桥等"空中障碍物"无需刹车。

③车辆、三角锥桶等"路面上较大障碍物"需要刹车。

鉴于此，为避免误刹车频发，AEB算法便决定对毫米波雷达的置信度权重下降，以视觉感知结果为主。然而，视觉感知的挑战在于，目标障碍物必须经过提前训练，而模型库又不可能穷举所有类型,故很多静态障碍物成了"漏网之鱼"。此外,即使有模型库,另一个挑战在于神经网络能否正确识别出前方障碍物。因此,便经常出现明明前方有障碍物,自动驾驶汽车却依然撞了上去的结果。而升级为 4D 毫米波雷达,AEB 算法便可更多地考虑毫米波雷达的感知结果,从而有更高概率识别路面上的静态障碍物。结合其高分辨率带来的优势,可以更有效地解析目标的轮廓、类别、行为,进而能知道在什么情况下必须刹车(避免漏刹)。

1)4D 毫米波雷达的感知能力

相对于传统毫米波雷达,4D 雷达具备更高的分辨率、兼顾探测距离和视场角、高度信息感知等优势:

①更高的分辨率。传统毫米波雷达存在角分辨率低、无法高密度点云成像等局限,因此难以有效解析小目标物体的轮廓、类别等。4D 雷达通过高倍数虚拟 MIMO 等方式,可实现更高密度的点云成像,可探测到轮胎碎片等较小目标,降低漏报、误报率。例如德国大陆公司 ARS 540 水平分辨率达 1 度,是传统毫米波雷达的 5 倍。

②兼顾探测距离和视场角。增加探测距离通常需要增加同一发射天线的微带数目,使能量在某一方向聚焦,因此传统毫米波雷达探测距离的提升通常以减少 FoV(Field of View,视场角)为代价。4D 雷达通过算法、多芯片级联等方式,能在维持高 FoV 的同时,实现高角度分辨率及更远探测距离。例如,传统毫米波雷达在有效距离达 250 m 时,FoV 将缩小至 8~10 度,但大陆的 ARS 540 在维持 100 度 FoV 的情况下仍能实现高达 300 m 的有效距离。

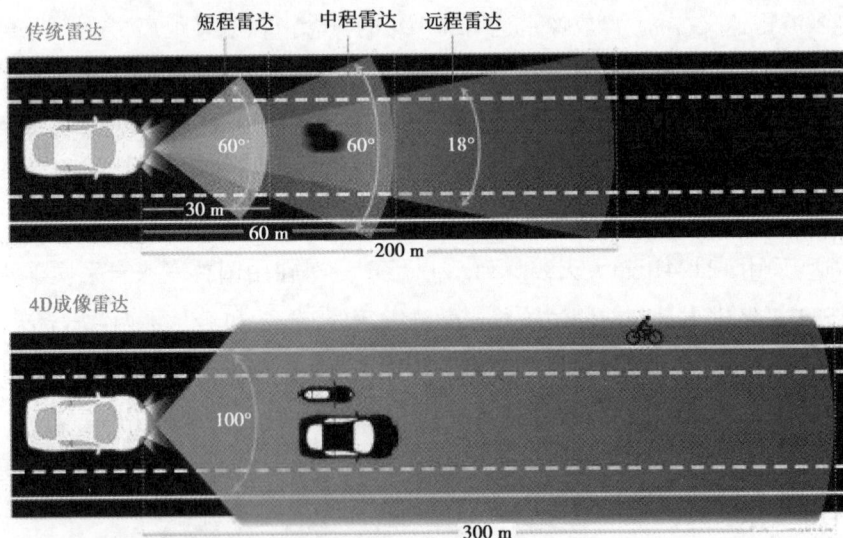

图 2.17 4D 雷达与传统毫米波雷达对比

③高度信息感知。由于具备纵向高度感知能力,4D 雷达相较传统雷达可以检测静态障碍物。传统毫米波雷达可以探测前方道路上有静态障碍物反射点,但因为无法实现识别静态障碍物的高低和大小,因此不能将道路障碍物与天桥、交通标示牌等静态物品区别开。4D

雷达具备高度维度感知,可解析静态障碍物的轮廓等信息并进行分类,更有效地避免"误刹","漏刹"。

2)其他优点

相对于激光雷达,4D 雷达具备可全天候、全天时工作、成本较低等优势。

①全天候、全天时工作。受制于激光的物理特性,激光雷达在雨雪、沙尘等极端天气环境下,工作可靠性会受到影响。4D 雷达能全天候、全天时工作,在暴雨、大雪、漆黑及空气污染等恶劣环境条件下也能提供高可靠性的探测。此外,4D 雷达能够"看穿"墙壁、紧闭的门和其他固体物体,这是激光雷达所不具备的能力。

②成本较低。长期以来,高昂的价格成为制约激光雷达"上车"的关键因素。相比激光雷达,规模量产后的 4D 雷达价格与传统毫米波雷达基本一致。且由于 4D 雷达原理上与传统毫米波雷达存在共性,与摄像头进行数据融合的应用也更为普遍,能实现更低的验证成本,有望率先实现量产"上车"。

③分辨率差距缩小。根据佐思汽研,依托虚拟孔径成像(VAI)技术,4D 雷达已可实现高清成像,效果接近或超过 16/32 线激光雷达。傲酷公司的 Eagle 系列可生成每秒几万点的雷达点云图像,横向与纵向角分辨率都在 1 度以内,傲酷公司认为其未来成像效果或可媲美 32/64 线激光雷达。

因此,Arbe 公司联合创始人兼 CEO 不止一次提到"未来 4D 成像雷达可让自动驾驶汽车完全摆脱对激光雷达的需要,其也将从冗余部件升级为自动驾驶的核心部件"。

雷达芯片厂商恩智浦也从几年前开始就希望用 4D 毫米波雷达替代激光雷达。2019 年下半年,恩智浦执行副总裁兼首席技术在接受《电子工程专辑》采访时说:"在 L3 级自动驾驶阶段,成像雷达相比于激光雷达是有优势的。"

雷达传感器在新一代量产车型主要有两种"上车"方案:

①激光雷达方案:小鹏、Waymo 等厂商计划在下一代量产车型上搭载激光雷达,采用摄像头、毫米波雷达和激光雷达相结合的技术方案。

②视觉算法主导方案:特斯拉采用无激光雷达方案,使用摄像头做"眼睛",搭载毫米波雷达和超声波雷达,收集数据,是一种视觉为主导的技术方案。

激光雷达在 L4/L5 级自动驾驶落地,并非一路坦途。一方面,激光雷达面临的成本高昂、维修高昂等问题,可能成为在 L4/L5 级自动驾驶汽车量产上车的"致命短板"。另一方面,进入高级别自动驾驶后,冗余感知迫在眉睫。技术角度来看,激光雷达仍存在镜面黑洞效应(照射反射率较高且非正对激光雷达的物体时,难以检测到返回信号)、在恶劣天气工作可靠性下降等局限性,因此激光雷达难以作为单一雷达传感器应用于 L4/L5 级自动驾驶汽车。

4D 雷达也并非完美。相比高线激光雷达,4D 毫米波雷达仍存在横向分辨率不足的问题。我们认为,未来多感知融合或为汽车传感器主流解决方案。随着图像技术更为成熟,叠加激光雷达价格下探,摄像头+4D 雷达+超声波传感器+激光雷达带来的多传感器融合,能够创建高分辨率可识别区域的冗余感知,因此多传感器融合或为大势所趋。

2.2.5　24 GHz 和 77 GHz 毫米波雷达对比分析

通常 24 GHz 雷达检测范围为中短距离,用作实现 BSD、LCA 等功能,而 77 GHz 长程雷达用作实现 ACC、AEB 等功能。

从技术角度看,24 GHz 雷达与 77 GHz 雷达都是处于毫米波的频段,本质上并没有大的区别。而根据波的传播理论,在无线通信系统中,频率较高的信号比频率较低的信号容易穿透建筑物,而频率越低,波长越长,绕射能力越强,信号损失衰减越小,传输距离越远。因此 24 GHz 雷达比 77 GHz 的绕射能力更强,但 77 GHz 雷达得益于更小的波长,相比 24 GHz 距离检测精度高,因此在使用的时候各有利弊。

1)24 GHz 频段

24.0 GHz 到 24.25 GHz 的频段是窄带(NB),带宽为 250 MHz,常用于工业、科学和医学方面。其中,24 GHz 频带还包括一个带宽为 5 GHz 的超宽带(UWB)。

在短程雷达中,24 GHz 频段的 NB 和 UWB 雷达已经应用于传统的汽车传感器上。通常 NB 雷达可以完成盲点检测等简单应用,但在大多数情况下(包括超短距离),由于高频分辨率的需求,需要使用 UWB 雷达。

由于欧洲电信标准化协会(ETSI)和联邦通信委员会(FCC)制定的频谱规则和标准,UWB 频段将很快被逐步淘汰。2022 年 1 月 1 日以后,UWB 频段将无法在欧洲和美国使用,只有窄带 ISM 频段可以长期使用。

24 GHz 频段缺乏宽带宽,再加上新兴雷达应用中对更高性能的需求,使得 24 GHz 频段对新兴雷达没有吸引力,尤其是在当前对自动停车和全景视图感兴趣的汽车领域。

2)77 GHz 频段

反观 77 GHz 频段,其中 76~77 GHz 频段可用于远程车载雷达,并且该频段有等效同性各向辐射功率(EIRP)的优势,可控制前端远程雷达,例如自适应巡航控制。

该频段在日本和欧洲可用于交通基础设施中的雷达系统,可以完成车辆计数、交通阻塞、事故检测、车速测量和通过检测车辆激活交通灯等任务。77~81 GHz 短程雷达(SRR)频段是新加入的频段,这个频段最近在全球监管和行业采用情况方面都获得了显著的吸引力。同时,该频段可提供高达 4 GHz 的宽扫描带宽,非常适合需要高距离分辨率(HRR)的应用。

3）两种不同频率毫米波雷达的特点

①77 GHz 毫米波雷达有高的距离分辨率和测距精度。与 24 GHz 频段下只有 200 MHz 带宽的 ISM 频段相比,77 GHz 频段下的 SRR 频带可提供高达 4 GHz 的扫描带宽,显著提高了距离分辨率和精度。其中,距离分辨率表示雷达传感器能够分离两个相邻物体的能力,距离精度表示测量单个目标时的精确度。

由于距离分辨率和精度与扫描带宽成反比,因此与 24 GHz 雷达相比,77 GHz 雷达传感器在距离分辨率和精度方面的性能更好,经过测试发现可提高 20 倍。实际上,77 GHz 雷达可实现的距离分辨率为 4 cm(24 GHz 雷达分辨率为 75 cm)。高距离分辨率可以更好地分离物体(例如站在汽车附近的人)并提供检测到物体的密集点,从而完善环境建模和物体分类,这对于研发先进的驾驶辅助算法和自动驾驶功能非常重要。

此外,分辨率越高,传感器识别的最小距离就越小,因此在停车辅助等需要高精确度的应用方面,77 ~ 81 GHz 雷达有着显著的优势。

77 GHZ 频段的宽频带具有较高的分辨率,可用于工业级液位传感器,使传感器能够"测量到最后一滴"的液位,最大限度地减少水箱底部的死区。而且,由于高分辨率可以改善最小测量距离,因此当水箱满了时,传感器可以测量水箱顶部的液位。

②77 GHz 毫米波雷达拥有高的速度分辨率和精度。速度分辨率和精度与射频(RF)频率成反比。因此,频率越高,分辨率和精度就越好。

对于汽车停车辅助应用,速度分辨率和精度是至关重要的,因为在停车时需要以低速准确地操纵车辆。

此外,最近的研究利用具备更高分辨率和微多普勒信号的雷达进一步改善了行人检测和高级物体分类算法。速度测量精度的提高有助于工业应用,同时也有利于改善当前自动化车辆背景下的交通检测等情况。

③77 GHz 毫米波雷达拥有更小的尺寸。较高射频频率的主要优势之一就是传感器尺寸可以更小。对于相同的天线视场和增益,77 GHz 天线阵列的尺寸可以在 X 和 Y 维度上减小约 75%。这种尺寸上的缩减在汽车上非常有用,主要体现在汽车周围的应用(包括需要安装近距离传感器的门和后备厢)和车内的应用。

在工业流体水平线传感方面,较高的射频频率可以为相同尺寸的天线和传感器提供更窄的波束。较窄的光束可以减小来自水箱侧面的不需要的反射以及箱内的其他障碍物的干扰,从而获得更高精度的测量结果。此外,对于同等宽的波束,射频频率越高,传感器的尺寸越小,更加易于安装。

④24 GHz 毫米波雷达的射频芯片对相对 77 GHz 雷达射频芯片更易获取。各大厂商经过多年对 24 GHz 毫米波雷达的研发,市场上 24 GHz 毫米波雷达的产品体系已经相对成熟,供应链已经相对稳定。在国内,24 GHz 的核心芯片射频芯片能从英飞凌、飞思卡尔等芯片

供应商获得。但是,目前在全球范围内77 GHz毫米波雷达芯片并没有稳定的供应体系,由于相关知识产权与合作协议的原因,英飞凌、飞思卡尔、意法半导体等芯片商对中国并没有放开77 GHz雷达芯片的供应,因此国内77 GHz毫米波雷达的开发受到一些限制。

目前,在全球毫米波雷达市场上,占主导地位的是德国、美国、日本等国家。由于毫米波雷达技术涉及敏感领域,为防止该技术被中国复制,技术领先的国家对中国采取了技术封锁的手段。直至今日,60 GHz以上的毫米波雷达产品都被禁止运输到中国。77 Ghz毫米波雷达的核心技术掌握在博世、德尔福、奥托立夫、大陆等跨国巨头手里,其产品不单独向中国销售,只为提供全套系统,价格相当昂贵。而且,整套系统中也不会配备最新一代的77 GHz产品。就连进口汽车上采用的77 Ghz毫米波雷达,也是国外早前几代的产品。

考虑到中国的实际国情以及芯片研发进度等行业特点,24 GHz毫米波雷达在国内仍有较大市场空间。相比全球而言,我国77 GHz毫米波雷达的大规模应用将稍微推后。随着技术的发展,77 GHz毫米波雷达将在行业普遍产业化。

2.2.6　FMCW雷达系统

1)FMCW雷达系统工作原理

FMCW雷达系统通过天线向外发射一列连续调频毫米波,并接收目标的反射信号。发射波的频率在时域中按调制电压的规律变化。FMCW毫米波雷达的发射信号采用的是频率调制,常用的调制信号有正弦波信号、锯齿波信号和三角波信号等。当以三角波或锯齿波作为调频波时,称其为线性调频连续波(LFMCW)。三角波线性调频连续波利用差拍傅里叶方式在一个周期内就可无模糊确定目标距离和速度,处理简单,易于实现。它利用发射信号的线性调频和从目标反射回来的接收信号频率的变化相关和频谱配对来进行动目标的测量。因此三角波线性调频连续波雷达的设计和实现,有着非常重要的现实意义。

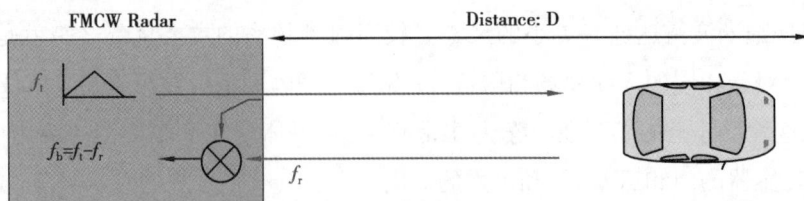

图2.18　测距原理

LFMCW波雷达的工作原理是用回波信号和发射信号的一部分进行相干混频,得到包含目标的距离和速度信息的中频信号,然后对中频信号进行检测即可得到目标的距离和速度。当目标物体是相对静止时,发射信号碰到目标物体后被反射回来,产生回波信号,回波信号与发射信号形状相同,只是在时间上延迟了:

$$\tau\ (\ \tau=2R/c) \tag{2.6}$$

式中,R为目标物体的距离;c为光速。

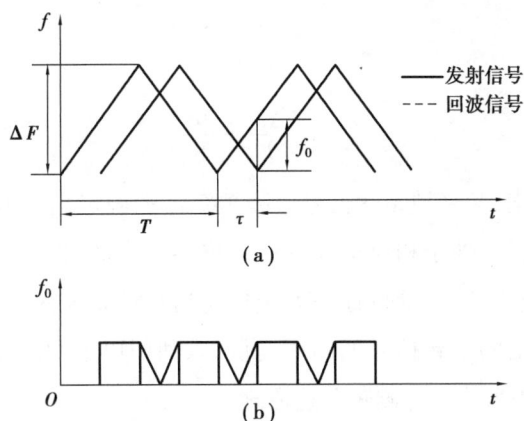

图 2.19 三角波雷达测距测速

发射信号与回波信号的频率差即为混频输出的中频信号频率 f_0，根据相似三角形的关系，由图 2.19(a)可以得出：

$$\frac{\tau}{f_0} = \frac{T/2}{\Delta F} \tag{2.7}$$

式中，T 为调制三角形周期；ΔF 为调频带宽。

将 $\sigma = 2R/c$ 代入上式可得：

$$R = \frac{cT}{4\Delta F}f_0 \tag{2.8}$$

从式(2.8)中可以看出，在调制周期 T 和调频带宽确定的情况下，目标距离与 LFMCW 雷达前端混频器输出的中频信号频率成正比，这就是目标物体处于相对静止的情况下 LFMCW 雷达测距原理。

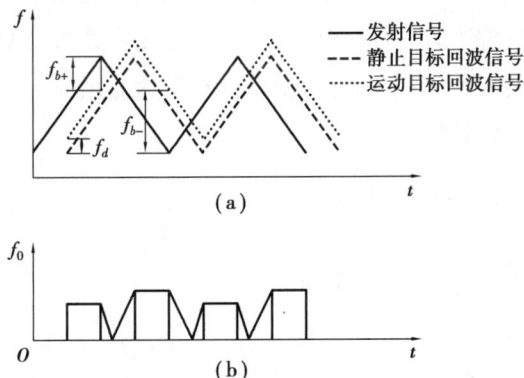

图 2.20 FMCW 雷达运动目标回波信号

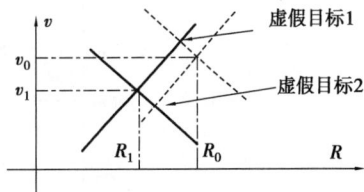

图 2.21 两个目标情况下目标检测

从图 2.20 中可以看出，三角波的上升沿和下降沿中频信号的频率可分别表示为：

$$f_{b+} = f_0 - f_d \tag{2.9}$$

$$f_{b-} = f_0 + f_d \tag{2.10}$$

式(2.9)和式(2.10)中为目标物体相对静止时中频信号的频率，为多普勒频移。由距离公式 R 和多普勒频移公式可得：

$$f_{b+} = \frac{4\Delta F}{cT} - \frac{2fv}{c} \tag{2.11}$$

$$f_{b-} = \frac{4\Delta F}{cT} + \frac{2fv}{c} \tag{2.12}$$

由上述公式可以看出,毫米波雷达信号中频频率 f_b 的确定是求出 R、V 的关键。

以上两式虽然是在目标处于相对运动状态下推导出来的,但是对于相对静止的目标同样适用。因此,在实际应用中,不管目标是处于相对运动还是相对静止,只要分别求出调制三角波在上升沿和下降沿的中频信号的频率,就可以利用以上两式来计算目标的距离和速度信息,这就是 FMCW 毫米波雷达测距测速原理。

f 的确定即是对发射和反射信号的频差进行频谱分析。信号的频谱分析主要有 FFT 法和非 FFT 法。所谓 FFT 法,即是对被分析的信号进行傅里叶变换,将其从时域变到频域,在频域进行分析,必要时再通过傅里叶逆变换,变回时域的分析方法。而非 FFT 方法则是通过其他的途径,获得信号的频率参数,如最大熵法、MUSIC 法等,各有特点。综合考虑方法的复杂性、实时性、稳定性,对汽车雷达而言,频谱分析应首选 FFT 法,这种方法比较成熟,实现容易,实时性强,适合于汽车运行状况下信号的实时处理。

当雷达的辐射范围内有多个目标时,三角波调频方式雷达会产生一定的虚警率。

当前方为单目标时,由前面的公式,可以确定两个二元一次方程。在 $R—V$ 平面内会确定两条斜率相反的直线,如图 2.22 中两条实线,从而获得一个交点,即可确定目标的相对速度和距离信息,而在多目标监测时则会产生虚警。以两个目标为例,由于雷达的参数相同(k_0,k_1 相同),两个目标在发射信号处于频率上升和下降的频段会产生两组平行的直线,有 4 个交点,其中两个为虚警目标。随着目标数量的增加,虚假目标会成倍地增长。因此,必须对雷达的发射波形进行调整,一方面应提高雷达的多目标分辨率,另一方面要算法简便快捷,保证系统的实时性。波形调整的方法有很多种,至今也是毫米波汽车雷达应用的一个难点。这里仅对增加频率段方法的原理做一简单阐述。

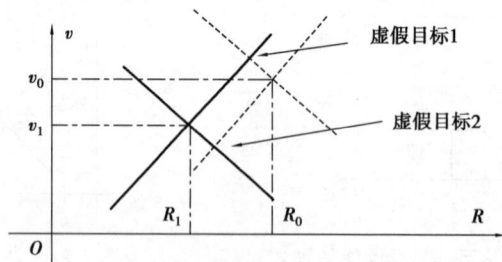

图 2.22　两个目标状况下目标监测

由于增加了和原有频率不同斜率的发射信号,如图 2.23 中的 C 段,则目标点在 $R—V$ 平面内将获得另外一条直线,与原来两条直线交于一点,即为目标的信息点,如图 2.24 中两目标检测中实线的交点。当遇到多目标时如果分属于不同的频率段的直线交于一点,则该点为真实目标点。以两目标点为例,如图 2.24 所示,三直线相交于一点,即为真实目标点,从而消除了一定的虚假目标。当然,增加的频率段越多,则可以消除的虚假目标也就越多。但是,每增加一个频率段就会增加系统的运算时间,为此频率段的增加和系统的实时性要有一定的折中。

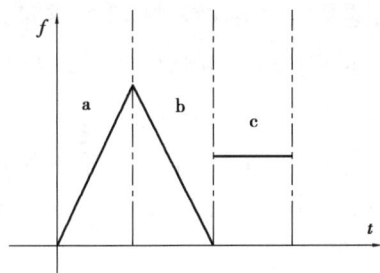

图 2.23　增加多普勒发射信号

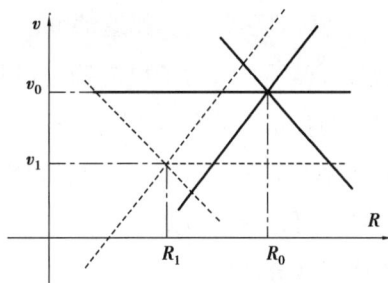

图 2.24　增加发射频率后的两个目标检测

随着 CMOS 高频器件和单片微波集成电路 MMIC 的出现和应用,毫米波雷达的性能有了很大的提高,成本也有所下降,并且雷达的外形尺寸可以做得很小,便于在汽车上安装。因此,毫米波雷达就成了汽车前视雷达的首选。为了在高速公路上及时发现前方的交通堵塞,汽车用毫米波雷达的探测距离必须在 100 m 以上;为了覆盖左右两侧的车道线,探测宽度必为 3.5 m;为了不把道路上方的标识和人行天桥也探测进去,上、下方要有与道路的升降相对应的 3 m 左右的探测幅度。

2)FMCW 雷达应用

(1)邻近感测

邻近感测传感器扩展了雷达探测障碍物的能力,比如开车门或后备厢时的防撞功能。这一应用功能利用了雷达的高距离分辨率及其近距离探测障碍物的能力(障碍物包括电线杆、停车障碍物、墙壁、邻近停放的车辆等)。邻近感测也可用于泊车辅助。

处理器通过执行 2D FFT 处理帧间的模数转换(ADC)数据,该过程可解析出目标的距离和多普勒信息,并区分出附近的运动物体和静止的障碍物。基于雷达的移动,多普勒分辨也有助于对静止目标物的辨识,因为相对于雷达而言,它们的相对速度是不同的。通过不同天线间二维 FFT 矩阵的非相干累积生成一个距离-多普勒图,然后由检测算法进行处理。诸如 CFAR 有序统计(CFAR-OS)等更复杂的变形也有助于改善存在杂波情况下的检测。

(2)驾驶员生命体征监测

FMCW 雷达技术的一项重要应用是提高道路安全性,它可通过精确监测驾驶员的心率和呼吸频率来持续监测驾驶员的生命体征。这种小尺寸传感器简单易用,比如它可以嵌入驾驶员座椅的靠背中。

FMCW 雷达接收信号的相位对目标位置的微小变化极为敏感(如前所提及的相位灵敏度,目标每移动 1 mm,经过距离 FFT 处理数据的相位就会变化 180 度)。利用这一特性可估计出目标的振动频率(比如由呼吸和心跳引起的振动)。

该器件发出一串 chirps 信号,随之利用距离 FFT 中的峰值识别来自驾驶员胸部的强烈反射。通过算法跟踪这个峰值的相位，并对该相位序列进行频谱分析，以提取驾驶员的心脏和呼吸频率。

注意，由呼吸引起的胸部运动可达到 12 mm 量级，这是雷达工作波长（77 GHz 时约为 4 mm）的好几倍。因此，为了更准确地测量出结果，需要对相位进行合适的解卷绕处理。随后，器件中的算法对相位序列进行带通滤波处理，提取出目标频谱（呼吸频率为 0.1 ~ 0.5 Hz，心跳频率为 0.8 ~ 2 Hz）。然后，对输出结果进行频谱分析，测量出心率和呼吸率。为了提高鲁棒性，可选择性地使用运动检测模块来检测驾驶员的内部运动，并对其进行适当地动态补偿，或者放弃读取。

（3）手势识别

使用 FMCW 雷达可实现较高的距离和速度（或多普勒）分辨率，使其非常适合于基于手势的非接触式界面。应用于汽车的案例包括基于手势打开车门/后备厢和基于手势控制信息娱乐系统（例如通过挥手切换屏幕，或者通过捻转手指控制音量）。

特征处理方法有很多种。一种方法是将特定的时间窗内提取的特征发送给机器学习算法，例如人工神经网络、决策树或支持向量机等，然后再进行分类。另一种方法是利用手工编写的逻辑来识别提取特征中的各种手势。混合解决方案也是一种可能的方法。特征处理的输出是检测到手势的类型。此外，特征处理还可以输出与手势有关的其他指标（例如手势速度），利用这些指标可改善用户体验。

（4）占位检测

被锁在车内的儿童和动物可能会很快死于高温。安装在驾驶室中的 FMCW 雷达可以在无人照看的车辆中检测到生命体的存在，从而能够及时采取措施。该应用主要取决于雷达是否具备精细的速度分辨率。雷达必须能够将即使最轻微运动（例如熟睡中的孩子）的目标与车内静止的杂物区分开。

所有天线的距离 FFT 被传递到角谱估计模块，该模块对每个距离单元的角谱进行估计。目标的微小运动有助于距离 FFT 峰值相位（多个 chirps 信号序列计算所得）的去相关运算，这反过来有助于提高角度分辨率。

如果距离 FFT 解析出了信号的距离，而角谱估计解析出了角度，后续处理可以基于检测算法（例如 CFAR），或者更复杂的特征提取和分析技术检测出该图中的目标。后处理的输出可以是一个标识，指示目标对象的存在或不存在。另外，后处理模块还可以输出目标的空间位置。在航空航天和国防应用中，雷达大多使用脉冲、脉冲压缩信号，甚至频率捷变来进行远程侦察，而如提供高精度定位的工业雷达传感器、飞机高度计和车载雷达传感器等均使用连续波雷达信号。车载雷达市场中，往往要求成本低，性能突出，可靠稳定，在成本的限制下，雷达必须进行高效的研发和生产，雷达传感器的测试与测量必须实时可靠，产品必须物美价廉、前景明朗。线性调频连续波雷达信号应用于多种雷达系统中。尽管调频连续波技术已推广使用多年，但其在车载雷达领域的应用最为广泛。

2.3 毫米波雷达的应用

2.3.1 毫米波雷达在智能汽车上的应用

自动驾驶采用的传感器主要有摄像头、毫米波雷达、激光探测器、超声波探测器、红外探测器等。毫米波雷达传输距离远,在传输窗口内大气衰减和损耗低,穿透性强,可以满足车辆对全天气候的适应性的要求,并且毫米波本身的特性,决定了毫米波雷达传感器器件尺寸小、质量轻等特性。很好地弥补了摄像头、激光、超声波、红外等其他传感器在车载应用中所不具备的使用场景。毫米波雷达在智能网联车上主要应用于自适应巡航系统、自动紧急制动系统、前向防撞预警系统盲区检测系统、变道辅助系统等。

通常,为了满足不同距离范围的探测需要,一辆汽车上会安装多颗短程、中程和长程毫米波雷达。其中,24 GHz 雷达系统主要实现近距离探测(SRR,60 m 以下),77 GHz 雷达系统主要实现中、长距离的探测(MRR,100 m 左右;LRR,200 m 以上)。不同的毫米波雷达"各司其职",在车辆前方、车身和后方发挥不同的作用。

1)自适应巡航(ACC)

自适应巡航(Adaptive Cruise Control,ACC),是一种可以依据设定的车速或者距离跟随前方车辆行驶,或根据前车速度主动控制本车行驶速度,最终将车辆与前车保持在安全距离的驾驶辅助功能。该功能最大的优点是可以有效解放驾驶者的双脚,提高驾驶的舒适性。

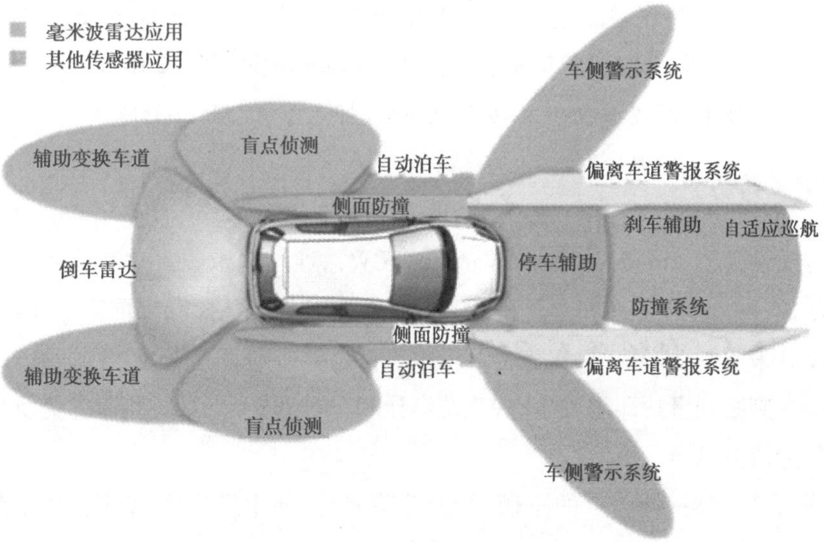

图 2.25 车载毫米波雷达应用

图 2.26　自适应巡航

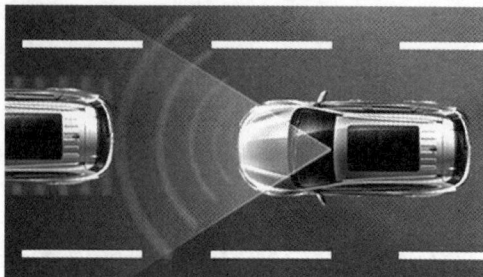

图 2.27　自动紧急制动

ACC 的实现原理:在车辆行驶过程中,安装在车辆前部的毫米波雷达传感器持续扫描车辆前方道路,同时轮速传感器采集车速信号。当本车与前车之间的距离过小时,ACC 系统可以通过与制动防抱死系统、发动机控制系统协调动作,使车轮适当制动,并使发动机的输出功率下降,以使车辆与前方车辆始终保持安全距离。ACC 系统在控制车辆制动时,通常会将制动减速限制在不影响舒适度的程度,当需要更大的减速时,ACC 系统会发出声、光预警信号通知驾驶者主动采取制动操作。

2) 自动紧急制动(AEB)

自动紧急制动(Autonomous Emergency Braking,AEB),是一种汽车主动安全辅助功能。AEB 系统利用毫米波雷达测出与前车或者障碍物的距离,然后利用数据分析模块将测出的距离与警报距离、安全距离进行比较,小于警报距离时就进行警报提示,而小于安全距离时即使在驾驶员没有来得及踩制动踏板的情况下,AEB 系统也会启动,使汽车自动制动,从而确保驾驶安全。

据研究表明,90% 的交通事故是由于驾驶者的注意力不集中而引起的,AEB 技术能在现实世界中减少 38% 的追尾碰撞,且无论是在城市道路(限速 60km/h)或郊区道路行驶的情况下,效果都显著。所以,欧洲新车安全评鉴协会(Euro NCAP)在 2014 年率先将 AEB 系统纳入整体安全评级中,而我国也在 2018 年将 AEB 加入了 NCAP 评分体系。

3) 前方防撞预警功能(FCW)

前方防撞预警(Forward Collision Warning,FCW),通过毫米波雷达和前置摄像头不断监测前方的车辆,判断本车与前车之间的距离、方位及相对速度,探测到前方潜在的碰撞危险。当驾驶员没有采取制动措施时,仪表会显示报警信息并伴随声音报警,警告驾驶员务必采取应对措施。当判断到事故即将发生时,系统会让刹车自动介入工作,从而避免事故发生或降低事故可能造成的风险。

AEB 通过传感器探测前方的车辆、行人等障碍物,如果发现距离过近且存在碰撞风险时,进行自动制动。FCW 则可以理解为进行自动制动之前的预警功能。其实,FCW 和 AEB 系统是相辅相成的关系,目的都是在行车时避免或减少碰撞事故的发生。

图 2.28　前方防碰撞预警

4）盲区检测（BSD）

由于汽车后视镜存在视觉盲区,如果盲区内有超车车辆,此时变道就会发生碰撞事故。在大雨天气、大雾天气、夜间光线昏暗的情况下,驾驶者更加难以看清后方车辆,此时变道就面临更大的危险,盲点监测系统就是为了解决后视镜的盲区而产生的。

盲区监测系统又叫并线辅助系统,英文简称 BSM 或者 BLIS,是汽车上的一款安全类的高科技配置,主要功能是扫除后视镜盲区,通过微波雷达探测车辆两侧的后视镜盲区中的超车车辆,对驾驶者以提醒,从而避免在变道过程中由于后视镜盲区而发生事故。上市的很多车型都有盲区监测的功能配置。

所谓盲区监测,就是利用高科技探测相邻车道后方有没有车在靠近,以及后视镜盲区里有没有车。当有车靠近或者盲区里有车的时候,监测系统就会通过声音、灯光等方式提醒驾驶员。

基本原理:通过在汽车后保险杠内安装两个 24 GHz 雷达传感器,在车辆行驶速度大于 10 km/h 自动启动,实时向左右 3 m、后方 8 m 范围发出探测微波信号。系统对反射回的微波信号进行分析处理,即可知后面车辆距离、速度和运动方向等信息,通过系统算法,排除固定物体和远离的物体。当探测到盲区内有车辆靠近时,指示灯闪烁,此时驾驶员看不到盲区内的车辆,但是也能通过指示灯知道后方有车辆驶来,变道有碰撞的危险;如果此时驾驶员仍然没有注意到指示灯闪烁,打了转向灯,准备变道,那么系统就会发出哔哔哔的语音警报声,再次提醒驾驶员此时变道有危险,不宜变道。整个行车过程中,系统不间断地探测和提醒,防止行车过程中因恶劣天气、驾驶员疏忽、后视镜盲区、新手上路等潜在危险而造成交通安全事故。

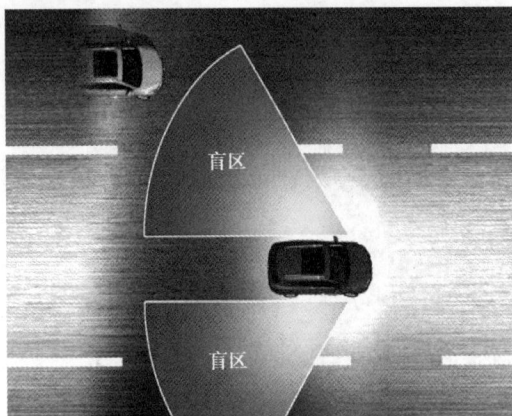

图 2.29　盲区检测

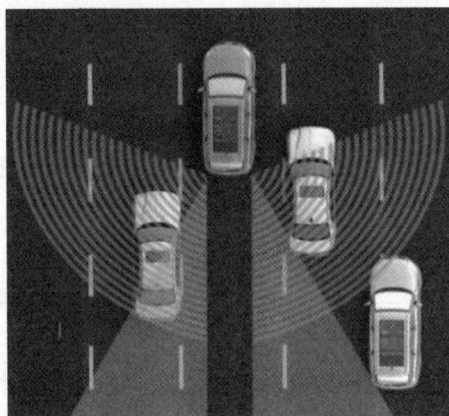

图 2.30　变道辅助

5)变道辅助(LCA)

变道辅助(lane change assist,LCA),是通过毫米波雷达、摄像头等传感器,对车辆相邻两侧车道及后方进行探测,获取车辆侧方及后方物体的运动信息,并结合当前车辆的状态进行判断,最终以声、光等方式提醒驾驶员,让驾驶员掌握最佳变道时机,防止变道引发的交通事故,同时对后方碰撞也有比较好的预防作用。

2.3.2　毫米波雷达未来技术发展

1)毫米波雷达在我国的发展现状

2020 年,中国车载毫米波雷达市场规模达到 36 亿元,预计未来几年将以 40% 的年增长率高速增长。竞争格局方面,国外毫米波雷达厂商依旧占据市场主导地位,甚至是垄断地位,国产雷达仅占 20% 到 30% 的市场份额。

就技术水平而言,仅看某些指标,国产毫米波雷达甚至可以媲美国际大厂的数值,但在信噪比、抗干扰方面还有一定差距。目前,毫米波雷达主要应用在 L3 以下的自动驾驶,但在一些特定场景(如景区无人巴士),也可实现 L3 以上自动驾驶应用。

在性能方面,目前市场上主流毫米波雷达探测距离是 0.2 ~ 250 m,距离分辨率是 1.8 m。在角度测量方面,一直是市场痛点,无论是国产毫米波雷达还是国外产的毫米波雷达,在角度、精度方面仍有待提高。在综合性能方面,比如抗干扰性,是否有漏检,复杂环境中能否快速对目标进行探测,这是真正体现毫米波雷达实力的地方。

目前汽车领域的毫米波雷达主要基于 FMCW 技术,即发射出调频毫米波信号,并根据首发毫米波之间的频率差来确定目标的位置以及相对速度。FMCW 雷达关注的指标主要是目标区分度和测量分辨率。其中,目标区分度指的是雷达能分辨的两个物体之间的最小距离(如果两个物体之间的距离小于该最小距离则会被雷达认为是一个物体),而测量分辨率则是绝对距离的测量精确度。

2)毫米波雷达的未来趋势

我们看到的毫米波雷达的第一个趋势就是从 24 GHz 频段演进到 77 GHz 频段。目前,比较常见的车载领域的毫米波雷达频段有三类,分别是:

(1)24 GHz

24 GHz 这个频段,目前大量应用于汽车的盲点监测、变道辅助。雷达安装在车辆的后保险杠内,用于监测车辆后方两侧的车道是否有车、可否进行变道。

(2)77 GHz

77 GHz 这个频段的频率比较高,国际上允许的带宽高达 800 MHz。这个频段的雷达性能要好于 24 GHz 的雷达,所以主要装配在车辆的前保险杠上,用来探测与前车的距离以及前车的速度,实现的主要是紧急制动、自动跟车等主动安全领域的功能。

(3)79 GHz

79 GHz 这个频段最大的特点就是其带宽非常宽,要比 77 GHz 的高出 3 倍以上,这也使其具备非常高的分辨率,可以达到 5 cm。这个分辨率在自动驾驶领域非常有价值,因为自动驾驶汽车要区分行人等诸多精细物体,对带宽的要求很高,这个频段在未来的自动驾驶领域会有很广泛的应用。

根据美国 FCC 和欧洲 ESTI 的规划,24 GHz 的宽频段将在 2022 年过期,之后汽车在 24 GHz 能用的仅剩下 24.05 ~ 24.25 GHz 范围的窄带频谱。反之,在 77 GHz 频段,汽车雷达将能使用 77 ~ 81 GHz 高达 4 GHz 的带宽。对于 FMCW 雷达来说,频率扫描带宽决定了目标区分度和测量分辨率,因此 77 GHz 的 FMCW 雷达对于 24 GHz 来说目标区分度和测量分辨率都有十多倍的提升。

毫米波雷达芯片的第二个重要趋势是 CMOS 工艺成为主流。毫米波电路传统的实现工艺是 GaAs 等Ⅲ-Ⅴ族工艺,但是Ⅲ-Ⅴ族工艺的成本过高,同时集成度低无法在芯片上集成数字模块,因此 SiGe 这样的工艺得到了不少应用。而随着 CMOS 工艺的特征尺寸不断缩小,在 28 nm 节点之后,CMOS 工艺已经能基本胜任毫米波雷达的波段,因此毫米波雷达也就自然而然地转向 CMOS 工艺。

毫米波雷达第三个重要方向是高分辨率。这里的分辨率不仅仅是目标测距的分辨率,更是指毫米波雷达的空间分辨率。盲点监测等传统汽车毫米波雷达应用只需要雷达监测在视野的一定距离中是否有物体即可,对该物体是位于视野中的哪一个位置则并不关心。

毫米波雷达除了汽车 ADAS 应用,还在无人机、安防、智能交通、工业以及军用领域发挥着非常重要的作用。

无人机:主要应用体现在定高和避障两个方面。

安防:主要应用在一些重要区域的安全警戒。

智能交通:主要应用于车辆检测、交通量调查、交通事件检测、交通诱导、超速监测、电子卡口、电子警察和红绿灯控制等。

工业:主要应用于工业液位计、挖掘机、重型推土机、高压电线塔附近安全施工、生产安全监测等。

军用:主要应用于雷达探测、导弹制导、卫星遥感、电子对抗等。

综上分析,毫米波雷达技术的发展趋势是朝着体积更小、功耗更低、集成度更高和多项技术共存融合(性价比更高)方向发展。

自动驾驶是大势所趋,而毫米波雷达作为核心的部件,降低成本势在必行。毫米波雷达从最早的十万美元降低到如今的100美元左右也用了十多年的时间。

2.4 实训任务

毫米波雷达实训任务见《传感器应用与信号控制实训手册》任务二:毫米波雷达原理与实训。

2.5 本章小结

本章介绍了毫米波雷达的定义、特点、主流产品及对应相关技术参数。毫米波雷达系统主要包括天线、前端收发组件、数字信号处理器和控制电路,其中,天线和前端收发组件是毫米波雷达最核心的硬件部分。毫米波雷达可按三类方法来进行类别划分:按不同的工作原理可以分为脉冲式毫米波雷达与调频式连续毫米波雷达;按探测距离可分为远程、中程和近程;按频段又可分为24 GHz和77 GHz。毫米波雷达通过发射和接收天线接收反射回来的毫米波来计算毫米波雷达和目标之间的相对距离,基于多普勒效应原理来进行测速。毫米波雷达由于本身传感器器件尺寸小、质量轻等特点,应用于自适应巡航系统、自动紧急制动系统、前向防撞预警系统盲区检测系统、变道辅助系统等。

习 题

一、单项选择

1.波长在3 000~200 m,频率在100~1 500 kHz的波属于(   )。

A. 短波　　　　　　　B. 长波　　　　　　　C. 中波　　　　　　　D. 毫米波

2. 以下选项中,(　　)不属于毫米波的特性。

A. 波长短　　　　　　B. 波长长　　　　　　C. 大气传播衰减大　　D. 频段宽

3. 按探测距离分,远程毫米波雷达为(　　)。

A. LRR　　　　　　　B. SRR　　　　　　　C. MRR　　　　　　　D. FRR

4. 全球主要有四大毫米波雷达供应商,简称为 ABCD。其中,D 代表(　　)。

A. Continental　　　　B. Delphi　　　　　　C. Denso　　　　　　D. Bosch

5. ARS441 远程毫米波雷达是(　　)公司的产品。

A. Continental　　　　B. Delphi　　　　　　C. Denso　　　　　　D. Bosch

6. 全球第一个 4D 成像毫米波雷达是(　　)公司推出的。

A. 博世　　　　　　　B. 大陆　　　　　　　C. 德尔福　　　　　　D. 电装

7. 最大探测距离是指毫米波雷达能够检测目标的最大距离,不同的毫米波雷达,最大探测距离不同。目前最远探测距离可达(　　)m。

A. 300　　　　　　　B. 400　　　　　　　C. 250　　　　　　　D. 350

8. 按采用的毫米波频段不同,2019 年,全球主要使用的毫米波雷达为(　　)(多选)。

A. 24 GHz　　　　　B. 77 GHz　　　　　C. 79 GHz　　　　　D. 60 GHz

9. 24 GHz 与 77 GHz 毫米波雷达相比,77 GHz 的优点包括(　　)(多选)。

A. 有高的距离分辨率　　　　　　　　　B. 测距精度

C. 探测距离远　　　　　　　　　　　　D. 更高的速度分辨率

10. 毫米波雷达可按多种分类方式来划分,包括(　　)(多选)。

A. 频段　　　　　　　B. 工作原理　　　　　C. 探测距离　　　　　D. 毫米波波长

11. 相对于传统毫米波雷达,4D 雷达具备的优势包括(　　)(多选)。

A. 更高的分辨率　　　　　　　　　　　B. 兼顾探测距离

C. 视场角高度信息感知　　　　　　　　D. 探测距离更远

12. 毫米波雷达的发射信号采用的是频率调制,常用的调制信号有(　　)(多选)。

A. 正弦波信号　　　　B. 锯齿波信号　　　　C. 三角波信号

13. 属于毫米波雷达优点的是(　　)(多选)。

A. 探测距离远　　　　B. 适应能力强　　　　C. 响应快　　　　　　D. 抗干扰能力强

14. 毫米波雷达按探测距离可分为(　　)(多选)。

A. SRR　　　　　　　B. MRR　　　　　　　C. LRR　　　　　　　D. FRR

15. 以下哪些系统会用到车载毫米波雷达?(　　)(多选)。

A. 前方防撞预警　　　B. 自适应巡航　　　　C. 自动紧急制动　　　D. 变道辅助

二、填空题

1. 毫米波雷达的优点是_____。

2.毫米波雷达按探测距离可分为短程(SRR)、中程(MRR)、_____。

3.毫米波雷达系统主要由天线、前端收发组件、数字信号处理器、_____组成。

4.毫米波雷达在智能网联车上主要应用于_____、自动紧急制动系统、前向防撞预警系统盲区检测系统、变道辅助系统等。

5.毫米波雷达的技术参数主要有_____、距离分辨率、距离测量精度、最大探测速度、速度分辨率、速度测量精度、视场角、角度分辨率和角度测量精度。

6.毫米波雷达按采用的毫米波频段不同,主要分为 24 GHz、_____、79 GHz。

7.根据美国 FCC 和欧洲 ESTI 的规划,_____的宽频段将在 2022 年过期。

8.毫米波雷达、超声波雷达、激光雷达三种雷达中,对水滴、尘埃和烟雾的穿透能力最强的是_____。

9.毫米波雷达可按三类方法来区分其类别,分别是按工作原理、探测距离和_____。

10.频带宽、_____和大气传播衰减大,是毫米波的三大特性。

11.毫米波雷达的优点有响应速度快、_____、适应力强、探测性能好、抗干扰能力强。

12.目前,前端收发组件集成的方法主要有混合微波集成电路和_____微波集成电路两种。

三、判断题

1.毫米波波长短、频段宽,易实现窄波束,分辨率高,不易受干扰。　　　　　　（　　）

2.毫米波雷达的缺陷包括覆盖区域呈扇形,有盲点区域,无法识别交通标志和交通信号灯和响应慢。　　　　　　　　　　　　　　　　　　　　　　　（　　）

3.调频式连续毫米波雷达通过发射脉冲信号与接收脉冲信号之间的时间差来计算目标距离。　　　　　　　　　　　　　　　　　　　　　　　　　　（　　）

4.天线只是用来发射雷达信号的毫米波雷达组件。　　　　　　　　　　　（　　）

5.车载毫米波雷达通过天线向外发射毫米波,接收目标反射信号,经后方处理后快速准确地获取汽车车身周围的物理环境信息。　　　　　　　　　　　　　（　　）

6.4D 毫米波雷达的"4D"的概念指在原有距离、方位、速度的基础上增加了对目标的高度维数据解析。　　　　　　　　　　　　　　　　　　　　　　（　　）

7.毫米波雷达系统主要包括天线、前端收发组件、数字信号处理器和控制电路,其中前端收发组件和数字信号处理器是毫米波雷达的最核心的硬件部分。　　　　（　　）

8.雷达频率越高、天线尺寸就越小,意味着同样尺寸的雷达,其天线波束的集中度更高。
　　　　　　　　　　　　　　　　　　　　　　　　　　　　　　　（　　）

9.相对于激光雷达 4D 雷达具备可全天候全天时工作成本较低等优势。　　（　　）

10.79 GHz,这个频段最大的特点就是其带宽非常宽,要比 77 GHz 的高出 3 倍以上,这也使其具备非常高的分辨率。　　　　　　　　　　　　　　　　　　（　　）

11.毫米波雷达的发展趋势就是从 24 GHz 频段演进到 77 GHz 频段。　　　　（　　）

12.毫米波雷达除了汽车 ADAS 应用,还在无人机、安防、智能交通、工业以及军用领域发挥着非常重要的作用。　　　　（　　）

四、简答题

1.简述毫米波雷达的优点。

2.毫米波雷达可按哪几种方法分类? 分别是什么?

3.简述毫米波雷达前端收发组件功用。

4.简述 79 GHz 毫米波雷达适用范围。

5.什么是 4D 毫米波雷达?

6.简述毫米波雷达工作过程。

7.脉冲式毫米波雷达与调频式连续毫米波雷达工作原理上有什么不同?

五、问答题

1.4D 毫米波雷达与传统毫米波雷达对比有哪些优势?

2.24 GHz 与 77 GHz 毫米波雷达对比,77 GHz 毫米波雷达的特点有哪些?

3.毫米波雷达如何测量速度?

第 3 章　超声波雷达

学习目标

通过学习本章,读者能够掌握到超声波雷达的定义与组成,了解超声波雷达的特点与工作原理;了解超声波雷达技术参数,掌握超声波雷达的应用场景和原理;熟悉超声波雷达的产品及应用情况。在实训任务中,能够说明超声波传感器发射和接收电路原理和判定超声波传感器的好坏,掌握超声波雷达的安装调试、标定以及故障分析。

教学要求

知识要点	能力要求
超声波雷达的定义	了解超声波雷达定义
超声波雷达的特点	掌握超声波雷达的优缺点
超声波雷达的分类	了解超声波雷达的分类方法
超声波雷达的组成	掌握超声波雷达的组成及应用
超声波雷达的原理	掌握超声波雷达测距、测速和测角的原理
超声波雷达技术参数	了解智能网联汽车车载超声波雷达的技术参数
超声波雷达应用	了解超声波雷达发展现状、应用以及未来发展
超声波雷达实训任务	掌握超声波雷达的安装调试、标定以及故障分析

案例导入

一套倒车雷达系统需要在汽车后保险杠内配备 4 个 UPA 超声波传感器。自动泊车系统需要在倒车雷达系统基础上增加 4 个 UPA、4 个 APA 超声波传感器,构成前 4(UPA)、侧 4(APA)、后 4(UPA)的布置格局。特斯拉自 Autopilot 推出以来,便坚持 4+4+4 的超声波雷达布局。早期版本中,特斯拉在泊车辅助中使用前后 8 颗雷达,在辅助驾驶中使用全部 12 颗雷达。特斯拉表示,与摄像头监控车道标记不同,超声波雷达可以监控周围区域,并扫清车辆或其他物体等盲点。

超声波雷达在辅助驾驶中起什么作用,超声波雷达有哪些技术参数? 学习完本章,读者便可得到答案。

3.1　认识超声波雷达

3.1.1　超声波雷达的定义

声波是一种可在气体、液体、固体中传播的弹性波。声波按频率的高低分为次声波（<20 Hz）、声波（20 Hz~20 kHz）和超声波（>20 kHz）。声波是人耳能听到的声音；次声波和超声波是人耳听不到的声音。

1）次声波

次声波是频率小于 20 Hz 的声波，人耳听不到，但可与人体器官发生共振，7~8 Hz 的次声波会引起人的恐怖感，使其动作不协调，甚至导致心脏停止跳动。因此，要避免次声波的产生。

2）可闻声波

可闻声波是指频率为 20 Hz~20 kHz 的声波，是人能够听见的声波。不同频段的可闻声波会给人带来不同的感觉。例如，人可以听见各种美妙的音乐，这些音乐都是不同频率声波的组合。

3）超声波

超声波是指频率大于 20 kHz 的声波。人耳听不到超声波，但蝙蝠能发出和听见超声波，依靠超声波进行捕食。超声波与可闻声波不同，它可以被聚焦，具有能量集中的特点。超声波的指向性好，能量集中，穿透能力强，在遇到两种介质的分界面时能产生明显的反射和折射现象。超声波的频率越高，其声场指向性越好。

超声波检测广泛应用在工业、国防、生物医学等方面，如超声波探伤仪、超声波诊断仪、超声波测距仪等。以超声波作为检测手段，必须发射超声波和接收超声波，完成这种功能的装置就是超声波传感器，也称为超声波雷达。

超声波通常以纵波的方式在弹性介质内传播，方向性好，穿透能力强，对色彩、光照、电磁场不敏感，在气体中较易衰减，而在液体、固体中衰减不大，广泛应用于测距、测速、清洗、焊接、碎石、杀菌消毒等各领域。超声波的波长很短，只有几厘米甚至千分之几毫米，因此具有如下特性：

（1）传播特性

超声波为直线式传播，绕射能力弱，反射能力强。这是因为超声波的波长很短，通常的障碍物的尺寸要比超声波的波长大好多倍，因此超声波的衍射本领很差。超声波的波长越短，该特性就越显著。

（2）传播速度

超声波在空气中传播的速度比较慢。当在固体或者液体中传播时，超声波具有传播能量衰减比较小和穿透能力比较强的优点。介质的密度与弹性特性是影响超声波传播速度的主要因素。超声波在空气中的传播速度与温度、大气压力等因素有关，其中温度的影响更大，因此高精度的超声波测距系统会加装温度雷达，提供温度与超声波传播速度的修正。超声波传播速度与温度的关系见表 3.1。

表 3.1　传播速度与温度关系

温度/℃	-30	-20	-10	0	10	30	100
声速/($m \cdot s^{-1}$)	313	319	325	332	338	349	386

（3）折射与反射

在相同的媒介中，超声波将直线传播，但是，当超声波在两种不同的介质中传播时，在这两种介质的分界面上会产生两种不同的现象，一种是部分超声波被反射，另一种是其余的超声波会穿过该分界面继续传播而产生折射。这种现象受媒介的种类、形状的影响，在大气中，即使是遇到人体也会出现明显的反射现象。

利用超声波检测时要注意多重反射的干扰，在可检测物体上反射一次后回归的反射波会反射到雷达探头或附近的物体、天花板面等，并再次反射到可检测物体进行二次或二次以上反射。例如二次反射的情况下，超声波开关会收到恰好与一次反射相同的、经过 2 倍一次反射距离的反射波。

（4）功率特性

声音在空气中传播时，会推动空气中的微粒往复振动而对微粒做功，功率与声波的频率成正比。由于超声波频率很高，所以超声波与一般声波相比，它的功率很大。当超声波频率变大时，其波束也会随着变窄，于是该声波的定向传播和反射能力就会变强，它所携带的传播能量也会远远大于具有相同振幅的其他类型的声波。

（5）超声波的干涉特性

当两列超声波在某种介质中传播并相遇时，该介质中的某些质点的振动会相互加强，而另外有一些质点的振动会相互减弱甚至有些质点的振动会完全抵消。这种现象称为超声波的干涉现象。由于超声波干涉现象的存在，在两列超声波辐射区的周围会形成一个包含有最强和最弱振动的扬声场。

（6）衰减特性

超声波在传播的过程中其所携带的声能量会有所减少，这种特性称为超声波衰减特性。产生衰成的原因主要有以下 3 点：

①由声束的扩散引起的衰减。这种衰减只与波形和距离有关，而与介质无关。

②由散射而引起的衰减。当超声波在不同的介质中传播时，会产生散乱反射现象而使

声能衰减。

③由吸收而引起的衰减。当超声波想要传播时,质点需要振动,而克服质点与质点之间的黏滞力做功会使声能衰减。

(7)空化作用

超声波作用于液体时可产生大量小气泡,其原因一是液体内局部出现拉应力而形成负压,压强的降低使原来溶于液体的气体过饱和,而从液体逸出,成为小泡;二是强大的拉应力把液体"撕开"成一空洞,这一过程称为空化。空洞内为液体蒸汽或溶于液体的另一种气体,甚至可能是真空。因空化作用形成的小气泡会随周围介质的振动而不断运动、长大或突然破灭。破灭时,周围液体会突然冲入气泡而产生高温、高压,同时产生激波。与空化作用相伴随的内摩擦可形成电荷,并在气泡内因放电而产生发光现象。在液体中进行超声处理的技术大多与空化作用有关。

超声波雷达是一款极其常见的传感器。如果觉得超声波雷达有些陌生,那么它还有一个更通俗的名字——倒车雷达。它是汽车驻车或者倒车时的安全辅助装置,能以声音或者更为直观的显示器告知驾驶员周围障碍物的情况,并帮助驾驶员克服视野死角和视线模糊。

3.1.2　超声波雷达的特点

(1)超声波雷达的优点

①超声波雷达的频率都相对固定,例如汽车上用的超声波雷达,频率有 40 kHz、48 kHz 和 58 kHz 等。频率不同,探测的范围也不同。

②超声波雷达结构简单,体积小,成本低,信息处理简单可靠,易于小型化与集成化,并且可以进行实时控制。

③超声波雷达灵敏度较高。

④超声波雷达抗环境干扰能力强,对天气变化不敏感。

⑤超声波雷达可在室内、黑暗中使用。

(2)超声波雷达的不足

①超声波雷达适合于低速,在高速情况下测量距离具有一定的局限性。这是因为超声波的传输速度容易受天气情况的影响,在不同的天气情况下,超声波的传输速度不同,而且传播速度较慢。当汽车高速行驶时,使用超声波测距无法跟上汽车车距的实时变化,误差较大。

②超声波有一定的扩散角,只能测量距离,不可以测量方位,所以只能在低速(如泊车)时使用,而且必须在汽车的前、后保险杠不同方位上安装多个超声波雷达。

③对低矮、细小的障碍物或者沟坎,超声波雷达不容易探测到。

④超声波的发射信号和余振的信号都会对回波信号造成覆盖或者干扰,因此在低于某一距离后就会丧失探测功能,这就是普通超声波雷达的探测有盲区的原因之一。在盲区内,

则系统无法探测到障碍物。因此,比较好的解决办法是在安装超声波雷达的同时安装摄像头。

3.1.3 超声波雷达类型

常见的超声波雷达有两种。第一种是安装在汽车前后保险杠上的,也就是用于测量汽车前后障碍物的倒车雷达,业内称为 UPA;第二种是安装在汽车侧面的,用于测量侧方障碍物距离的超声波雷达,业内称为 APA。如图 3.1 所示。

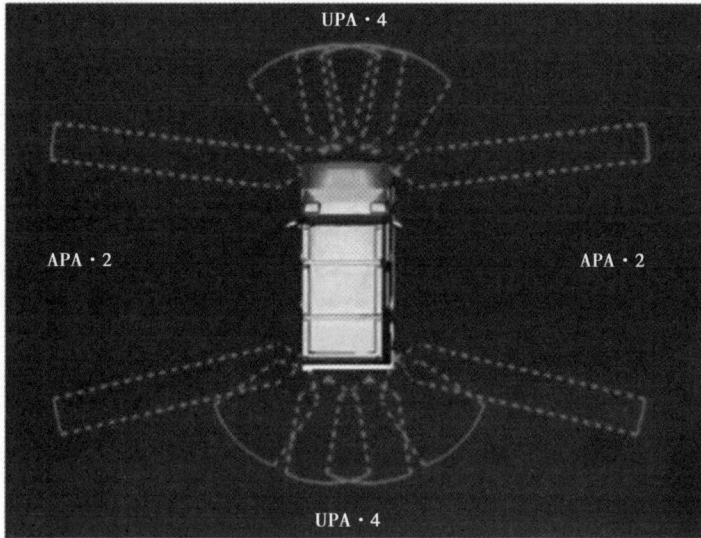

图 3.1 超声波雷达分布图

UPA 超声波传感器,又称倒车雷达"探头",是倒车雷达的核心部件,利用超声波测量车辆周围障碍物间的距离。其探测距离一般为 15 ~ 250 cm,主要安装在车身的前部和后部,由于检测范围大,多普勒效应和温度干扰小,检测更精准。单个 UPA 的探测范围如图 3.2 所示。

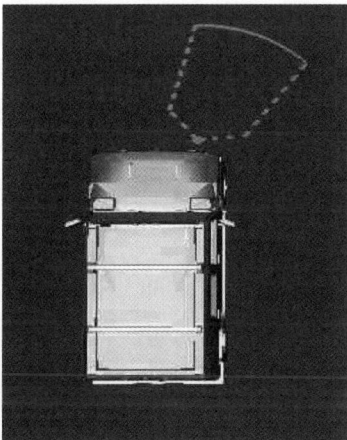

图 3.2 单个 UPA 探测范围示意图

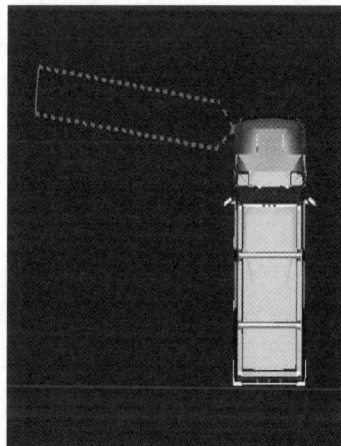

图 3.3 单个 APA 探测范围示意图

APA 是一种远程超声波雷达传感器。APA 超声波雷达的探测距离一般为 30～500 cm,可覆盖一个停车位,方向性强,探头波的传播性能优于 UPA。APA 的探测范围更远,因此相比于 UPA 成本更高,功率也更大。单个 APA 探测范围如图 3.3 所示。

虽然 UPA 和 APA 无论在探测距离还是探测形状上都有很大区别,但是由于其工作原理相同,它们依然可以用同样的数学模型来描述。如图 3.4 所示为超声波雷达的探测范围结构图。其中,参数 α 表示超声波雷达的探测角,一般 UPA 的探测角为 120°左右,APA 的探测角比 UPA 小,大概为 80°；

图 3.4 数学模型

β 为超声波雷达检测宽度范围的影响因素之一,该角度一般较小,UPA 的 β 角为 20°左右,APA 的 β 角比较特殊,为 0°；参数 R 也是超声波雷达检测宽度范围的影响因素之一,UPA 和 APA 的 R 值差别不大,都在 0.6 m 左右；D 表示超声波雷达最大量程,UPA 的最大量程为 2～2.5 m,APA 的最大量程至少是 5 m,目前已有超过 7 m 的 APA 雷达在业内使用。

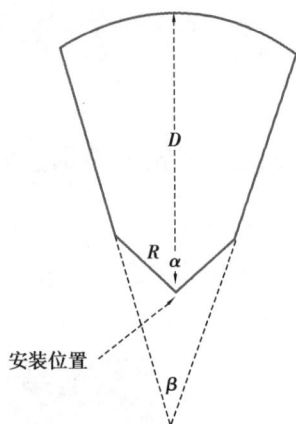

3.1.4 超声波雷达产品

传统的超声波雷达分为前装产品和后装产品。市场上出售的超声波雷达基本是后装产品,且这部分市场基本被博世、法雷奥占据,国内厂商很多,但能进前装市场的寥寥无几。超声波雷达在技术原理上本身没有太大的难度,国内外厂商之间的差距主要体现在传感器实现上的稳定性和可靠性。在这方面,国产厂商还有更长的路要走,处于积累经验的阶段。

博世公司的产品主要用于前装市场。博世超声波雷达可扩大探测范围,提高刷新时间,每一个超声波雷达有一个代码,可以更加精准。第六代超声波雷达可以很好地识别第五代产品无法识别的低矮物体。博世车用超声波传感器的检测范围为 20～450 cm。

博世第六代超声波雷达主要技术参数见表 3.2。

表 3.2　博世公司超声波雷达主要参数

项目	参数
最小测量距离	0.15 m
最大测量距离	5.5 m
目标分辨率	3～15 cm
水平视场角	±70° @35 dB
垂直视场角	±35° @35 dB
尺寸	44 mm×26 mm
质量	14 g
工作温度	−40 ℃～+85 ℃

项目	参数
电流消耗	7 mA
防护安全等级	IP64k

博世公司的超声波雷达可用于博世自主设计的停车辅助系统、博世侧边距报警系统和博世侧向辅助系统。

1）博世停车辅助系统

博世停车辅助系统，它采用镶嵌在前、后保险杠的 12 个超声波雷达实现自动停车。

博世停车辅助系统有以下特点：

①支持平行与垂直自动停车。

②汽车行驶过程中，系统自动测量停车区域并通过停车指令提示驾驶员有合适的停车位。

③支持多次转向盘转动，一气呵成停车入库。

④平行停车时，长度大于车身 80 cm 的停车位可轻松停入。

⑤前保险杠上两侧的传感器在手动停车时依然能进行距离测算，因此汽车的边角被完美保护。

⑥支持汽车出库功能，当前进和倒退时，系统自动接管所有需要的转向盘转动。

2）博世侧边距报警系统

博世侧边距报警系统如图 3.6 所示，它以超声波雷达技术的行车辅助功能为基础，能够帮助驾驶员在狭小和复杂的驾驶环境下有效避免侧面碰撞。

博世侧边距报警系统具有以下特性：

①博世侧边距报警系统是停车辅助系统功能的拓展。

②在汽车前行、时速不超过 30 km/h 的情况下侦测汽车侧面的障碍物。

③将检测得到的物体储存到车身周围环境地图中。

④实时计算汽车的行驶路径来区分相关和无关的障碍物。

⑤警告驾驶员任何可能发生的（取决于转向角度）碰撞危险，甚至包括非视线范围内的东西。

3）博世侧向辅助系统

基于超声波雷达技术的博世侧向辅助系统（SVP）通过检测汽车两侧视觉盲区的情况为驾驶员提供相关信息，从而帮助驾驶员在变道时避免与相邻车道上其他汽车发生碰撞。盲区是驾驶员的视线和后视镜无法覆盖到的区域,靠近行驶中汽车后方。盲区会带来一定的危险,特别是在驾驶变道时。

博世侧向辅助系统具有以下特性:

①系统基于脉冲回波原理,传感器发射出超声波并接收障碍物反射的回波。

②监控车身两侧及斜后方对角线长达 4 m 的距离。

③工作时速为 5 ~ 180 km/h。

④识别驾驶员盲区中的汽车并立即显示在后视镜上。

⑤在打了转向灯的情况下系统会发出声音报警。

⑥选择性识别障碍物。对迎面驶来的汽车、道路设施以及从后方快速超越的汽车将不发送报警。

法雷奥的超声波雷达已经有十年的量产经验,短距超声波雷达覆盖范围为 2 ~ 4 m。其最新一代的自动泊车系统 Park4U,就是基于超声波雷达,有平行与转角的两种泊车模式。车身前后只需留出 40 cm 的空间,该系统就能够自动完成泊车过程。

同致电子主要生产有汽车倒车雷达、遥控中控、后视摄像头、智能车内后视镜等产品,是国内各大汽车厂的供应商,也是目前亚洲倒车雷达 OEM 市场第一供应商。

广州奥迪威公司以 UPA 超声波传感器为主营产品之一。2017 年,奥迪威销售超声波传感器近 3 000 万只,在中国汽车市场占有率达到近三成,在全球汽车倒车雷达传感器市场占有率约 9.59%。

3.2　超声波雷达组成与工作原理

3.2.1　超声波雷达组成

超声波雷达采用超声波测距原理探测障碍物的距离,一般由超声波传感器(俗称探头)、超声波发射电路、超声波接收电路、中央处理器(包括控制电路、计数电路、标准振荡电路)等部分组成,如图 3.5 所示。超声波传感器是整个倒车系统最核心的部件。

1)发射器

超声波雷达的发射器包括超声波产生电路、超声波发射电路、超声波探头(又称为超声波换能器)三部分组成。单片机输出的波形经过放大电路将输出功率放大,为超声波换能器提供超声波频率信号。超声波换能器把放大后的电能转变为超声波能量后,以超声波输出。

2)接收器

超声波雷达的接收器包括超声波接收探头、信号放大电路及波形变换电路三部分。超

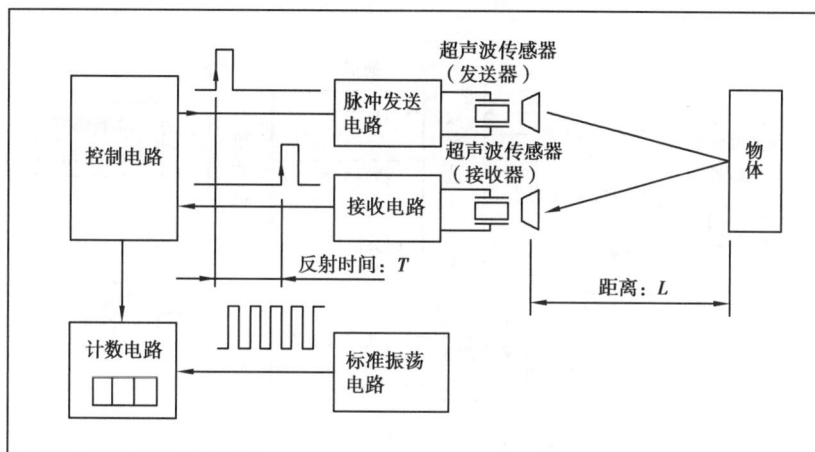

图 3.5　超声波雷达组成及工作流程

声波探头必须采用与发射探头对应的型号,关键是频率要一致,否则将因无法产生共振而影响接收效果,甚至无法接收。

3) 中央处理器

中央处理器具有信号接收、处理、输出功能。车载超声波雷达以中央处理器为核心,当超声波探头发出信号后,信号遇到障碍物后返回,中央处理器接收返回信号,通过处理将信号输出以显示与障碍物的距离。

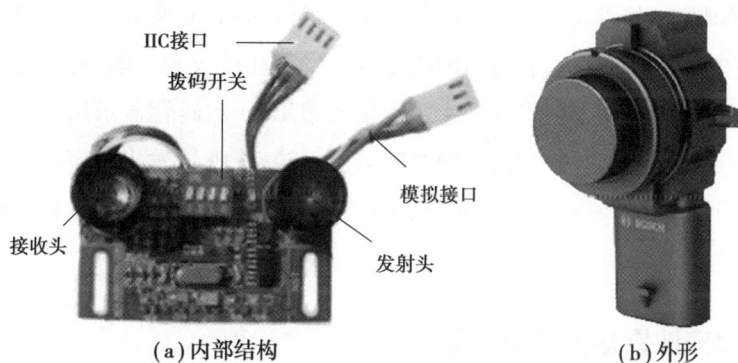

(a) 内部结构　　　　　　　(b) 外形

图 3.6　超声波雷达内部结构

3.2.2　超声波雷达工作过程

车载超声波雷达是汽车安全辅助装置,在汽车工作时,将汽车周围的信息及时反馈给驾驶人,能以声音或者显示告知驾驶人周围障碍物的情况,解除了驾驶人在泊车、倒车或起动车辆时前后左右探视所引起的困扰,并帮助驾驶人扫除视野死角和克服视线模糊的缺陷,提高安全性。

倒车防撞预警系统由四路收发一体封闭(防水)型超声波传感器及其超声波发射与回波接收电路、超声波电信号放大电路、单片机控制电路、LED 数码管显示电路和蜂鸣器声音报警电路组成。

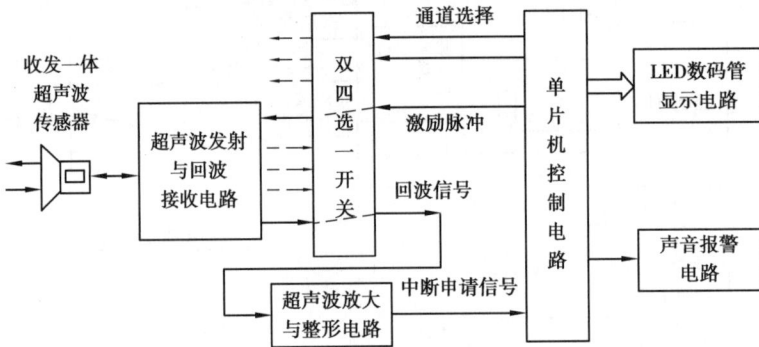

图 3.7 超声波雷达工作流程

汽车倒车时,由倒车换挡装置自动接通超声波倒车雷系统电源,系统上电复位,进入工作状态。单片机编程产生一串 40 kHz 的矩形脉冲电压,经四选一模拟开关加到超声波发射与回波接收电路,经放大驱动超声波传感器发射出超声波,同时单片机开始计时。发射出的超声波碰到障碍物后形成反射波,部分反射波返回作用于超声波传感器,经超声波传感器的声/电转换,变成微弱的电信号。该微弱的电信号经放大、整形产生负跳变电压,向单片机发出中断申请。单片机收到中断申请的信号后,立即响应中断,执行外部中断服务程序,停止计时,得到超声波发送和返回的时间 T,计算出发射点离障碍物的距离 S,即:$S = (CT)/2$。C 是超声波在空气中的传播速度,在常温 25 ℃时,C 约为 346 m/s。若发射出的超声波在测距范围内未遇到障碍物,直到单片机定时中断产生,执行定时中断服务程序,选择下一路,依次按后左路、后左中路、后右中路、后右路的顺序继续发射和接收超声波,并经过计算处理。四路探测处理完毕,选择四路中测出的最小距离值通过 LED 数码管显示出来。当最小距离值小于预先设定的报警距离时,单片机接通蜂鸣器的电源,蜂鸣器发出报警声。若四路探测无回波中断申请,则显示"-. --",表明在安全距离内没有障碍物,再继续下一轮的循环探测处理。

3.2.3 超声波雷达的测量原理

超声波发射器向某一方向发射超声波,同时开始计时,超声波在空气中传播,途中碰到障碍物就立即返回,超声波接收器收到反射波就立即停止计时。超声波在空气中的传播速度为 340 m/s,根据计时器记录的时间 t,就可以计算出发射点距障碍物的距离 s,即:$S = 340t/2$。这就是所谓的时间差测距法。

超声波测距的原理是利用超声波在空气中的传播速度为已知,测量声波在发射后遇到障碍物反射回来的时间,根据发射和接收的时间差计算出发射点到障碍物的实际距离。由此可见,超声波测距原理与雷达原理是一样的。测距的公式表示为:

$$L = CT \qquad\qquad (3.1)$$

式中,L 为测量的距离长度;C 为超声波在空气中的传播速度[在空气中 $C = 331.4 \times (1+t/$

273)m/s,t 为摄氏温度,在不要求测距精度很高的情况下,一般可以认为 C 为常数,取 $C=$ 340 m/s;T 为测量距离传播的时间差(T 为从发射到接收时间数值的一半)。

倒车雷达系统工作原理就是在车的后保险杠或前保险杠设置超声波雷达,用以探测前、后方的障碍物,帮助驾驶员"看到"视野盲区的内容。

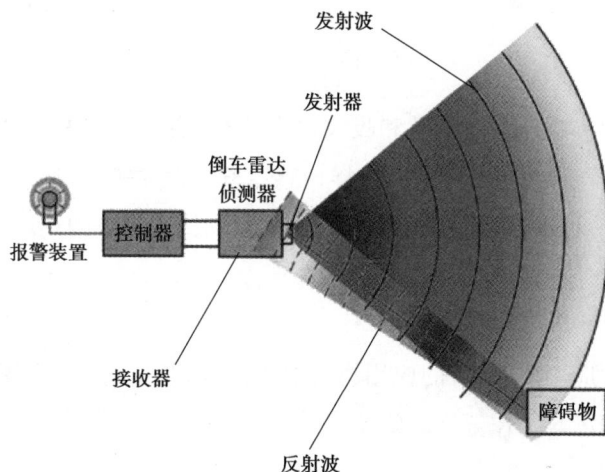

图 3.8 倒车雷达工作原理

倒车雷达系统以超声波雷达来侦测出离车最近的障碍物距离,并发出警笛声来警告驾驶员。警笛声音的控制通常分为两个阶段:当汽车的距离达到某开始侦测的距离时,警笛声音开始以某一高频的声音鸣叫;而当车行更近的某一距离时,则警笛声改以连续的声音告知驾驶员。倒车雷达系统的优点在于驾驶员可以用听觉获得有关障碍物的信息或与其他车的距离。倒车雷达系统主要用于协助停车,所以当达到或超过某一车速时,系统功能将会关闭。

3.2.4 超声波雷达技术参数

超声波雷达技术参数主要有测量距离、测量精度、探测角度、工作频率和工作温度等。

1)测量距离

超声波雷达的测量距离取决于其使用的波长和频率:波长越长,频率越小,探测距离越大。测量汽车前后障碍物的短距超声波雷达探测距离一般为 0.15 ~ 2.5 m;安装在汽车侧面、用于测量侧方障碍物距离的长距超声波雷达距离一般为 0.3 ~ 5 m。

2)测量精度

测量精度是指传感器测量值与真实值的偏差。超声波雷达测量精度主要受被测物体体积、表面形状、表面材料等影响。被测物体体积过小、表面形状凹凸不平、物体材料吸收声波等情况都会降低超声传感器测量精度。测量精度越高,感知信息越可靠。

3）探测角度

由于超声波雷达发射出去的超声波具有一定的指向性,波束的截面类似椭圆形,因此探测的范围有一定限度,探测角度分为水平视场角和垂直视场角。

4）工作频率

工作频率直接影响超声波的扩散和吸收损失、障碍物反射损失、背景噪声,并直接决定传感器的尺寸。一般选择40 kHz左右,这样传感器方向性尖锐,且避开了噪声,提高了信噪比。虽然传播损失相对低频有所增加,但不会给发射和接收带来困难。

5）工作温度

由于超声波雷达应用广泛,有的应用场景要求温度很高,有的应用场景要求温度很低,因此超声波雷达必须满足工作温度的要求。

3.2.5 超声波雷达测试

超声波雷达的测试分为产品测试和系统测试。

产品测试主要测试超声波雷达发生频率、最大测量距离、水平视场角、垂直测量角、测量精度等。

①发射频率。发射频率要求是40 kHz±2 kHz。

②最大测量距离。测量距离要满足产品使用要求。

③水平视场角。水平视场角在Ⅰ类障碍物的条件下,以超声波雷达探头中心为基准,距离为70 cm处,满足左右各55°±5°的要求;在Ⅱ类障碍物的条件下,以超声波雷达探头中心为基准,距离为150 cm处,满足左右各55°±5°的要求。Ⅰ类障碍物是指长度为1 m、直径为60 mm的塑胶水管;Ⅱ类障碍物是指方形平面尺寸为10 cm×10 cm的纸板。

④垂直视场角。垂直视场角在Ⅰ类障碍物的条件下,以超声波雷达探头中心为基准,距离为70 cm处,满足左右各30°±5°的要求;在Ⅱ类障碍物的条件下,以超声波雷达探头中心为基准,距离为150 cm处,满足左右各30°±5°的要求。

⑤测量精度。测量精度要求在±10 cm以内。

超声波雷达在智能网联汽车上的典型应用就是自动泊车辅助系统。下面介绍自动泊车辅助系统的测试,仅供参考。最终测试方法和要求应以相关标准为准。

1）测试环境

系统测试应满足以下条件:

①测试在平整干燥的路面上进行。

②风速应小于 5.4 m/s。

③温度为−25 ~ +30 ℃。

④天气为非降水条件。

⑤测试区域不应有墙壁、辅助测试设备及其他非测试物体。

⑥避免过强阳光条件下进行测试。

⑦测试区域内不应有强反射表面和不均匀遮挡环境。

⑧标记线与地面之间的亮度对比度以 5∶1 或以上适宜。

2)基本性能要求

自动泊车辅助系统的基本性能要求见表 3.3。

表 3.3　自动泊车辅助系统基本性能要求

序号	描述	参数值
1	平行车位搜索停车位允许的最大车速	30 km/h
2	垂直车位搜索停车位允许的最大车速	20 km/h
3	在泊车介入模式下系统允许的最大车速	10 km/h
4	2 m 范围内检测到的障碍物圆形物体最小直径	≤0.5 m
5	2 m 范围内检测到的障碍物圆形物体最小高度	≤1 m
6	检测到路沿外边缘的高度范围	≥0.5 m 且≤0.3 m
7	泊车时检测到障碍物的最小距离	≥0.1 m
8	平行泊车过程中挡位调整次数	≤8 次
9	垂直泊车过程中挡位调整次数	≤6 次
10	泊车过程耗时	<90 s

3.3　超声波雷达的应用

3.3.1　超声波雷达在智能汽车上的应用

超声波雷达主要用于泊车辅助系统。泊车辅助系统可分为自动泊车辅助系统、远程遥控泊车辅助系统、自学习泊车辅助系统和自动代客泊车辅助系统。

1)自动泊车辅助系统

自动泊车辅助系统是最常见的泊车辅助系统。自动泊车辅助系统在汽车低速巡航时，使用超声波雷达感知周围环境,帮助驾驶员找到尺寸合适的空车位,并在驾驶员发送泊车指令后,将汽车泊入车位。

自动泊车辅助系统使用的传感器包括 8 个安装于汽车前、后的 UPA 超声波雷达和 4 个安装于汽车两侧的 APA 超声波雷达,自动泊车辅助系统环境感知范围如图 3.1 所示。

APA 超声波雷达的探测范围远而窄,常见的 APA 最远测量距离为 5 m;UPA 超声波雷达的探测范围近而宽,常见的 UPA 测量距离为 3 m。不同的探测范围决定了它们不同的分工。

APA 超声波雷达的作用是在汽车低速巡航时,完成空库位的寻找和校验工作。APA 超声波雷达检测库位的原理如图 3.9 所示。随着汽车低速行驶过空库位,安装在前侧方的 APA 超声波雷达的测量距离有一个先变小、再变大、再变小的过程。一旦汽车控制器探测到这个过程,可以根据车速等信息得到库位的宽度以及是否是空库位的信息。后侧方的 APA 在汽车低速巡航时也会探测到类似信息,可根据这些信息对空库位进行校验,避免误检。

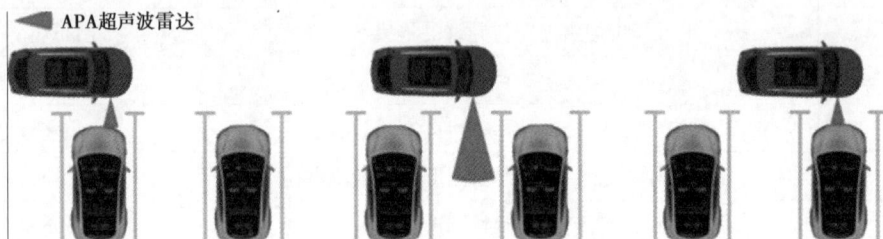

图 3.9　自动泊车原理

使用 APA 超声波雷达检测到空库位后,汽车控制器会根据自车的尺寸和库位的大小规划出一条合理的泊车轨迹,控制方向盘、变速箱和油门踏板进行自动泊车。在泊车过程中,安装在汽车前后的 8 个 UPA 会实时感知环境信息,实时修正泊车轨迹,避免碰撞。

APA 自动泊车辅助需要驾驶员在车内实时监控以保证泊车顺利完成,属于 SAE-Level-2 级别的自动驾驶技术。对泊车辅助一代做一个简单的技术盘点,如图 3.10 所示。

2)远程遥控泊车辅助系统

RPA(Remote Parking Asist)远程遥控泊车辅助系统是在 APA 自动泊车技术的基础之上发展而来的,车载传感器的配置方案与第一代类似。它的诞生解决了停车后难以打开自车车门的尴尬场景,比如在两边都停了车的车位,或在比较狭窄的停车房。RPA 远程遥控泊车辅助系统常见于特斯拉、宝马 7 系、奥迪 A8 等高端车型中。

在汽车低速巡航并找到空车位后,驾驶员将车辆挂入停车挡,就可以离开汽车并在车外使用手机发送泊车指令,控制汽车完成泊车操作。遥控泊车涉及汽车与手机的通信,目前汽车与手机最广泛且稳定的通信方式是蓝牙,虽然没有 4G 传输的距离远,但 4G 信号并不能保证所有地方都能做到稳定通信。

RPA 远程遥控泊车辅助系统相比第一代加入了与驾驶员通信的车载蓝牙模块,不再需要驾驶员坐在车内监控汽车的泊车过程，仅需要在车外观察即可。泊车辅助二代的技术盘点如图3.11所示。

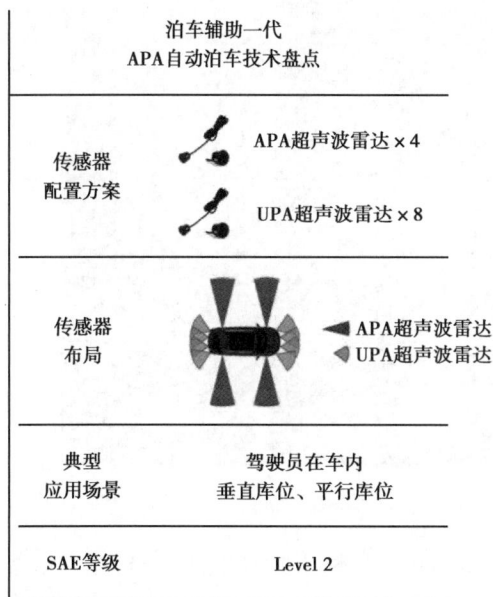

图3.10　自动泊车方案　　　　图3.11　远程泊车方案

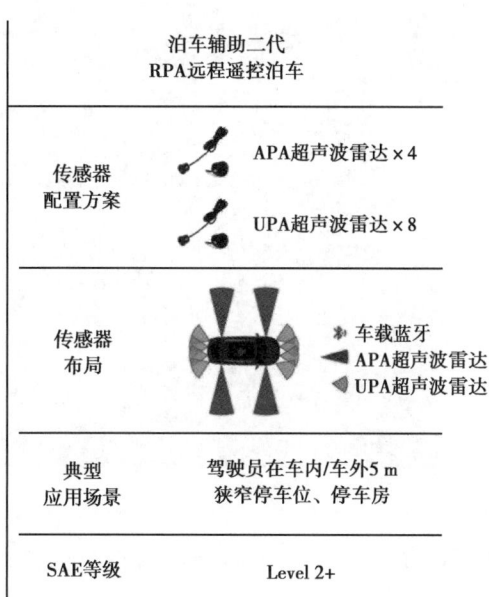

3）自学习泊车辅助系统

在汽车变得越来越聪明后，驾驶员的期望也越来越高。他们希望在大雨天下班时，不用自己冒雨取车，而是用手机发送指令后，汽车能自己启动，泊出车位，并行驶到他们面前。

为了实现这个功能，给驾乘人员带来更好的体验，工程师们在汽车上加入了鱼眼相机。鱼眼相机的镜头就像鱼眼一样，能够看到超过180°范围内的东西，在汽车四周各装一个鱼眼相机，将图像进行畸变矫正后再拼接，即可实现360°的环境感知。

市面上的很多高端车型上配备的360°全景影像功能，就是基于以上原理拼接而成的"鸟瞰图"。为了给驾驶员提供更好的泊车体验，工程师在鸟瞰图的基础上做了更多文章，做出了"上帝视角"，我们可以称之为"真·360°高清全景影像系统"，配合车上的大屏使用，效果更佳，如图3.12所示。

那么如何实现这个功能呢？答案就是自学习泊车辅助系统。自学习泊车辅助系统能够学习驾驶员的泊入和泊出操作，并在以后自主完成这个过程。自学习泊车辅助系统的核心技术是即时定位和地图构件（SLAM）。SLAM最早应用于军事领域，随后是机器人领域，近两年才被广泛应用到汽车领域。下面用一个非常简单的例子让大家了解SLAM技术。

当我们走进一个陌生的大房子时，我们每走一步都会在脑海中记录一些信息，比如这个房子有几层楼，卧室和洗手间在哪，家具的摆放等，这些被记录的所有信息就是我们在脑海中建立的地图（Map）。房间的布局，家具的大小、位置关系等信息被称作这个图的特征

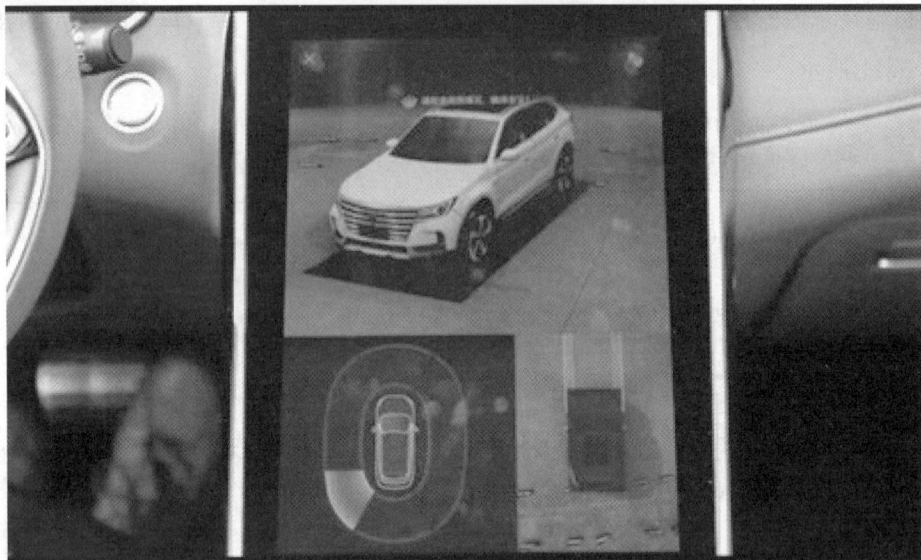

图 3.12　鸟瞰图

(Feature)。每走一步都会看到新的特征,脑海中的地图会越来越大、越来越丰富。一旦房子在脑海中建图完成后,即使把我们放到房子里的任一位置,我们都能根据我们看到的特征立刻判断出自己位于哪一层、哪个房间。这就是建图和定位的简单描述。

基于相机实现的 SLAM 技术,被称为视觉 SLAM。视觉 SLAM 需要从图像中提取特征信息,再配合视觉里程计的技术建立地图,但基本原理与上述例子大同小异。

驾驶员在准备停车前,可以在库位不远处开启"路线学习"功能,随后慢慢将汽车泊入固定车位,系统就会自学习该段行驶和泊车路线。泊车路线一旦学习成功,车辆便可达到"过目不忘"。完成路线的学习后,在录制时的相同起点下车,用手机蓝牙连接汽车,启动自学习泊车辅助系统,汽车就能够模仿先前录制的泊车路线,完成自动泊车了。驾驶员除了让汽车学习泊入车库的过程外,还能够学习汽车泊出,并行驶到办公楼的过程。聪明的汽车能够自动驾驶到我们面前,即使在大雨天也不用冒雨取车了。自学习泊车辅助系统相比于前两代加入了 360°环视相机,而且泊车的控制距离从 5 m 内扩大到了 50 m 内,有了明显提升。自学习泊车辅助系统的技术盘点如图 3.13 所示。

4)自动代客泊车辅助系统

最理想的泊车辅助场景应该是,我们把车开到办公楼下后,直接去办正事,把找停车位和停车的工作交给汽车,汽车停好后,发条信息给驾驶员,告知自己停在哪。在我们下班时,给汽车发条信息,汽车即可远程启动、泊出库位,并行驶到驾驶员设定的接入点。

自动代客泊车辅助(AVP,Automated Valet Parking)自动代客泊车的研发就是为了解决日常工作、生活中停车难的痛点,其主要的应用地点通常是办公楼或者大型商场的地上或地下停车场。

相比于更为成熟的前三代泊车辅助产品,AVP 除了要实现泊入车库的功能外,还需要解决从驾驶员下车点低速(小于 20 km/h)行驶至库位旁的问题。为了能尽可能地安全行驶到库位旁,必须提升汽车远距离感知的能力,前视摄像头成为最优的传感器方案。地上或地下停车场不像开放道路,场景相对单一,高速运动的汽车较少,对于保持低速运动的自车来说,更容易避免突发状况的发生。

常用的激光雷达和超声波雷达没被选用的原因是,激光雷达的成本较高,在成本降下来之前,不在大部分车企的量产考虑范围内;超声波雷达由于感知原理的限制,在低速下的表现并不好,而且在地库中使用时信噪比不高,也不做考虑。

综合以上几点,最基本的 AVP 自动代客泊车的技术方案如图 3.14 所示。

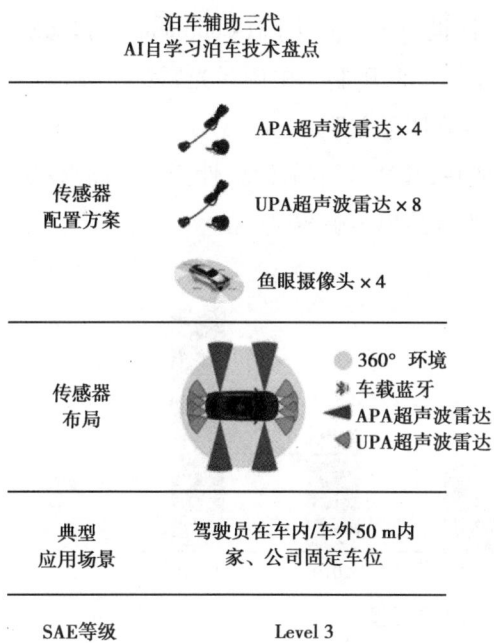

图 3.13　自学习泊车辅助系统　　　　图 3.14　自动代客泊车技术方案

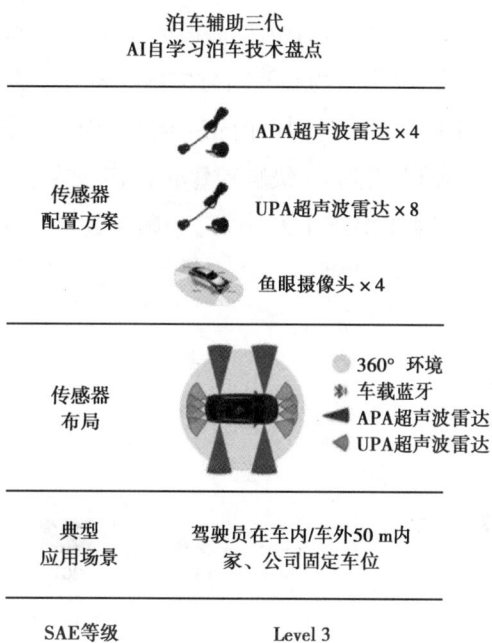

除了以上提到的传感器外,实现 AVP 还需要引入停车场的高精度地图,再配合 SLAM或视觉匹配定位的方法,才能够让汽车知道它现在在哪,应该去哪里寻找停车位。

除了自行寻找停车位外,具备 AVP 功能的汽车还可以配合智能停车场更好地完成自动代客泊车的功能。智能停车场需要在停车场内安装一些必要的基础设施,比如摄像头、地锁等。这些传感器不仅能够获取停车位是否被占用的信息,还能够知道停车场的道路上是否有车等信息。将这些信息建模后发送给汽车,汽车就能够规划出一条更为合理的路径,行驶到空车位处了。

目前 AVP 的技术已经比较成熟,很多车企也跟 Tier1(博世、安波福等)或者互联网公司(百度,欧菲、纵目等)做了概念验证项目。

3.3.2　超声波雷达未来技术发展

随着科学技术的快速发展,超声波将在传感器中的应用越来越广。在人类文明的历次产业革命中,传感技术一直扮演着先行官的重要角色,它是贯穿各个技术和应用领域的关键技术,在人们可以想象的所有领域中,它几乎无所不在。传感器产业是世界各国发展最快的产业之一,在各国有关研究、生产、应用部门的共同努力下,传感器技术得到了飞速发展和进步。但就目前技术水平来说,人们可以具体利用的传感技术还十分有限,因此,这是一个正在蓬勃发展而又有无限前景的技术及产业领域。

中国超声波雷达产业大而不强,中国厂商具有话语权但发展空间有限;中国毫米波雷达产业发展迅猛,但中国厂商被奥托立夫(Autoliv)、博世(Bosch)、大陆(Continental)和德尔福(Delphi;已拆分为安波福与德尔福科技)等外国雷达厂商压制。中国激光雷达产业前景广阔,中国厂商与外国厂商几乎同时起跑,双方并不存在明显差距。

从 L1 级到 L5 级自动驾驶,超声波雷达不可或缺,其技术门槛较低,性价比较高,较易在中国落地生根。在 2020 年,中国车载超声波雷达市场规模突破 80 亿元。

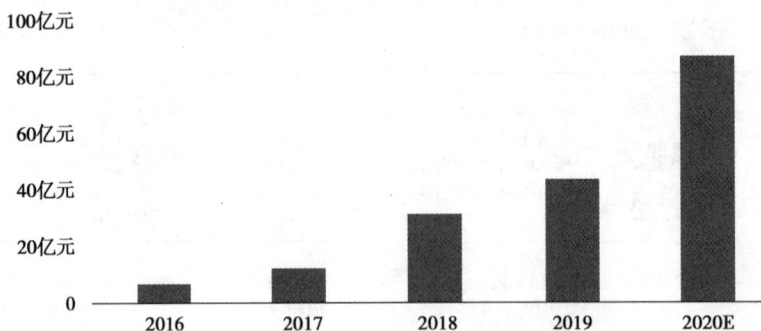

图 3.15　超声波雷达市场规模

展望未来,超声波传感器作为一种新型的、非常重要的工具在各方面都将有很大的发展空间,它将朝着高定位、高精度的方向发展,以满足日益发展的社会需求。毋庸置疑,未来的超声波传感器将与自动化智能化接轨,与其他的传感器集成和融合,形成多传感器。随着传感器的技术进步,传感器将从具有单纯判断功能发展到具有学习功能,最终发展到具有创造力。在以后的发展里,面貌一新的传感器将发挥更大的作用。

3.4　实训任务

超声波雷达实训任务见《传感器应用与信号控制实训手册》任务三:超声波雷达原理与实训。

3.5　本章小结

　　本章从超声波雷达的定义、特点、产品及对应相关技术参数为读者对超声波雷达进行认识;介绍超声波雷达的两大类:UPA 超声波雷达和 APA 超声波雷达,分别讲解其主要功用及其适应的环境工况,并对倒车雷达原理进行了详细讲解。超声波雷达采用超声波测距原理探测障碍物的距离,一般由超声波传感器、超声波发射电路、超声波接收电路、中央处理器(包括控制电路、计数电路、标准振荡电路)等部分组成。超声波雷达主要用于泊车辅助系统。泊车辅助系统可分为自动泊车辅助系统、远程遥控泊车辅助系统、自学习泊车辅助系统和自动代客泊车辅助系统。通过实训任务,掌握超声波雷达的安装调试、标定以及故障分析方法。

习　题

一、选择题

1.(　　)是人耳可听见的。

A. 次声波　　　　　　　B. 声波　　　　　　　C. 超声波

2. 安装在汽车前后保险杠上的,用于测量汽车前后障碍物的倒车雷达是(　　)。

A. UPA　　　　　　　B. APA　　　　　　　C. APU

3. UPA 超声波传感器探测距离一般为(　　)。

A. 15 ~ 250 cm　　　B. 20 ~ 200 cm　　　C. 50 ~ 300 cm

4. 车载超声波雷达以(　　)为核心。

A. 发射器　　　　　　B. 接收器　　　　　　C. 中央处理器

5. 一般 UPA 的探测角为(　　)左右。

A. 80°　　　　　　　B. 120°　　　　　　　C. 100°

6. 在倒车防撞预警系统中,单片机编程产生一串 40 kHz 的(　　)脉冲电压。

A. 正弦　　　　　　　B. 三角　　　　　　　C. 矩形

7. 超声波在传播的过程中其所携带的声能量会有所减少,这种特性称为超声波衰减特性。产生衰减的原因是(　　)(多选)。

A. 声束的扩散引起的衰减　　　　　　　　　B. 散射引起的衰减

C. 吸收引起的衰减

8. 关于超声波雷达描述正确的是(　　)(多选)。

A.超声波雷达结构简单,体积小,成本低,信息处理简单可靠,易于小型化与集成化,并且可以进行实时控制

B.超声波雷达灵敏度较高

C.超声波雷达适用于高速

9.博世公司的超声波雷达可用于博世自主设计的(   )系统(多选)。

A.停车辅助系统　　　　　　　　　　B.博世侧边距报警系统

C.博世侧向辅助系统

10.超声波雷达组成包括(   )(多选)。

A.发生器　　　　　　B.接收器　　　　　　C.中央处理器

11.倒车防撞预警系统由四路收发一体封闭(防水)型超声波传感器及其超声波发射与回波接收电路(AB)、LED 数码管显示电路和蜂鸣器声音报警电路组成。和蜂鸣器声音报警电路组成(   )。

A.超声波电信号放大电路　　　　　　B.单片机控制电路

C.天线

12.超声波雷达主要用于泊车辅助系统。泊车辅助系统可分为(   )(多选)。

A.自动泊车辅助系统　　　　　　　　B.远程遥控泊车辅助系统

C.自学习泊车辅助系统　　　　　　　D.自动代客泊车辅助系统

13.关于超声波雷达描述正确的是(   )(多选)。

A.信息处理简单可靠　　　　　　　　B.超声波雷达灵敏度较高

C.超声波雷达适用于高速

14.博世公司的超声波雷达可用于博世自主设计的(   )系统(多选)。

A.停车辅助系统　　　　　　　　　　B.博世侧边距报警系统

C.博世侧向辅助系统

二、填空题

1.超声波雷达的测量距离取决于其使用的_____。

2.APA 自动泊车辅助需要驾驶员在车内实时监控以保证泊车顺利完成,属于 SAE _____级别的自动驾驶技术。

3.随着汽车低速行驶过空库位,安装在前侧方的 APA 超声波雷达的测量距离有一个_____的过程。

4.自动泊车辅助系统使用的传感器包括_____个安装于汽车前、后的 UPA 超声波雷达和_____个安装于汽车两侧的 APA 超声波雷达。

5.自学习泊车辅助系统使用的传感器有_____个 UPA、_____个 APA、_____个鱼眼摄像头。

6. 超声波雷达环境测试应满足以下要求:测试在_____进行,风速应小于5.4 m/s,温度在−25 ~ +30 ℃,天气在非降水条件下,测试区域不应有墙壁、辅助测试设备及其他非测试物体,避免过强阳光,测试区域内不应有强反射表面和不均匀遮挡环境,标记线与地面之间的亮度对比度以5:1或以上适宜。

7. 超声波雷达类型有_____。

8. 自动泊车辅助系统基本性能要求有_____。搜索停车位允许的最大车速≤30 km/h、垂直车位搜索停车位允许的最大车速≥20 km/h。

9. 超声波在传播的过程中其所携带的声能量会有所减少,这种特性称为_____。产生衰减的原因包括:声束的扩散引起的衰减、散射引起的衰减、吸收引起的衰减。

10. 超声波雷达主要用于泊车辅助系统。泊车辅助系统可分为_____、远程遥控泊车辅助系统、自学习泊车辅助系统、自动代客泊车辅助系统。

11. 超声波有一定的扩散角,只能_____,不可以测量方位,所以只能在低速(如泊车)时使用。

12. 超声波雷达的测量距离取决于其使用的_____。

13. APA 自动泊车辅助需要驾驶员在车内实时监控以保证泊车顺利完成,属于 SAE_____级别的自动驾驶技术。

14. 超声波雷达组成包括_____、接收器、中央处理器。

三、判断题

1. 超声波频率大于20 Hz。　　　　　　　　　　　　　　　　　　　　　　　（　　）

2. 常温下声速为320 m/s。　　　　　　　　　　　　　　　　　　　　　　　（　　）

3. 超声波作用于液体时可产生大量小气泡,其原因一是液体内局部出现拉应力而形成负压,压强的降低使原来溶于液体的气体过饱和,而从液体逸出,成为小泡。　（　　）

4. 超声波雷达适合于低速,在速度很高的情况下测量距离具有一定的局限性。这是因为超声波的传输速度容易受天气情况的影响,在不同的天气情况下,超声波的传输速度不同,而且传播速度较慢。当汽车高速行驶时,使用超声波测距无法跟上汽车车距的实时变化,误差较大。　　　　　　　　　　　　　　　　　　　　　　　　　　　　（　　）

5. 常见的超声波雷达有两种。第一种是安装在汽车前后保险杠上的,也就是用于测量汽车前后障碍物的倒车雷达,业内称为APA;第二种是安装在汽车侧面的,用于测量侧方障碍物距离的超声波雷达,业内称为UPA。　　　　　　　　　　　　　　　（　　）

6. 学习泊车辅助系统的核心技术是即时定位和地图构件。　　　　　　　　　（　　）

7. 自动代客泊车技术方案属于 level 2 级。　　　　　　　　　　　　　　　（　　）

8. APA 超声波雷达的作用是在汽车低速巡航时,完成空库位的寻找和校验工作。随着汽车低速行驶过空库位,安装在前侧方的 APA 超声波雷达的测量距离有一个先变小、再变

大、再变小的过程。 （ ）

9.超声波发射器向某一方向发射超声波,同时开始计时,超声波在空气中传播,途中碰到障碍物就立即返回,超声波接收器收到反射波就立即停止计时。 （ ）

10.超声波传感器是整个倒车系统最核心的部件。 （ ）

四、简答题

1.简述超声波雷达的优点。

2.简述博世侧向辅助系统大致内容。

3.简述超声波雷达测距原理。

4.列举超声波雷达三个技术参数。

5.简述博世停车辅助系统的特点。

6.简述超声波雷达的不足。

7.产品测试主要测试超声波雷达的哪些参数?有什么样的要求?（至少三项）

五、问答题

1.倒车防碰撞预警系统工作流程是怎么样的?

2.常温下,已知 T 为 0.03 秒,如使用超声波雷达,能否计算出与障碍物之间的距离?如果能,那么距离为多少?假设汽车不移动。

3.自动泊车辅助系统工作流程是怎样的?

第 4 章　视觉传感器

学习目标

通过学习本章，读者能够掌握视觉传感器的定义和组成，了解视觉传感器的特点和种类，掌握工作原理，了解视觉传感器技术参数以及视觉传感器在自动驾驶中的广泛应用。在实训任务中，掌握摄像头的安装标定方法，掌握视觉传感器的安装调试及车道线检测方法，掌握各项参数对识别效果的影响。

教学要求

知识要点	能力要求
视觉传感器的定义	了解视觉传感器定义
视觉传感器的特点	掌握视觉传感器的优缺点
视觉传感器的分类	了解视觉传感器的分类方法
视觉传感器的组成	掌握视觉传感器的组成及应用
视觉传感器的原理	掌握视觉传感器测距、测速和测角的原理
视觉传感器技术参数	了解智能网联汽车车载视觉传感器的技术参数
视觉传感器环境感知流程	了解视觉传感器环境感知的基本流程和使用的技术
单目视觉系统	了解单目摄像系统工作原理
视觉传感器应用	了解视觉传感器发展现状、应用以及未来发展
视觉传感器实训任务	掌握摄像头的安装标定方法，掌握视觉传感器的安装调试及车道线检测方法，掌握各项参数对识别效果的影响

案例导入

特斯拉在第一代硬件 HW1.0 时采用 Mobileye 视觉识别芯片，信息收集阶段主要依靠 Mobileye 的图像识别技术，数据来自车顶的 Mobileye 摄像头，车首的雷达和周边雷达只是提供辅助信息。Mobile EyeQ3 可识别障碍物位置、可用空间、车辆形状位置前后、行人、路牌、红黄绿灯，但由于特斯拉使用自己的 ADAS 软件，EyeQ3 的部分功能如红绿灯识别，无中间黄线的双行道识别等功能未得到完全释放。HW2.0 增加了侧前侧后方摄像头，前置摄像头由单目进化为三目摄像头，周边车辆的感知能力提升了 6 倍，前方障碍物识别也得到了极大更新。

视觉传感器在辅助驾驶中起什么作用，有哪些技术参数？学习完本章，读者便可得到答案。

4.1 认识视觉传感器

4.1.1 视觉传感器的定义

可见光是一个特殊的波段。之所以特殊,是因为可见光是人类乃至大部分生物天然感知的波段。人主要通过视觉驾驶车辆,路面上大部分信息都来源于视觉,例如路面、分道线、隔离带、路标、红绿灯、指示牌等,这些都是视觉信息。人眼能通过视觉图像获取丰富信息。前方道路上行驶的车辆、路面上的各种标线、正过马路的行人、远处的红绿灯,都能很好地描述我们现在的位置、周边的环境、其他交通参与者的状态。根据连续图像,我们甚至可以推测或者预判他们的下一步运动路线。如今车辆上的视觉传感器也可以达到人眼效果。

视觉传感技术是传感技术七大类中的一个。视觉传感器是通过对摄像机拍摄到的图像进行图像处理来计算对象物的特征量(面积、重心、长度、位置等),并输出数据和判断结果的传感器。视觉传感器是整个机器视觉系统信息的直接来源,主要由一个或者两个图形传感器组成,有时还要配以光投射器及其他辅助设备。视觉传感器的主要功能是获取足够的机器视觉系统要处理的最原始图像。

视觉传感器有广泛的用途,比如多媒体手机、网络摄像、数码相机、机器人视觉导航、汽车安全系统、生物医学像素分析、人机界面、虚拟现实、监控、工业检测、无线远距离传感、显微镜技术、天文观察、海洋自主导航、科学仪器等。这些不同的应用均基于视觉传感器技术。

视觉传感器在智能网联汽车或无人驾驶汽车上应用是以摄像头形式出现,搭载先进的人工智能算法,便于目标检测和图像处理。

4.1.2 视觉传感器的特性

1)视觉传感器的特点

①视觉图像的信息量极为丰富,尤其是彩色图像,不仅包括视野内目标的距离信息,而且还有该目标的颜色、纹理、深度和形状。

②在视野范围内可同时实现车道线检测、车辆检测、行人检测、交通标志位检测、交通信号灯检测等,信息获取量大。当多辆智能网联汽车同时工作时,不会出现相互干扰的现象。

③可以通过摄像头实现同时定位和建图。

④视觉信息获取的是实时的场景图像,有较强的适应环境的能力。

⑤视觉传感器与机器学习、深度学习等人工智能相融合,可以获得更佳的检测效果,必将扩大视觉传感器在智能网联汽车和无人驾驶汽车上的应用范围。

2)工艺要求级别不同

车载摄像头是比工业级别摄像头要求更高的车载安全级别,尤其是对前置 ADAS 的摄像头安全等级要求更高。

①温度要求。车载摄像头温度范围为-40～80 ℃。

②防磁防震。汽车启动时会产生极高的电磁脉冲,车载摄像头必须具备极高的防磁抗震的可靠性。

③较长的寿命。车载摄像头的寿命至少要在8～10年才能够满足要求。

3)功能要求差异

车载摄像头要保证在复杂的运动路况环境下也能采集到稳定的数据。

①高动态。要求在较暗的环境以及明暗差异较大的情况下仍能识别路况,要求摄像头CCD或CMOS具有高动态特性。

②像素要求。摄像头的像素越高,芯片的处理负担越大,二者之间应该合理分配。目前来说,像素有逐渐增大的趋势。

③角度要求。对于环视和后视,一般采用135°以上的广角摄像头,前置摄像头对视距要求更大,一般采用55°范围。

4)认证要求高

汽车产业把安全放在第一位,倾向于使用有口碑的零部件厂商,进入车厂体系需要较长的认证周期。

①尽管摄像头模组作为2级或3级供应商供应,品质上要求仍然严格。对于前置摄像头,车厂仍普遍采用大厂摄像头。

②进入供应体系将自然形成壁垒,车厂选择供应商后不会轻易更换,一旦得到认可就会形成强硬壁垒。

4.1.3 视觉传感器的类型

1)根据镜头分类

根据镜头不同,视觉传感器主要有以下三种:单目摄像头、双目摄像头、三目摄像头。

(1)单目摄像头

单目摄像头一般安装在前挡风玻璃上部,用于探测车辆前方环境,识别道路、车辆、行人等。单目摄像头算法思路是先识别后测距,先通过图像匹配进行目标识别(各种车型、行人、物体等),再通过目标在图像中的大小去估算目标距离。在识别和估算阶段,都需要与样本库进行比较。想要识别各种车型,就要搭建车型数据库。

单目摄像头的优点是成本低廉,能够识别具体障碍物的种类,算法成熟度高,识别精准。

单目摄像头的缺点是其视野完全取决于镜头,焦距短的镜头视野广,但缺失远处的信息;单目测距的精度较低,无法识别没有明显轮廓的障碍物;工作准确率与外部光线条件有关,并且受限于数据库,缺乏自学习功能。

视觉传感器的成像图是透视图,即越远的物体成像越小。近处的物体,需要用几百甚至上千个像素点描述;而处于远处的同一物体,可能只需要几个像素点即可描述出来。这种特性会导致越远的地方,一个像素代表的距离越大。因此,对单摄像头来说,物体越远,测距的精度越低。

(2)双目摄像头

图 4.1 是博世公司生产的双目摄像头。两个摄像头之间的距离为 12 cm,像素数为 1 080×960,水平视场角为 45°,垂直视场角为 25°,最大探测距离为 50 m,不仅可以用于自动制动系统,也可以用于车道偏离预警系统和交通标志识别系统等。

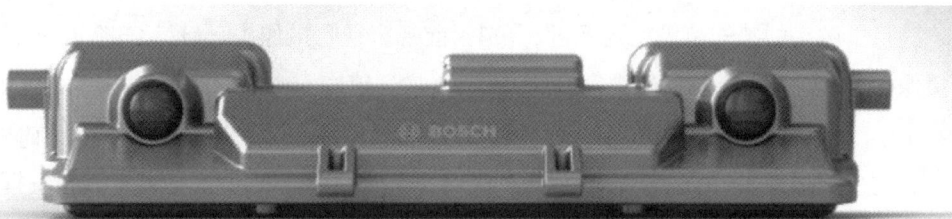

图 4.1　双目摄像头

双目摄像头的算法思路是先测距后识别,首先利用视差直接测量目标与本车距离,然后在识别阶段,双目仍然要利用单目一样的特征提取和深度学习等算法,进一步识别目标。

双目摄像头是通过对前方目标(图像所能拍摄到的范围)进行距离测量,而无需判断前方出现的是什么类型的目标。依靠两个平行布置的摄像头产生的视差,找到同一个目标所有的点,依赖精确的三角测距就能够算出摄像头与前方目标的距离,实现更高的识别精度和更远的探测范围。

根据双目测距原理应用在图像上每一个像素点时,即可得到图像的深度信息。深度信息的加入不仅便于障碍物的分类,更能提高地图定位匹配的精度。

双目摄像头需要两个摄像头有较高的同步率和采样率,技术难点在于双目标定及双目定位。相比单目摄像头,双目摄像头没有识别率的限制,无须先识别,可直接进行测量,直接利用视差计算距离精度更高,无须维护样本数据库。

(3)三目摄像头

三目摄像头实际上是三个不同焦距单目摄像头的组合。三目摄像头感知范围更大,但需要同时标定三个摄像头,工作量大。如图 4.2 所示就是一个三目摄像头。

特斯拉电动汽车搭配了八个摄像头,车辆后面一个倒车摄像头,车辆前面一个三目摄像头,车辆两侧每侧有两个摄像头分别是侧前视和侧后视。特斯拉电动汽车三目摄像头安装在挡风玻璃下方,增加深度学习功能,可识别障碍物位置、可行空间、车辆状态、行人、交通标志、交通信号灯等,车辆周围感知能力提升了 6 倍。

图 4.2　三目摄像头

三目摄像头的感知范围由远及近,分别为前视窄视野摄像头,最远感知 250 m;前视主视野摄像头,最远感知 150 m;前视宽视野摄像头,最远感知 60 m。

由于三目摄像头每个相机的视野不同,因此近处的测距交给宽视野摄像头,中距离的测距交给主视野摄像头,更远的测距交给窄视野摄像头。这样,每个摄像头都能发挥其最大优势。

三目摄像头的缺点是需要同时标定三个摄像头,因此工作量更大一些。其次,软件部分需要关联三个摄像头的数据,对算法要求也很高。

2)根据安装位置分类

目前车载摄像头根据安装位置主要分为前视摄像头、环视摄像头、后视摄像头、侧视摄像头以及内置摄像头五种类别。

(1)前视摄像头

前视摄像头主要安装在前挡风玻璃上,用于实现行车的视觉感知及识别功能,根据功能又可以分为前视主摄像头、前视窄角摄像头和前视广角摄像头。

①前视主摄像头:该摄像头在 L2 的 ADAS 系统中作为主摄像头使用。其视场角一般为 30°、50°、60°、100°、120°,检测距离一般为 150～170 m,摄像头输出的格式为 RCCB 或 RCCC。

②前视广角摄像头:该摄像头的作用主要是识别距离较近的物体,主要用于城市道路工况、低速行驶等场景,其视场角在 120°～150°,检测距离在 50 m 左右。在后续 8 MP 镜头大规模装车后,无需该摄像头。

③前视窄角摄像头:该摄像头的主要作用是进行红绿灯、行人等目标的识别,一般选用窄角镜头,可选择 30°～40°左右的镜头。该镜头的像素一般和前视主摄像头的镜头像素一致。该摄像头采用窄角度,具有更高的像素密度和更远的检测距离,一般可达 250 m 甚至可探测更远的距离。在上了 8 MP 摄像头后,前视主摄像头的 FOV 可达 120°,该摄像头就不再

被需要,检测距离在 60 m 左右。

（2）环视摄像头

环视摄像头主要安装在车身四周,一般使用 4~8 个摄像头,可分为前向鱼眼摄像头、左侧鱼眼摄像头、右侧鱼眼摄像头、后向鱼眼摄像头。环视摄像头用于全景环视功能的显示,以及融合泊车功能的视觉感知及目标检测;常用色彩矩阵为 RGGB,因为有色彩还原的需求。

（3）后视摄像头

后视摄像头一般安装在后备厢上,主要是实现泊车辅助。视场角为 120°~140°,探测距离大约为 50 m。

（4）侧视摄像头

①侧前视摄像头:安装在 B 柱或者车辆后视镜处,该摄像头的视场角一般为 90°~100°,探测距离大概为 80 m,这个摄像头的主要作用是检测侧向车辆及自行车。

②侧后视摄像头:一般安装在车辆前翼子板处,该摄像头的视场角一般为 90°左右,探测距离也在 80 m 左右,主要用于车辆变道、汇入其他道路等场景应用。

（5）内置摄像头

内置摄像头主要用于监测司机状态,实现疲劳提醒等功能。

其中,前视摄像头价格相对较高,目前市场价格处在 300~500 元水平;其余摄像头价格在 150~200 元。

3）根据感光技术分类

摄像头感光技术可分为四类,分别是电荷耦合器件（CCD）技术、互补金属氧化物半导体（CMOS）技术、红外线感光技术、立体感知技术。

（1）电荷耦合器件技术（CCD）

CCD 是一种用电荷量表示信号大小、用耦合方式传输信号的探测元件,具有自扫描、感受波普范围宽、畸变小、体积小、质量轻、系统噪声低、功耗小、寿命长、可靠性高等一系列优点,并可做成集成度非常高的组合件。CCD 靶面由多个阵列式光电耦合元件构成,它能根据光照强弱产生不同强度的电流,然后将电流转换为当量电压。

CCD 技术是 1969 年由美国贝尔实验室的维拉·博伊尔和乔治·史密斯发明的。当时贝尔实验室正在研制影像电话和半导体气泡式内存。而将这两种新技术结合起来后,博伊尔和史密斯得出一种命名为"电荷气泡原件"的装置,它能沿着一片半导体的表面传递电荷便尝试用作记忆装置,当时只能从暂存器用"注入"电荷的方式输入记忆,但随即发现光电效应能使此种元件表面产生电荷而组成数位影像,这就是早期的 CCD 技术。

CCD 技术可直接将光学信号转换为数字电信号,实现图像的获取、存储、传输、处理和复现。其特点是体积小、质量轻;功耗小,工作电压低,抗冲击与振动,性能稳定,寿命长;灵敏度高,噪声低,动态范围大;响应速度大,有自扫描功能,图像畸变小,无残像;应用超大规模集成电路工艺技术生产,像素集成度高,尺寸精确,商品化生产成本低。

(2)互补金属氧化物半导体金属技术(COMS)

CMOS 主要是利用硅和锗这两种元素做成的半导体,使其在 COMS 上共存着带 N(−)和 P(+)级的半导体,这两个互补效应所产生的电流即可被芯片记录并解读成影像。后来发现 CMOS 经过加工也可以作为数码摄影中的图像传感器。常用的 CMOS 传感器分为被动式与主动式两种。

在 20 世纪 90 年代初,无源像素 CMOS 图像传感器作为第一代 CMOS 图像传感器进入市场。在 20 世纪末,美国斯坦福大学提出了 DPS CMOS 图像传感器,使用像素级模数转换器和存储单元,将捕捉到的光信号直接转换为数字信号输出,旨在解决 CCD 图像传感器在处理动态范围和色彩真实性上的不足,最大限度地降低信号在排列中的衰减和干扰,提升成像质量。

COMS 图像传感器拥有较高的灵敏度、较短的曝光时间和日渐缩小的像素尺寸,且拥有较大的动态范围,同时其自适应动态范围大、功耗低。

(3)红外线感光技术

红外线是一种人类肉眼看不见的光,是波长介于微波与可见光之间的电磁波,其最显著的特性是它具有热效应,也就是说所有高于绝对零度的物质都可以产生红外线。红外线感光技术就是通过检测物体热辐射的红外线的特定波段信号,并将其转换成可供人类视觉分辨的图像和图形,有些情况下还可以进一步计算出目标物的温度值。

黑体是一个理想化了的物体,它能吸收外来的全部电磁辐射,不会有任何反射与透射。换句话说,黑体对于任何波长的电磁波的吸收系数为1,透射系数为0。基于基尔霍夫定律,温度越高,辐射出的总能量就越大;基于史蒂夫-玻耳兹曼定律,温度越高,红外辐射能量越多;而基于维恩位移定律,物体的红外辐射能量密度大小随波长(频率)的不同而变化。

红外线感光技术主要分为两种:一种是主动式红外感光技术,成像系统自身带有红外光源,根据被成像物体对红外光源的不同反射率,以红外变像管作为光电成像器件,红外夜视仪采用该技术;另一种是被动式红外感光技术,成像系统自身不带有红外光源,自然界中温度高于绝对零度的一切物体总是在不断发射红外热辐射。探测器收集辐射能,就可以形成与景物温度分布相对应的热图像,红外热像仪采用该技术。

(4)立体感知技术

立体视觉是通过两台位置相对固定的相机同时对场景进行成像,利用三角测距原理,根据成像视差来计算深度信息,是 3D 成像重要实现技术路径之一,原理简单、成本低、适用范围广,在安防、零售、自动驾驶、机器人等领域得到了广泛的应用。

不过在实际应用过程中,双目立体视觉也面临着诸多难点与挑战,比如算法复杂度高、算力需求大、测量精度会随着距离的增加而下降,另外容易受环境光线的影响,增大特征匹配的难度。要打造一个高精度、高鲁棒性、低计算需求的双目立体视觉成像系统并非易事，需要软硬件协同优化，比如相机的选型与标定、算法的设计、芯片的选型及适配调优等。

4.2 视觉传感器组成与工作原理

4.2.1 视觉传感器组成

视觉传感器主要由光源、镜头、图像传感器、数模转换器、图像处理器、图像存储器等组成，其主要功能是获取足够的机器视觉系统要处理的原始图像。

图像传感器的作用是将镜头所成的图像转变为数字或模拟信号输出，是视觉检测的核心部件，主要有 CCD 图像传感器和 COMS 图像传感器两种。图 4.3 为 CCD 图像传感器，图 4.4 是 COMS 图像传感器。

图 4.3　CCD 图像传感器　　　　　　　　图 4.4　COMS 图像传感器

CCD 成像原理是用相机拍摄景物时，景物反射的光线通过相机的镜头透射到 CCD 上。当 CCD 曝光后，光电二极管受到光线的激发释放出电荷，感光元件的电信号便由此产生。CCD 控制芯片利用感光元件中的控制信号线路对光电二极管产生的电流进行控制，由电流传输电路输出，CCD 会将一次成像产生的电信号收集起来，统一输出到放大器。经过放大和滤波后的电信号被送到 A/D 单元，由 A/D 单元将电信号（此时为模拟信号）转换为数字信号，数值的大小和电信号的强度即电压的高低成正比。这些数值其实就是图像的数据。不过单依靠前面所得到的图像数据还不能直接生成图像，还要输出到数字信号处理器（DSP）。在 DSP 中，这些图像数据被进行色彩校正、白平衡处理（视用户在相机中的设定而定）等后期处理，编码为相机所支持的图像格式、分辨率等数据格式，然后才会被存储为图像文件。最后，图像文件就被写入到存储器上（内置或外置存储器）。

COMS 成像原理：利用硅和锗这两种元素做成的半导体，使其在 COMS 上共存带负电的

N 极半导体和带正电的 P 极半导体,这两个互补效应产生的电流即可被处理芯片记录和解读成图像。

CCD 与 CMOS 的主要差异:CCD 传感器的每一行的每一个像素的电荷数据都会依次传送到下一个像素中,由最底端部分输出,再经由传感器边缘的放大器进行放大输出;而在 CMOS 传感器中,每个像素都会邻接一个放大器及 A/D 转换电路,用类似内存电路的方式将数据输出。

造成这种差异的原因在于:CCD 的特殊工艺可保证数据在传送时不会失真,因此各个像素的数据可汇聚至边缘再进行放大处理;而 CMOS 工艺的数据在传送距离较长时会产生噪声,因此必须先放大再整合各个像素的数据。

CMOS 虽然成像质量不如 CCD,但是 CMOS 因为耗电小(仅为 CCD 芯片的 1/10 左右)、体积小、质量轻、集成度高、价格低而迅速得到各大厂商的青睐。目前除了专业摄像机,大部分带有摄像头的设备使用的都是 CMOS。

4.2.2 视觉传感器技术参数

1)图像传感器的技术指标

图像传感器的技术指标主要有像素、帧率、靶面尺寸、感光度和信噪比等。

(1)像素

像素是图像传感器的最小感光单位,即构成影像的最小单位。一帧影像画面由许多密集的亮暗、色彩不同的点组成,这些小点称为像素。像素的多少由 CCD/CMOS 上的光敏元件数目决定,一个光敏元件就对应一个像素。因此,像素越大,意味着光敏元件越多,相应的成本就越大。像素用两个数字来表示,如 720×480,720 表示在图像长度方向上所含的像素点数,480 表示在图像宽度方向上所含的像素点数,二者的乘积就是该相机的像素数。

(2)帧率

帧率代表单位时间内记录或播放的图片的数量。根据人的视觉系统,当图片的播放速度大于 15 幅/秒的时候,人眼就基本看不出来图片的跳跃了;在达到 24 ~ 30 幅/秒时就已经基本觉察不到闪烁现象了。每秒的帧数或者帧率表示图像传感器在工作时每秒能够更新的次数。高的帧率可以得到更流畅、更逼真的视觉体验。

(3)靶面尺寸

靶面尺寸也就是图像传感器感光部分的大小,一般用英寸(1 英寸 = 25.4 mm)来表示,通常这个数据指的是这个图像传感器的对角线长度,如常见的有 13 英寸。靶面越大,意味着通光量越好;而靶面越小,则比较容易获得更大的景深。例如,1/2 英寸可以有较大的通光量,而 1/4 英寸可以比较容易获得较大的景深。

（4）感光度

感光度代表通过 CCD 或 CMOS 以及相关的电子线路感应入射光线的强弱。感光度越高,感光面对光的敏感度就越强,快门速度就越高,这在拍摄运动车辆、夜间监控的时候显得尤为重要。

（5）信噪比

信噪比是指信号电压对于噪声电压的比值,单位为 dB。一般摄像机给出的信噪比值均是 AGC(自动增益控制)关闭时的值。当 AGC 接通时,会对小信号进行提升,使得噪声电平也相应提高。信噪比的典型值为45～55 dB。若为50 dB,则图像有少量噪声,但图像质量良好;若为60 dB,则图像质量优良,不出现噪声。信噪比越大,说明对噪声的控制越好。

2）相机的内部参数

相机的内部参数是与相机自身特性相关的参数,主要有焦距、光学中心、图像尺寸和畸变系数等。

（1）焦距

焦距是指镜头的光学中心到图像传感器的距离。相机的焦距如图 4.5 所示。

焦距一般用 mm 表示,如 18～135 mm 代表着焦距可以从 18 mm 到 135 mm 进行变化,说明该摄像机的焦距是可变的;而 50 mm 代表摄像头的焦距只有 50 mm,说明该摄像头的焦距是不可变化的。

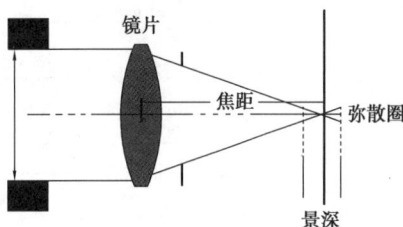

图4.5　相机焦距

焦距不同,拍摄的目标图像效果是不一样的。

焦距与水平视角、图像大小密切相关。焦距越小,光学中心就越靠近图像传感器。水平视角越大,拍摄到的图像越大;焦距越大,光学中心就越远离图像传感器,水平视角越小,拍摄到的图像越小。因此,焦距与水平视角成反比。焦距与水平视角的关系如图 4.6 所示。

智能网联汽车或无人驾驶汽车通过不同焦距和视角的摄像头,可以获得不同位置的交通标志、交通信号灯和各种道路标志的检测和识别能力。

（2）光学中心

相机的镜头是由多个镜片构成的复杂光学系统。相机镜头及其光学系统如图 4.7 所示。

光学系统的功能等价于一个薄透镜,实际上薄透镜是不存在的。光学中心是这一等价透镜的中心。不同结构的镜头,其光学中心位置也不一样,大部分在镜头内的某一位置,但也有在镜头前方或镜头后方的。

（3）图像尺寸

图像尺寸是指构成图像的长度和宽度,可以用像素作为单位,也可以用 cm 作为单位。

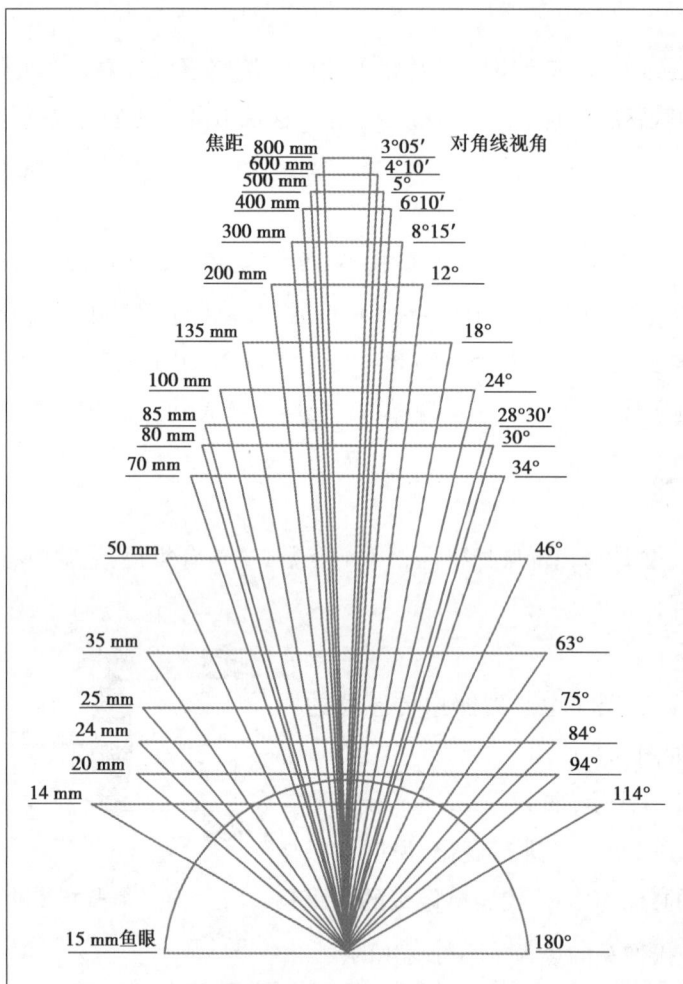

图 4.6 焦距与对角线视角示意图

图像尺寸与分辨率有关。分辨率是指单位长度中所表达或截取的像素数目,即表示每英寸图像内的像素点数,单位是像素/英寸。图像分辨率越高,像素的点密度越高,图像越清晰。

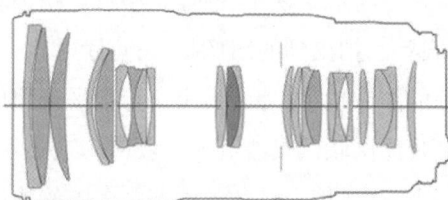

图 4.7 相机光学系统

图像的像素、尺寸和分辨率具有以下关系:

①像素相同的情况下,图像尺寸越小,单位面积内像素点越多,分辨率越大,画面看起来越清晰。这也就是为什么同一张图片,尺寸越大,画面越模糊。

②图像的分辨率越高,画面看起来越清晰。

③图像的分辨率取决于图像的像素和尺寸,像素高且尺寸小的图片分辨率大,画面看起来清晰。

④图像的像素越高,并不意味着画面越清晰,但是在同等分辨率的情况下能够显示更大尺寸的图片。

如果把英寸改为厘米单位,需要进行换算。72 像素/英寸 = 28.346 像素/厘米,300 像素/英寸 = 118.11 像素/厘米,1 厘米 = 0.3937 英寸,1 英寸 = 2.54 厘米。

(4)畸变系数

畸变系数分为径向畸变系数和切向畸变系数。径向畸变发生在相机坐标系转向物理坐标系的过程中;切向畸变产生的原因是透镜不完全平行于图像。

径向畸变就是沿着透镜半径方向分布的畸变,产生原因是光线在远离透镜中心的地方比靠近中心的地方更加弯曲,这种畸变在普通廉价的镜头中表现得更加明显。径向畸变主要包括枕形畸变和桶形畸变两种,如图 4.8 所示。

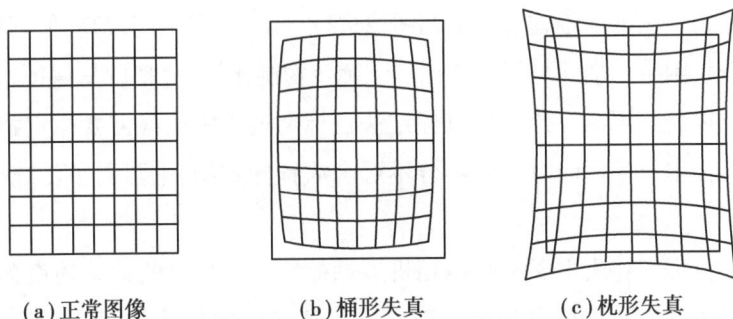

(a)正常图像　　　　　　(b)桶形失真　　　　　　(c)枕形失真

图4.8　三种失真

4.2.3　视觉传感器的标定

在图像测量过程以及机器视觉应用中,为确定空间物体表面某点的三维几何位置与其在图像中对应点之间的相互关系,必须建立相机成像的几何模型,这些几何模型参数就是相机参数。

(1)为什么要摄像机标定

进行摄像机标定的目的:求出相机的内、外参数,以及畸变参数。

标定相机后通常是想做两件事:一个是由于每个镜头的畸变程度各不相同,通过相机标定可以校正这种镜头畸变矫正畸变,生成矫正后的图像;另一个是根据获得的图像重构三维场景。

摄像机标定过程,可以简单地描述为通过标定板,可以得到 n 个对应的世界坐标三维点和对应的图像坐标二维点,这些三维点到二维点的转换都可以通过上面提到的相机内参 K,相机外参 R 和 t,以及畸变参数 D,经过一系列的矩阵变换得到。

(2)什么叫摄像机标定

在大多数条件下这些参数必须通过实验与计算才能得到,这个求解参数的过程就称之为相机标定(或摄像机标定)。

（3）为什么摄像机标定很重要

在图像测量或者机器视觉应用中，相机参数的标定都是非常关键的环节，其标定结果的精度及算法的稳定性直接影响相机工作产生结果的准确性。因此，做好相机标定是做好后续工作的前提，提高标定精度是科研工作的重点所在。

（4）摄像机标定方法有哪些

相机标定方法有：传统相机标定法、主动视觉相机标定方法、相机自标定法。

传统相机标定法需要使用尺寸已知的标定物，通过建立标定物上坐标已知的点与其图像点之间的对应关系，利用一定的算法获得相机模型的内外参数。标定物可分为三维标定物和平面型标定物。三维标定物可由单幅图像进行标定，标定精度较高，但高精密三维标定物的加工和维护较困难。平面型标定物比三维标定物制作简单，精度易保证，但标定时必须采用两幅或两幅以上的图像。传统相机标定法在标定过程中始终需要标定物，且标定物的制作精度会影响标定结果。同时有些场合不适合放置标定物，也限制了传统相机标定法的应用。

目前出现的自标定算法主要是利用相机运动的约束。相机的运动约束条件太强，使得其在实际中并不实用。利用场景约束主要是利用场景中的一些平行或者正交的信息。其中，空间平行线在相机图像平面上的交点被称为消失点，它是射影几何中一个非常重要的特征，所以很多学者研究了基于消失点的相机自标定方法。自标定方法灵活性强，可对相机进行在线定标。但由于它是基于绝对二次曲线或曲面的方法，其算法鲁棒性差。

基于主动视觉的相机标定法是指已知相机的某些运动信息对相机进行标定。该方法不需要标定物，但需要控制相机做某些特殊运动，利用这种运动的特殊性可以计算出相机内部参数。基于主动视觉的相机标定法的优点是算法简单，往往能够获得线性解，故鲁棒性较高，缺点是系统的成本高、实验设备昂贵、实验条件要求高，而且不适合于运动参数未知或无法控制的场合。

4.2.4　视觉传感器的环境感知流程

视觉传感器的环境感知流程一般包括图像采集、图像预处理、图像特征提取、图像模式识别、结果传输等。根据具体识别目标和采用的识别方法不同，感知流程也会略有差异。下面以车道偏离预警系统为例，介绍视觉传感器的感知流程。

（1）图像采集

图像采集主要是通过摄像头采集图像，如果是模拟信号，则要把模拟信号转换为数字信号，并把数字图像以一定格式表现出来。根据具体研究对象和应用场合，选择性价比高的摄像头，摄像头包括 CCD 摄像头和 CMOS 摄像头，同时要充分考虑车载的实际情况。

（2）图像预处理

图像预处理包含的内容较多，要根据具体实际情况进行选择。

①图像灰度化。视觉传感器采集的原始图像是彩色图像,即由红色(Red)、绿色(Green)、蓝色(Blue)三通道构成的图像,直接对采集到的图像进行处理时需要对每个像素点的三个颜色分量信息进行处理,需要处理的数据量很大。而灰度图像是 R = G = B 的一种特殊的彩色图像,其中 R = G = B 的值就称为灰度值。在灰度图像中,每个像素点的信息只需一个变量来表示,即灰度值(数据处理范围为 0 ~ 255),需要处理的数据量小。同时,灰度图像与彩色图像样可以完整地反映图像的色度和亮度的分布和特征。彩色图像灰度化常用方法有分量法、最大值法、平均值法等。灰度化效果如图4.9所示。

图4.9　灰度化处理

②图像压缩。图像压缩技术可以减少描述图像的数据量,以便节省图像传输、处理时间并减少所占用的存储器容量。压缩可以在不失真的前提下获得,也可以在允许失真的条件下进行。比较常用的数字图像压缩方法有基于傅里叶变换的图像压缩算法、基于离散余弦变换的图像压缩算法、基于小波变换的图像压缩算法、基于 NNT(数论变换)的图像压缩算法、基于神经网络的图像压缩算法等。

③图像增强和复原。图像增强和复原的目的是提高图像的质量,如去除噪声、提高图像的清晰度等。

图像增强技术有两类方法:空域法和频域法。空域法主要在空域内对像素灰度值直接运算处理,如图像灰度变换、直方图修正、图像空域平滑和锐化处理、伪彩色处理等;频域法就是在图像的某种变换域内,对图像的变换值进行计算,如傅里叶变换等。

图像复原技术与增强技术不同,它需要了解图像降质的原因,一般要根据图像降质过程的某些先验知识,建立降质模型,再用降质模型按照某种处理方法恢复或重建原来的图像。

④图像分割。图像分割就是把图像分成若干个特定的、具有独特性质的区域并提出感兴趣目标的技术和过程,它是图像处理和图像分析的关键步骤之一。图像分割方法主要有阈值分割法、区域分割法、边缘分割法和特定理论分割法等。

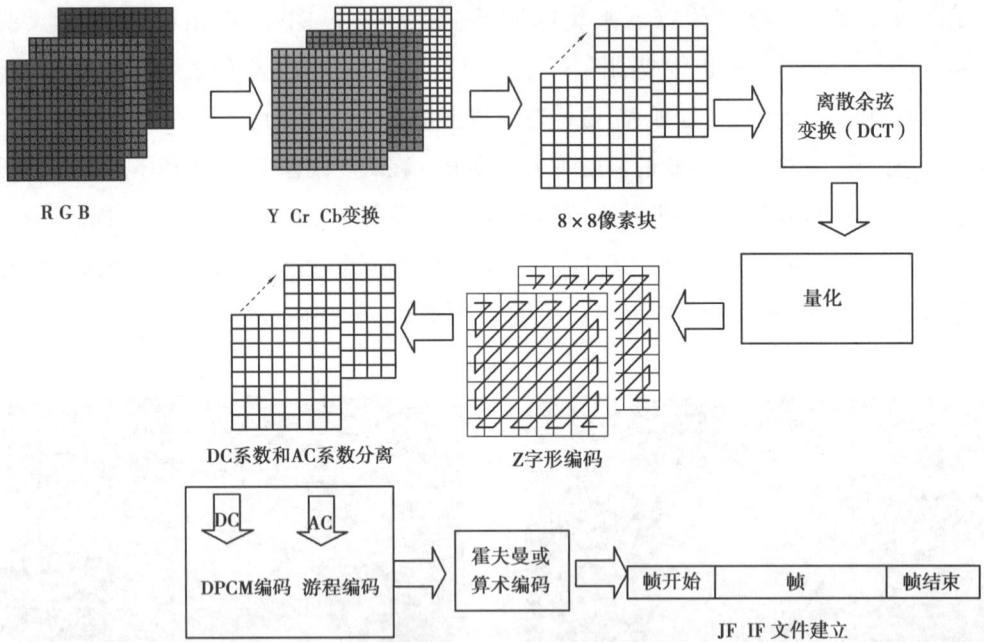

图4.10 图像压缩

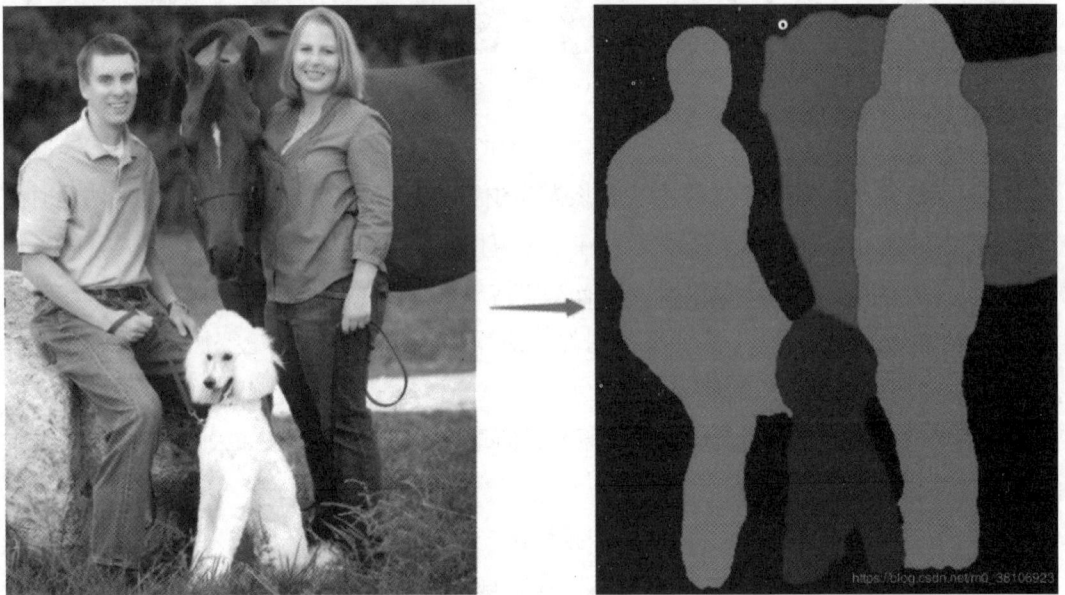

图4.11 图像分割

（3）图像特征提取

为了完成图像中目标的识别,要在图像分割的基础上提取需要的特征,并将某些特征计算、测量、分类,以便于计算机根据特征值进行图像分类和识别。

图像识别主要有以下特征:

①边缘特征。图像的边缘特征往往体现了图像属性的显著变化,主要包括场景照明的变化、深度上的不连续性、表面方向的不连续性、物体属性的变化。因此,图像边缘包含大量

信息(如物体形状、纹理等),不仅可以反映图像局部的不连续性,还可以根据图像边缘的特点将图像划分为不同的区域。在图像处理和机器视觉检测过程中,往往只对图像中能体现物体结构属性的信息感兴趣。因此,对图像进行边缘检测能保留图像的重要信息。剔除不相关信息,大大减少后续处理的计算量。常用来获取图像边缘的检测算子有 Canny 算子、Roberts 算子和 Prewitt 算子等。

②图像幅度特征。图像像素灰度值、RGB、HSI 和频谱值等表示的幅值特征是图像的最基本特征。

③直观性特征。图像的边沿、轮廓、纹理和区域等,这些都属于图像灰度的直观特征。它们的物理意义明确,提取比较容易,可以针对具体问题设计相应的提取算法。

④图像统计特征。图像统计特征主要有直方图特征、统计性特征(如均值、方差、能量、熵等)、描述像素相关性的统计特征(如自相关系数、协方差等)。

⑤图像几何特征。图像几何特征主要有面积、周长、分散度、伸长度、曲线的斜率和曲率、凸凹性、拓扑特性等。

⑥图像变换系数特征。如傅里叶变换、Hough 变换、Wavelet 变换、Gabor 变换、哈达玛变换、K-L 变换等。

此外,还有一些其他描述图像的特征,如纹理特征、三维几何结构描述特征等。

(4)图像模式识别

图像模式识别的方法很多,从图像模式识别提取的特征对象来看,图像识别方法可分为基于形状特征的识别技术、基于色彩特征的识别技术以及基于纹理特征的识别技术等。根据模式特征选择及判别决策方法的不同,图像模式识别方法可分为统计模式(决策理论)识别方法、句法(结构)模式识别方法、模糊模式识别方法和神经网络模式识别方法等。

为了减小图像识别的运算量,一般要对图像感兴趣的区域进行划分。

(5)结果传输

结果传输是指通过环境感知系统识别出的信息,传输到车辆其他控制系统或者传输到车辆周围的其他车辆,完成相应的控制功能。把车道线识别结果输入车道偏离预警系统中,可以对车道偏离进行预警。

4.2.5　车载单目视觉系统

车载单目视觉是指在汽车中仅利用一个摄像头实现视觉技术。采用车载单目视觉传感器,利用训练得到车辆、行人、障碍物识别级联分类器实时获取车辆前方的车辆、行人和障碍物,并进行跟踪以记录其运动轨迹,从而为驾驶人和行人的有效预警提供技术参考。

1）车载单目视觉系统的构成

（1）镜头

摄影机、照相机或放映机上由透镜组成的光学装置叫做镜头。镜头是集聚光线、使感光元件能获得清晰影像的结构。镜头按焦距大小可分为标准镜头、广角镜头、长焦距镜头；按变焦方式可分为固定焦距镜头、手动变焦距镜头、电动变焦距镜头；按光圈方式可分为固定光圈镜头、手动变光圈镜头、自动变光圈镜头。

（2）相机

相机是一种利用电子传感器把光学影像转换成电子数据的照相机，主要有单反相机、大/全幅相机、双反相机、微单相机、卡门相机、无反相机等。其中，无反相机是未来相机的发展方向。

（3）视频采集卡

视频采集卡也叫做视频卡，用以将模拟摄像机输出的视频或者视频与音频的混合信息转换成计算机可辨别的数字数据，成为可编辑处理的视频数据文件并存储在计算机或记忆卡中。按其用途可以分为广播级视频采集卡、专业级视频采集卡、民用级视频采集卡。

（4）计算机

车载单目视觉系统中的计算机，也就是汽车上的一个计算机，即控制模块，主要用来接收视频采集卡的数据，并对数据进行处理，然后利用简单的逻辑门与集成电路原理进行处理，以识别车辆周围的情况，并决定采取什么样的动作，让车辆按照合理的路线行进。

2）车载单目视觉系统的性能参数

（1）视场角

在光学仪器中，以光学仪器的镜头为顶点，被测目标的物像可通过镜头最大范围的两条边缘构成的夹角称为视场角。

（2）焦距

焦距是光学系统中衡量光的聚集或发散的度量方式，指平行光入射时从透镜光心到光聚集之焦点的距离。

（3）俯仰角

机体坐标系 x 轴与水平面的夹角称为俯仰角。

3）车载单目视觉系统的成像原理

照相机的镜头相当于一个凸透镜，来自物体的光经过照相机的镜头后会聚在感光元件上，成倒立、缩小的实像。传统照相机使用"胶卷"作为其记录信息的载体，而数码相机的"胶卷"就是其成像感光器件，而且是与相机一体的，是数码相机的心脏。数码相机正是使用了感光器件将光信号转变为电信号,再经模/数转换后记录在存储卡上。

4) 车载单目视觉系统的工作过程

车载单目视觉系统的工作过程总体分为图像获取、图像预处理、特征提取、目标识别四个部分。

(1)图像获取

图像获取指的是物体成像的过程,是将模拟图像转换成数字图像的过程。一般应遵循以下几点共性原则:所获取图像中的被辨识目标应尽可能清晰、直观;尽可能提高被辨识目标与整幅图像像素点的比例;图像应尽可能增强被辨识目标与背景的灰度反差;图像获取速度应能满足车辆控制的动态响应能力要求。

(2)图像预处理

图像预处理,是将每一个文字图像分检出来交给识别模块识别。图像预处理的主要目的是消除图像中无关的信息,恢复有用的真实信息,增强有关信息的可检测性和最大限度地简化数据,从而改进特征抽取、图像分割、匹配和识别的可靠性。图像预处理包括图像去噪、边缘增强、灰度拉伸、图像分割、形态学处理等。预处理技术应用是否正确,在很大程度上会影响图像识别效果。

①图像去噪。数字图像在数字化和传输过程中常受到成像设备与外部环境噪声的干扰,这种图像称为含噪图像或噪声图像。而图像去噪是指减少数字图像中噪声的过程。图像去噪可在空间域对图像像素灰度值直接进行平滑运算处理,如图 4.12 所示,常用的方法有图像平均法、邻域平均法、自适应平滑滤波、高斯滤波和中值滤波等。

图 4.12 含噪图像(左)降噪图像(右)

②边缘增强。边缘增强是将图像相邻像元(或区域)的亮度值(或色调)相差较大的边缘处(即影像色调突变地物类型的边界线)加以突出强调的技术方法。经边缘增强后的图像能更清晰地显示出不同的类别或现象的边界,或线形影像的行迹,以便于不同类型的识别及其分布范围的圈定。由于许多景物具有明显的边缘特征,所以在处理该类图像时,通常希望能突出其边缘信息,由此产生了各种边缘增强图像预处理算法。

③灰度拉伸。灰度拉伸又称为反差增强或对比度增强,是一种点处理方法,通过对灰度值的变换来实现。在一些数学图像中,感兴趣目标的灰度特征值变化范围很小,与背景灰度值难以区分。扩展感兴趣目标灰度特征的对比度,可以提高目标识别准确性。对比度增强常采用直方图锥形拉伸算法。

④图像分割。图像分割就是把图像分成若干个特定的、具有独特性质的区域并提出感兴趣目标的技术和过程。它是由图像处理到图像分析的关键步骤。现有的图像分割方法主要分以下几类:基于阈值的分割方法、基于区域的分割方法、基于边缘的分割方法以及基于特定理论的分割方法等。从数学角度来看,图像分割是将数字图像划分成互不相交的区域的过程。图像分割的过程也是一个标记过程,即把属于同一区域的像素赋予相同的编号。

⑤形态学处理。形态学处理就是改变物体的形状,比如腐蚀就是"变细",膨胀就是"变粗",这样做的好处是消除噪声;分割出独立的图像元素,在图像中连接相邻的元素;寻找图像中明显的极大值区域或者极小值区域,求出图像的梯度。

(3)特征提取

特征提取指的是使用计算机提取图像信息,决定每个图像的点是否属于一个图像特征。特征提取的结果是把图像上的点分为不同的子集,这些子集属于孤立的点、连续的曲线或者连续的区域。特征的好坏对泛化性能有至关重要的影响。对于智能车辆环境感知需要识别的物体,形状、面积、体积、颜色、运动状态、对称性、表面粗糙度、声光反射性、穿透性等常是被提取的典型特征。

(4)目标识别

目标识别是指一个特殊目标(或一种类型的目标)从其他目标(或其他类型的目标)中被区分出来的过程。它既包括两个非常相似目标的识别,也包括一种类型的目标同其他类型目标的识别。车载单目视觉系统中常用到的目标识别方法有特征匹配法、模型匹配法、学习识别法。

4.2.6 车载双目视觉系统

1)车载双目视觉系统概述

对运动物体(包括动物和人体形体)的测量中,由于图像获取是在瞬间完成的,因此立体视觉方法是一种更有效的测量方法。双目视觉系统是基于视差原理并利用成像设备从不同的位置获取被测物体的两幅图像,通过计算图像对应点间的位置偏差来获取物体立体几何信息的方法。双目视觉系统测量方法具有效率高、精度合适、系统结构简单、成本低等优点,非常适合于制造现场的在线、非接触产品检测和质量控制。图4.13所示为常用的车载双目视觉系统。

图4.13 双目摄像头系统

2)车载双目视觉系统应用

双目视觉系统目前主要应用于机器人导航、微操作系统的参数检测、三维测量,虚拟现实四大领域。

3)车载双目视觉系统的组成

车载双目视觉系统的成像过程如图4.14所示,从中可以看出,车载双目视觉系统由以下几个部分组成:

①图像采集。要求相机绝对同步,图像画质清晰,对比度高。

②图像校正。依据相机内外参数对畸变图像进行平行等位校正,获得无畸变且平行等位的左右图像。

③双目匹配。对校正后的图像进行匹配,获得视差图像,供后续算法使用。

④ADAS功能。根据视差图进行障碍物检测预警和车道线检测。

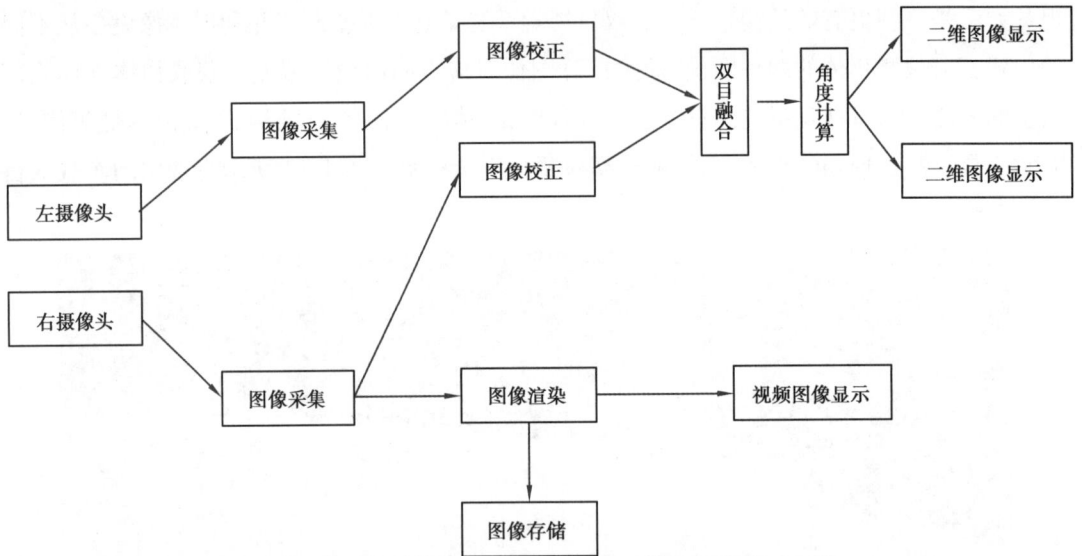

图 4.14   车载双目视觉系统的成像过程

4）车载双目视觉系统工作原理

车载双目视觉系统的摄像头的原理与人眼相似,如图 4.15 所示。人眼能够感知物体的远近,是由于两只眼睛对同一个物体呈现的图像存在差异,也称为"视差"。视差的大小对应着物体与眼睛之间距离的远近,物体距离越远,视差越小;反之,视差越大。通过对两幅图像视差的计算,直接对前方景物进行距离测量,同时也可以判断前方出现的是什么类型的障碍物。对于任何类型的障碍物,都能根据距离信息的变化,进行必要的预警或制动。

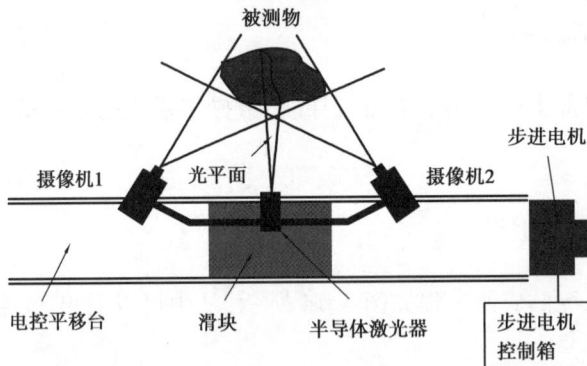

图 4.15   车载双目视觉系统的基本工作原理

5）车载双目视觉系统的工作过程

车载双目视觉系统的工作过程包括图像获取、相机标定、图像预处理和特征提取立体匹配、视频分析。

（1）系统的相机标定

在机器视觉应用中，为确定空间物体表面某点的二维几何位置与其在图像中对应点之间的相互关系，必须建立相机成像的几何模型。这些几何模型参数就是相机参数，而求解几间参数的过程称为相机标定。在大多数条件下，这些参数必须经过试验与计算才能获得，其标定结果的精度及算法的稳定性直接影响相机工作产生结果的准确性。

（2）系统的立体匹配

立体匹配是双目视觉测量中最为关键的一步。目前，立体匹配方法主要分为基于特征、基于区域、基于相位 3 类方法。其中，基于特征的立体匹配方法可用角点作为局部特征，精度较高，但仅能获得稀疏的视差图，需经插值近似处理来获得稠密视差图。基于特征的立体匹配方法缺点是插值处理计算量较大，而且特征提取易受光照、物体遮挡及物体表面纹理等影响。基于区域的立体匹配方法缺点是受图像仿射和辐射畸变的影响较大，而且约束区域的大小与形状选择对匹配结果影响较大，区域选择过小，对像素的约束较少，图像信息得不到充分利用，得到的匹配结果精度不够高；区域选择过大，在图像的深度不连续处，视差图中会出现过渡平滑现象，影响匹配精度；所以，基于区域的立体匹配方法用起来较困难。而基于相位的立体匹配方法将相位作为立体匹配的约束条件，由于空间中同一点，在左右图像中对应像点的相位是相等的，在频率范围内进行视差估计。基于相位的立体匹配方法具有受自然光照影响较小、视差图密集等优点，应用广泛。

立体匹配的步骤包括：

①以立体对象对中的一幅图像上选择与实际物理结构对应的图像特征。

②从另一幅图像中确定出同一物理结构的对应图像特征。

③确定这两个特征之间的相对位置，得到视差。

（3）系统的立体恢复

在传统光学时代中，景深是每个光学成像系统都存在的一个基本问题，而焦距、相对孔径、倍率，这些性能参数都会影响着景深。特别是在高度放大的显微成像领域，景深随倍率的增大而迅速变小，直至无法成像，因此只能分层看到物体，无法看到近与远的"纵深"影像。在完成双目立体视觉系统的摄像头标定和立体图像匹配工作以后，就可以利用多层扫描共聚焦图像合成技术，实现物体原貌的立体图形还原。

（4）系统的视频分析

视频分析技术来源于计算机视觉，是利用计算机视觉技术从图像中监测运动物体并对其进行运动分析、跟踪或识别的技术。它能够在图像及图像描述之间建立映射关系，从而使计算机能够通过图像处理和分析来理解画面中的内容，其实质是"自动分析和抽取视频源中的关键信息"。常用的方法有背景删除法和时间差分法。

①背景删除法。背景删除法是利用当前图像和背景图像进行差分处理，进而检测出运动区域的一种方法。它可以提高比较完整的运动目标特征数据，精确度和灵敏度比较高，具

有良好的性能表现。

②时间差分法。时间差分法就是利用视频图像特征,从连续得到的视频中提取所需要的动态目标信息。时间差分法的实质就是利用相邻帧图像相减来提取前景目标移动的信息。

（5）分析过程

首先系统进行背景学习,之后进入"分析"状态。如果前景出现移动物体并在设置的范围区域内,且目标物体的大小满足设置要求,系统会把该目标进行提取并跟踪,然后根据预置的算法(入侵、遗留、盗窃等)触发报警;期间如果背景出现随机景物,系统将启动预处理功能来过滤掉这些动态背景。在触发报警之前,系统具有目标识别的功能,即将提取的目标与已经建立的模型进行比对,并选择最佳的匹配。

6）车载双目视觉系统的应用

车载双目视觉系统主要应用于:目标的检测、分类及测距,多目标追踪,通行空间及场景理解。

（1）目标检测、分类及测距

目标检测,也叫做目标提取,输出被检测物的类别以及距离信息,包括车辆的 3D 信息和速度信息,是一种基于目标几何和统计特征的图像分割。它将目标的分割和识别合二为一,其准确性和实时性是整个系统的一项重要能力。尤其是在复杂场景中,需要对多个目标进行实时处理时,目标自动提取和识别就显得特别重要,如图 4.16 所示。

图 4.16　目标测距

（2）多目标追踪

多目标跟踪(Multiple Object Tracking,MOT),主要任务是给定一个图像序列,找到图像序列中运动的物体,并将不同帧的运动物体进行识别,也就是给定一个确定且准确的 id。这些运动的物体可以是任意的,如行人、车辆、各种动物等,如图 4.17 所示。

图 4.17　多目标追踪

(3)通行空间及场景理解

通行空间及场景理解是指以图像及视频为研究对象,分析什么场景(场景分类或场景识别)、场景之中有什么目标(目标检测、目标识别、场景解析)、目标之间的相互关系(场景图、视觉关系)以及如何表达场景(场景描述)的方法和技术;是系统输出的车辆可以通行的安全区域,是对红绿灯和交通标志等场景的理解。

7)车载双目视觉系统与车载单目视觉系统的差异

车载单目视觉系统需要对目标进行识别,也就是说,在测距前先识别障碍物是车、人还是别的什么,在此基础上再进行测距;而车载双目视觉系统则更加像人类的双眼,主要通过两幅图像的视差计算来确定距离。也就是说,车载双目视觉系统不需要知道障碍物是什么,只要通过计算就可以测距。

车载单目视觉系统的缺点在于需要大量数据,并且不断进行更新和维护,而且针对一些特殊地区的特殊情况,还需要不断优化。例如大草原上经常有牛羊横穿公路,那就需要更新数据,让机器知道"这是牛,那是羊",数据收集、标签的难度确实有些大。车载双目视觉系统也不是十全十美的,因为需要靠计算来进行测距,其最大的难点就在于计算量巨大,这带来的直接问题就是小型化难度很大。

4.3 视觉传感器的应用

4.3.1 视觉传感器在智能汽车上的应用

1)车道偏离预警系统

车道偏离预警系统主要由 HUD 抬头显示器、摄像头、控制器以及传感器组成,当车道偏离系统开启时,摄像头(一般安置在车身侧面或后视镜位置)会时刻采集行驶车道的标识线,通过图像处理获得汽车在当前车道中的位置参数。当检测到汽车偏离车道时,传感器会及时收集车辆数据和驾驶员的操作状态,之后由控制器发出警报信号,整个过程大约在 0.5 s 内完成,为驾驶者提供更多的反应时间。而如果驾驶者打开转向灯,正常进行变线行驶,那么车道偏离预警系统不会做出任何提示。

目前,各厂商所配备的车道偏离预警系统均是在视觉(摄像头)方式采集数据的基础上研发,在雨雪天气下或对能见度不高的路面,采集车道标识线的准确度会下降。那么为了解决这个难题,技术工程师开发了红外线传感器的采集方式,其一般安置在前保险杠两侧,并通过红外线收集信号来分析路面状况,即使在恶劣环境的路面,也能识别车道标志线,便于在任何环境的路况下均能及时提醒驾驶员汽车道路偏离状态。如图 4.18 所示为车道偏离预警系统工作示意图。

图 4.18 车道偏离预警系统工作示意图

图 4.19 车道保持辅助系统

国外车道偏离预警系统:

(1)AURORA 系统

该系统由美国卡内基梅隆大学机器人学院于 1997 年开发成功。该系统由带广角镜头的彩色摄像机、数字转换器和一个便携 SunSparc 工作站等组成。该系统通过安装在车辆一侧的视野大约为 1.5~1.6 m 区域的俯视彩色摄像机检测车辆旁边的车道标识,通过数字转换器采集摄像机的视频输出并在一个便携 SunSparc 工作站上进行处理,处理速度为 60 Hz。

（2）AutoVue 系统

该系统由 DaimlerChrysler 公司和美国的 Iteris 公司联合开发。该系统主要由一个安装在汽车内风窗玻璃后部的摄像机、两个立体音箱、一个小显示设备和控制单元等组成。该系统工作原理是通过实时监测本车在当前车道中的位置，计算本车到车道标识线距离，然后与设定的报警距离相比较，判断是否进行预警。当检测到将要发生车道偏离时，它将发出一种类似于车辆隆隆作响的声音来提醒驾驶员修正车辆位置。目前，AutoVue 系统已经在欧洲的多种货车上作为一个选件进行了装备。

（3）Mobileye_AWS 系统

该系统由总部设在荷兰的 Mobileye 公司研制。该系统利用安装在前风窗玻璃上的单个摄像机监测车道标识线，测量和监控本车与道路边界的距离。该系统的车道偏离警告模块通过检测道路边界，计算车辆相对于车道的位置和车辆的侧向运动，预测车辆将横越车道标识的时间。当该时间低于设定值时，系统触发视觉警告和声音警告，以使驾驶员对不同的危险状态做出适当的反应而减少意外事故的发生。该系统在有意识的车道偏离、制动和没有道路标识等情况下能对警告的产生进行抑制。

（4）DSS 系统（Driver Support System）

该系统由日本三菱汽车公司于 1998 年提出，并于 1999 年秋季应用于模型车上。该系统由一个安装在汽车后视镜内的小型 CCD 摄像机、一些检测车辆状态和驾驶员操作行为的传感器以及视觉和听觉警告装置组成。该系统利用由 CCD 摄像机获得的车辆前方的车道标识线、从其他传感器获得的车辆状态数据和驾驶员的操作行为等信息，判断车辆是否已经开始偏离其车道。如有必要，系统将利用视觉警告信息、听觉警告信息以及振动转向盘来提醒驾驶员小心驾驶车辆。

国内车道偏离预警系统：

（1）JLUVA-1 系统

该系统由吉林大学智能车辆课题组开发。该系统基于单目视觉的前视系统，主要由车载电源、嵌入式微机、显示设备、黑白 CCD 摄像机、数据线、音箱以及图像采集卡等组成。系统利用安装在汽车后视镜位置处的 CCD 摄像机采集汽车前方的道路图像，通过图像处理获得汽车在当前车道中位置参数。一旦检测到汽车距离自身车道白线过近、有可能偏入邻近车道而且司机并没有打转向灯时，该系统就会发出警告信息提醒司机纠正这种无意识的车道偏离，从而尽可能地减少车道偏离事故的发生。

（2）基于 DSP 技术的嵌入式车道偏离报警系统

该系统由东南大学开发，是基于单目视觉的前视系统，由模/数转化模块及解码电路模块、缓冲电路模块、媒体处理器 DSP 电路模块、编码及数/模转换电路模块等模块组成。该系统通过车载摄像头采集被跟踪车道线的模拟视频信号，经解码生成数字信号码流缓冲后送到高速媒体处理器 DSP 的视频接口，然后再由视频处理模块对数字视频信号进行车道特征值的提取,最后将处理后的视频信号送至编码及数/模转换电路输出显示。

2)车道保持辅助系统

车道保持辅助系统属于智能驾驶辅助系统中的一种,它可以在车道偏离预警系统的基础上对转向系统进行控制,使车辆保持在本车道内行驶。

如果车辆接近识别到的标记线并可能脱离行驶车道,那么该系统会通过方向盘的振动,或者是声音来提请驾驶员注意,并轻微转动方向盘修正行驶方向,使车辆处于正确的车道上;若方向盘长时间检测到无人主动干预,该系统则发出报警,用来提醒驾驶人员。如图4.19所示。

3)前方碰撞预警系统

据调查研究,在所有已知的交通事故中,追尾事故占到了总数的1/3。因此,沃尔沃汽车公司在解决汽车追尾碰撞问题上推出了新的带自动制动功能的碰撞警示系统(Collision Warning with Auto Brake)。这种新系统可以最大可能地降低碰撞时的车速,减少对碰撞中双方乘员的伤害风险。如图4.20所示。

与沃尔沃公司于2006年推出的基于雷达的带制动辅助功能的碰撞警示系统相比,新的带自动制动功能的碰撞警示系统在技术水平上又上了一个台阶,它基于雷达和摄像头来检测前方的车辆。该警示系统使用了Data Fusion(数据融合)技术,把雷达和摄像头获得的信息结合分析后能更有效地发挥作用。当碰撞事故临近时,信息的准确性足以实现汽车自动判断和自动制动。系统设定在雷达和摄像头共同确认情况危急时才启用自动制动。

如果带警示系统的车辆逼近前车而司机没有留意时,位于风挡玻璃上的红色报警灯会闪烁并发出声响,提醒司机采取行动。如果发出警示后碰撞的风险仍然在增加,制动支持功能会被激活。刹车片能缩短响应时间,预充液压增强制动压力,确保司机在没用力踩刹车的情况下也能实现有效制动。如果司机没有实施制动而系统发现碰撞即将发生,制动器将被激活。

自动制动功能的作用是尽可能地降低碰撞速度,从而减少两车乘员的受伤概率。举例来说,如果把碰撞速度从60 km/h降低到50 km/h,撞击力就会减少大约30%,这足以决定乘员是受轻伤还是重伤。在有些情况下,自动制动功能甚至可以协助完全避免碰撞的发生。

4)行人碰撞预警系统

行人碰撞预警系统通过不断分析车辆前方区域来探测是否将与行车道中或正朝行车道行进的行人发生碰撞。当车速不超过设定车速(如60 km/h)时,一旦系统识别到这种危险情况,系统便会与雷达传感器一并向驾驶员发出警告,同时还会触发紧急制动。这一系统就是被称作带自动制动功能的碰撞警示系统(CWAB),它使用雷达和摄像头探测汽车前方的行人。

图 4.20 前方碰撞预警系统

如果汽车接近行人,前风挡玻璃上首先会亮起红色警示灯,同时鸣响警报声提醒驾驶者。如果碰撞危险进一步增加,辅助紧急制动系统开始作用,减小制动衬块和制动盘之间的距离以缩短制动时间,同时还会增加制动液压,即使驾驶者没有用力踩制动踏板也能进行最有效的制动。如果车辆仍未制动,而系统认为即将发生碰撞,汽车会进行自动制动,最大限度地降低车速。

5)交通标志识别系统

交通标志是道路基础设施的重要组成部分,它们为道路使用者提供了关键信息,并要求驾驶员及时调整驾驶行为,以确保遵守道路安全规定。如果没有交通标志,可能会发生更多的事故,因为司机无法获知最高安全速度是多少,也不了解道路状况,比如急转弯、学校路口等。当然,自动驾驶车辆也必须遵守交通法规,因此需要识别和理解交通标志。基于视觉传感器的交通识别系统利用视觉传感器检测限速道路交通标志,显示标志内容,提醒驾驶员注意。

6)疲劳驾驶预警系统

疲劳驾驶预警系统(BAWS)是基于驾驶员生理图像反应,由 ECU 和摄像头两大模块组成,利用驾驶员的面部特征、眼部信号、头部运动性等推断驾驶员的疲劳状态,并进行报警提示和采取相应措施的装置。

(1)疲劳识别系统

疲劳识别系统(它从驾驶开始时便对驾驶员的操作行为进行记录)能够通过识别长途旅行中驾驶操作的变化对驾驶员的疲劳程度进行判断。驾驶员转向操作频率变低,并伴随轻微但急骤的转向动作以保持行驶方向是驾驶精力不集中的典型表现。根据以上动作的出现频率,并综合诸如旅途长度、转向灯使用情况、驾驶时间等其他参数,系统对驾驶员的疲劳程度进行计算和鉴别。如果计算结果超过某一定值,仪表盘上就会闪烁一个咖啡杯的图案,提示驾驶员需要休息。驾驶员疲劳识别系统将驾驶员注意力集中程度作为衡量驾驶员驾驶状态的重要考虑因素,以致力于道路安全性的提高。此外,只要打开疲劳识别系统,无论系统是否进行监测,系统每隔 4 小时都会提醒驾驶员需要休息了。

（2）注意力辅助系统（attention assist）

注意力辅助系统会不断侦测驾驶员的行车方式。车辆上有 71 个传感器在 80～180 km/h 车速范围内检测纵向和横向加速度的方向盘和踏板传感器,系统可以感知到驾驶员正在疲劳驾驶之后提示应当适当休息。

（3）驾驶员安全警告系统

此外,驾驶员安全警告系统在车辆进入容易使司机进入放松状态的笔直、平坦的道路,容易使司机分神和打盹的环境,以及当车速超过 65 km/h,均会被激活。驾驶员安全警告系统由一个摄像头、若干传感器和一个控制单元组成。摄像头装在风挡玻璃和车内后视镜之间,不断测量汽车与车道标志之间的距离,通过数字摄像机发出的信号以及来自方向盘运动的数据监测车辆行驶的路线。该系统可把异常行驶状况和驾驶人的正常驾驶风格进行对比,控制单元储存该信息并计算是否有失去对汽车控制的危险。如果检测到驾驶人的驾驶行为有疲态或分心的迹象出现,评估的结果是高风险时,即通过声音信号向司机发出警示。此外,在仪表盘上还显示一段文字信息,用一个咖啡杯的符号提示司机休息。

7）车载红外系统

夜间行驶的事故概率很大,因为在黑暗中人们的视野受到了一定影响。但汽车技术的飞速发展,会让夜间驾驶变得更轻松。

一些汽车制造商正在开发这种让夜间驾驶变得更轻松的夜视系统。

宝马公司利用在热感成像相机上的成像来提高夜间行驶中的安全性。

热感成像相机在黑夜中可以探测到车辆前方的人、动物和一些物体,其另一项功能是将发生的图像增加亮度,然后将增亮的图像传送到控制中心显示。

尽管夜视仪显示屏上的成像并不清晰,但是通过捕捉热放射体的方式使得成像的明暗对比非常鲜明,因而也更容易鉴别前方的危险。除了黑夜,它也是对付大雾的一个好方法。

夜视系统对驾驶者的好处是当在其非公路驾驶、通过狭窄的小路、进入黑暗的地下车库时,显著提升了驾驶舒适性。红外技术使用了热感相机利用人、动物、物体发出的温度,提高了成像清晰度。

红外夜视系统有意地没有呈现出交通状况的全部细节,换句话说,无关紧要的细节被删除了,避免过多分散司机的注意力。

4.3.2 视觉传感器发展

随着智能驾驶、自动驾驶等相关概念的深入人心,技术方面的成熟正在快速推动 ADAS 市场的发展。而在 ADAS 辅助驾驶中,摄像头是实现汽车感知功能的主要传感器(一般会辅以毫米波雷达、激光雷达、超声波雷达等)。目前,大部分 ADAS 配置 5 ~ 8 个摄像头,随着 ADAS 的不断升级以及向自动驾驶的演进,某些高端车型将配置 10 个以上的摄像头。譬如特斯拉用了 9 个摄像头,蔚来 ET7 用了 11 个摄像头。

根据法国市场研究公司 Yole 预测,2023 年全球平均每辆汽车搭载摄像头将从 2018 年的 1.7 颗增加至 3 颗,但距离完整 ADAS 系统所需的摄像头数仍有差距。车载镜头作为车载摄像头的核心组成部分,未来市场空间巨大。2019 年全球车载镜头市场销量为 17 589 万件,2016—2019 年的年均复合增长率为 29.09%。预计 2023 年全球车载镜头销量和市场金额将分别达到 20 450 万件和 13.53 亿美元。

ICVTank 数据显示,2019 年全球车载摄像头市场规模为 112 亿美元,中国市场规模为 47 亿元。随着 ADAS 和自动驾驶的逐步深入,单车所需搭载摄像头的数量不断增加,预计到 2025 年全球车载摄像头市场规模将达到 270 亿美元,中国车载摄像头市场规模有望突破 230 亿元。

随着汽车智能化的发展,摄像头作为主要传感器,其未来有更广阔的前景。

ADAS 视觉方案主要包括车载摄像头模组、芯片、软件算法。摄像头模组主要被国外龙头垄断,但是国内企业在摄像头镜头方面已经突破。舜宇光学从 2012 年至今车载摄像头镜头的出货量始终排名第一,占有率达到 30% 以上。ADAS 摄像头的芯片多数被国外垄断,主要供应商有瑞萨电子(Renesas Electronics)、意法半导体(ST)、飞思卡尔(Free scale)、亚德诺(ADI)、德州仪器(TI)、恩智浦(NXP)、富士通(Fujitsu)、赛灵思(Xilinx)、英伟达(NVIDIA)等。算法领域,近几年国内成立了很多 ADAS 视觉算法公司,如北京地平线、中科慧眼、苏州智华、上海纵目科技、深圳前向启创等。

车载 ADAS 摄像头模组需要定制化开发。为了适应车辆全天候全天时的需要,一般要满足在明暗反差过大的场合(进出隧道),很好平衡图像中过亮或太暗部分(宽动态);对光线比较灵敏(高感光)。同时为了避免给芯片带来太大压力,车载 ADAS 摄像头并不是一味追逐高像素。摄像头由镜头和 CMOS 传感器组成。其中,CMOS 传感器主要由索尼、三星、豪威科技(OV)等国际巨头供应。

镜头方面,国内企业有明显优势。根据 TSR 的调研报告,2015 年全球摄像头镜头厂商中,大立光电出货量第一,占 34.5%;舜宇光学出货量第二,占 9.4%。而在车载摄像头镜头这一细分领域,舜宇光学从 2012 年至今出货量始终排名第一,占有率达到 30% 以上。其产品涵盖了车载摄像头镜头的各个领域,包括前视、后视、内视(驾驶员监控/手势识别)、环视、智能后视镜等,2016 年全新宝马 7 系中的镜头都来源于舜宇光学。

模组封装方面,车载摄像头模组的单价约 200 ~ 240 元,是手机摄像头模组的 5 ~ 6 倍。车载摄像头模组高的原因有三个:

①机身是用铝合金压铸而成,材料费较高;

②由于需要良好的散热性,抑制电磁干扰,以及形状上良好的热稳定性,所以镜头用玻璃而非塑料;

③出于安全需求,汽车摄像头要求使用寿命往往在 10 年以上,手机摄像头一般仅需 3 ~ 4 年。

目前车载摄像头的主要供应商为 Panasonic、Sony、Valeo 等国外厂商。国内的手机摄像头模组厂商也在积极拓展车载摄像头业务,如欧菲光的车载摄像头已于 2017 年上半年实现量产。

4.4 实训任务

视觉传感器的实训任务见《传感器应用与信号控制实训手册》任务四:视觉感知实训台的认知,以及任务五:视觉传感器原理及实训。

4.5 本章小结

本章从视觉传感器的定义、特点、产品及对应相关技术参数为读者进行介绍。视觉传感器主要由光源、镜头、图像传感器、数模转换器、图像处理器、图像存储器等组成,其主要功能是获取足够的机器视觉系统要处理的原始图像。图像传感器的技术指标主要有像素、帧率、靶面尺寸、感光度和信噪比。进行摄像机标定的目的:求出相机的内、外参数,以及畸变参数。相机参数的标定是非常关键的环节,其标定结果的精度及算法的稳定性直接影响相机工作产生结果的准确性。因此,做好相机标定是做好后续工作的前提,提高标定精度是科研工作的重点所在。相机标定方法有:传统相机标定法、主动视觉相机标定方法、相机自标定法。视觉传感器广泛应用于车道偏离预警系统、车道保持辅助系统、行人碰撞预警系统、疲劳驾驶预警系统等。通过实训任务,掌握摄像头的安装标定方法,掌握视觉传感器的安装调试及车道线检测方法等。

习　题

一、选择题

1. 传感器技术有(　　)大类。

A. 6　　　　　　　　B. 7　　　　　　　　C. 5　　　　　　　　D. 8

2. 对于环视和后视,一般采用(　　)以上的广角摄像头。

A. 135°　　　　　　B. 140°　　　　　　C. 120°　　　　　　D. 100°

3. 环视摄像头一般至少包括(　　)个鱼眼摄像头。

A. 5　　　　　　　　B. 4　　　　　　　　C. 6　　　　　　　　D. 3

4. 视觉传感器按所采用的摄像头感光技术可分为(　　)类。

A. 3　　　　　　　　B. 4　　　　　　　　C. 5　　　　　　　　D. 6

5. 车载单目视觉系统由(　　)部分构成。

A. 6　　　　　　　　B. 5　　　　　　　　C. 4　　　　　　　　D. 3

6. 前视主视野三目摄像头,最远感知距离是(　　)m。

A. 150　　　　　　　B. 120　　　　　　　C. 100　　　　　　　D. 200

7. 摄像头安全等级要求有(　　)(多选)。

A. 温度要求　　　　B. 防磁防震　　　　C. 较长的寿命　　　D. 较小的体积

8. 根据镜头和布置方式的不同,视觉传感器主要有(　　)。(多选)

A. 单目摄像头　　　B. 双目摄像头　　　C. 三目摄像头　　　D. 环视摄像头

9. 图像传感器的技术指标主要有(　　)。(多选)

A. 像素　　　　　　B. 帧率　　　　　　C. 感光度　　　　　D. 信噪比

10. 相机的内部参数有(　　)。(多选)

A. 焦距　　　　　　B. 光学中心　　　　C. 图像尺寸　　　　D. 像素

11. 车载单目视觉系统的工作过程总体分为(　　)。(多选)

A. 图像获取　　　　B. 图像预处理　　　C. 特征提取　　　　D. 目标识别

12. 车载摄像头要保证在复杂环境下的运动路况环境下也能采集到稳定的数据。它的功能要求包括(　　)。(多选)

A. 高动态　　　　　B. 角度要求　　　　C. 精度要求　　　　D. 像素要求

13. 摄像头安全等级要求有(　　)。(多选)

A. 温度要求　　　　B. 防磁防震　　　　C. 较长的寿命　　　D. 较小的体积

14. 图像传感器的技术指标主要有(　　)。(多选)

A. 像素　　　　　　B. 帧率　　　　　　C. 感光度　　　　　D. 信噪比

二、填空题

1. 目前车上搭载的车载摄像头根据安装位置主要分为前视摄像头、环视摄像头、_____、侧视摄像头以及内置摄像头五种类别。

2. 图像增强技术有两类方法：_____。

3. 视觉传感器主要由_____、镜头、图像传感器、数模转换器、图像处理器、图像存储器等组成，其主要功能是获取足够的机器视觉系统要处理的原始图像。

4. 图像分割方法主要有_____、区域分割法、边缘分割法和特定理论分割法等。

5. 单目摄像头的优点有成本低廉、能够识别具体障碍物的种类、算法成熟度高、_____。

6. 摄像机标定方法有传统相机标定法、主动视觉相机标定方法、_____。

7. CCD 技术可直接将光学信号转换为数字电信号，实现图像的获取、存储、传输、处理和复现。其特点是_____、质量轻、功耗小、工作电压低、性能稳定。

8. 镜头是集聚光线、使感光元件能获得清晰影像的结构，按焦距大小可分为标准镜头、广角镜头、_____。

9. 车载单目视觉系统的工作过程总体分为图像获取、图像预处理、特征提取、_____。

10. 相比于 CCD，CMOS 虽然成像质量不如 CCD，但是 CMOS 因为耗电小（仅为 CCD 芯片的 1/10 左右）体积小、质量轻、集成度高、_____而迅速得到各大厂商的青睐。

11. 图像尺寸是指构成图像的_____，可以用像素作为单位，也可以用 cm 作为单位。

12. 图像传感器的技术指标主要有_____、帧率、靶面尺寸、感光度和信噪比。

13. 相机的内部参数有_____、光学中心和图像尺寸。

三、判断题

1. 可见光是人类乃至大部分生物天然感知的波段。　　　　　　　　　　（　　）

2. 视觉传感器在视野范围内可同时实现车道线检测、车辆检测、行人检测、交通标志位检测、交通信号灯检测等，信息获取量大。当多辆智能网联汽车同时工作时，会出现相互干扰的现象。　　　　　　　　　　　　　　　　　　　　　　　（　　）

3. 根据镜头的不同，视觉传感器主要有：单目摄像头、双目摄像头、三目摄像头和环视摄像头。　　　　　　　　　　　　　　　　　　　　　　　　　　　（　　）

4. COMS 图像传感器拥有较高的灵敏度、较短的曝光时间和日渐缩小的像素尺寸，且拥有较大的动态范围，同时其自适应动态范围大、功耗低。　　　　　　　（　　）

5. 信噪比的典型值为 45 ~ 55 dB。若为 50 dB，则图像没有噪声，但图像质量良好；若为 60 dB，则图像质量优良，有少量噪声。信噪比越小，说明对噪声的控制越好。（　　）

6. 像素相同的情况下，图像尺寸越小，单位面积内像素点越多，分辨率越大，画面看起来

越清晰。 　　　　　　　　　　　　　　　　　　　　　　　　　　（　　）

7.相机的内部参数是与相机自身特性相关的参数,主要有焦距、光学中心、图像尺寸和畸变系数等。 　　　　　　　　　　　　　　　　　　　　　　　　　（　　）

8.在光学仪器中,以光学仪器的镜头为顶点,被测目标的物像可通过镜头的最大范围的两条边缘构成的夹角称为视场角。 　　　　　　　　　　　　　　　　　　（　　）

9.图像分割就是把图像分成若干个特定的、具有独特性质的区域并提出感兴趣目标的技术和过程,它是图像处理和图像分析的关键步骤之一。图像分割方法主要有阈值分割法、区域分割法、边缘分割法和平均值法等。 　　　　　　　　　　　　　　　（　　）

10.各厂商所配备的车道偏离预警系统均基于视觉(摄像头)方式采集数据的基础上研发,但它们在雨雪天气或能见度不高的路面时,采集车道标识线的准确度会下降 。 （　　）

11.CCD 是一种用电荷量表示信号大小,用耦合方式传输信号的探测元件,具有自扫描、感受波普范围宽、畸变大、体积小、质量轻、系统噪声低、功耗小、寿命长、可靠性高等一系列优点,并可做成集成度非常高的组合件。 　　　　　　　　　　　　　　　（　　）

12.COMS 成像原理:利用硅和锗这两种元素做成半导体,使其在 COMS 上共存带负电的 N 极半导体和带正电的 P 极半导体,这两个互补效应产生的电流即可被处理芯片记录和解读成图像。 　　　　　　　　　　　　　　　　　　　　　　　（　　）

四、简答题

1.为什么车载视觉传感器认证要求高?

2.简述单目摄像头的优缺点。

3.简述双目摄像头工作原理。

4.720×480 代表什么?

5.为什么摄像机标定很重要?

6.图像增强技术有哪两类方法?

7.图像的像素、尺寸和分辨率具有什么样的关系?

五、问答题

1.CCD 与 CMOS 的主要差异与出现这种差异的原因分别是什么?

2.车道偏离预警系统具体指什么?

3.什么是边缘特征? 如何提取?

第 5 章　激光雷达

学习目标

通过本章的学习,学生能够了解什么是激光雷达,掌握其定义及特点,清楚激光雷达对比其余雷达的优点以及缺点,熟悉激光雷达的具体分类及分类原理,掌握不同类型的激光雷达的组成、其基本工作原理以及激光雷达的标定,了解激光雷达的常见市场产品,认识不同产品的激光雷达,熟悉激光雷达的具体技术参数,清楚激光雷达的应用场景以及未来发展。在实训任务中,掌握激光雷达的安装调试、标定以及数据分析方法。

教学要求

知识要点	能力要求
认识激光雷达	掌握激光雷达的定义、分类原理及类型,了解其优缺点,认识市场上常见的激光雷达产品
激光雷达的组成及工作原理	熟悉激光雷达的具体组成及测距原理,掌握其技术参数,了解激光雷达的标定
激光雷达的应用	清楚不同激光雷达的具体应用场景以及激光雷达的未来发展方向
激光雷达实训任务	掌握激光雷达的安装调试、标定以及数据分析方法

导入案例

谷歌无人驾驶汽车车顶上的"大花盆",你熟悉吗? 谷歌无人驾驶汽车如图 5.1 所示。

图 5.1　谷歌无人驾驶汽车

2007 年 11 月 3 日,6 辆汽车创造了历史,它们成功地在模拟城市环境的测试场完成了自动驾驶测试,全程都没有违反当地的交通法规。值得一提的是,这 6 辆车里,有 5 辆都搭载了新型激光雷达传感器。

眼下,大多数自动驾驶汽车都会搭载三类传感器:摄像头、雷达和激光雷达。不过每个类型的传感器都有自己的"长矛"和"软肋"。举例来说,摄像头能捕捉高清晰度的彩色照片,但它没有测距能力,在测量远距离物体的速度上也不能胜任。雷达测距和测速能力都不错,最近几年其成本也在不断走低。不过由于它使用的是无线电波,因此在远距离情况下雷达细节不足。激光雷达则兼顾了上述两款传感器的优势。激光雷达测距能力非常强悍,有些激光雷达也有测速能力。同时,其分辨率也比其他雷达要高,这就意味着它能侦测到更小的物体,并且分辨出这些物体是行人、摩托车或是垃圾堆。与摄像头不同的是,激光雷达在任何光线条件下效果都不错。

5.1　认识激光雷达

5.1.1　激光雷达的定义

激光是原子(分子)系统受激辐射的光放大,是利用物质受激辐射原理和光放大过程产生出来的一种具有高亮度、高方向性的单色性和相干性的光。激光具有方向性好、单色性好、相干性好、能力集中、亮度最高等特性。激光雷达如图5.2所示。

图5.2　激光雷达

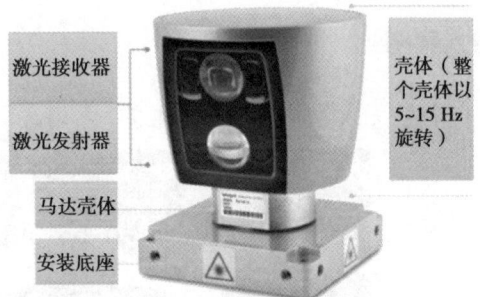

激光接收器
激光发射器
马达壳体
安装底座
壳体(整个壳体以5~15 Hz旋转)

图5.3　机械式激光雷达

激光雷达是激光探测及测距系统的简称,是一种以激光器为发射光源,采用光电探测手段的主动遥感设备。激光雷达是工作在光波频段的雷达,它利用光波频段的电磁波先向目标发射探测信号,然后将其接收到的同波信号与发射信号相比较,从而获取目标的位置(距离、方位和高度)、运动状态(速度、姿态)等信息,实现对目标的探测、跟踪和识别。

车载激光雷达普遍采用多个激光发射器和接收器,建立三维点云图,从而达到实时环境感知的目的。

5.1.2　激光雷达的特点

激光雷达是当前无人驾驶汽车必备的传感器之一。

1）**激光雷达的优点**

① 探测范围广：探测距离可达 300 m 以上。

② 分辨率高：激光雷达可以获得极高的距离、速度和角度分辨率。通常，激光雷达的距离分辨率可达 0.1 m；速度分辨率能达到 10 m/s 以内；角度分辨率不低于 0.1 mard，也就是说，可以分辨 3 km 距离内相距 0.3 m 的两个目标，并可同时跟踪多个目标。

③ 信息量丰富：可直接获取探测目标的距离、角度、反射强度、速度等信息，生成目标多维度图像。

④ 可全天候工作：激光主动探测，不依赖于外界光照条件或目标本身的辐射特性，它只需发射自己的激光束，通过探测发射激光束的回波信号来获取目标信息。

⑤ 抗干扰能力强：自然界中存在诸多干扰电磁波的信号和物质，这也是为什么普通雷达容易被外界干扰，而激光不同，在自然界中很少有对激光产生干扰的信号，因此激光雷达具有较强的抗干扰能力。

⑥ 波长短：光和电磁波一样有自己的波长，而波长越短，走的线路越直，绕过障碍物的能力也越弱。毫米波雷达发射的电磁波长为 1～10 mm，而目前主流的激光雷达发射的激光波长为 905 nm 和 1 550 nm。激光的优势在于聚焦，很长的距离上都不会发散。

⑦ 具有三维建模功能：利用激光雷达设备采集的原始点云数据，逆向建立能真实反映建筑物外观与内在形状的三维模型，对于无法采集数据的隐蔽性工程根据设计图纸进行正向建模。

2）**激光雷达的不足**

① 与毫米波雷达相比，产品体积大，成本高。

② 不易识别交通标志和交通信号灯。

5.1.3　激光雷达类型

激光雷达是集激光、全球定位系统（GPS）和 IMU（惯性测量装置）三种技术于一身的系统，相比普通雷达，激光雷达具有分辨率高、隐蔽性好、抗干扰能力更强等优势。随着科技的不断发展，目前激光雷达广泛应用在测绘、气象监测、安防、自动驾驶等领域。且大部分人认为，激光雷达是自动驾驶不可或缺的关键传感器。目前市面上可见的车载激光雷达，基本都是机械式，其典型特征即为拥有机械部件，会旋转，比如 Velodyne 著名的大花盆 HDL64。当然也有混合固态激光雷达，即外面的激光发射器不转了，但里面仍有激光发射器进行旋转的种类。

根据结构，激光雷达分为机械式激光雷达、固态激光雷达和混合固态激光雷达。

1）机械式激光雷达

机械激光雷达，是指其发射系统和接收系统存在宏观意义上的转动，也就是通过不断旋转发射头，将速度更快、发射更准的激光从"线"变成"面"，并在竖直方向上排布多束激光，形成多个面，达到动态扫描并动态接收信息的目的，一般置于汽车顶部。

以 Velodyne 生产的第一代机械激光雷达（HDL-64E）为例，竖直排列的激光发射器呈不同角度向外发射，实现垂直角度的覆盖，同时在高速旋转的马达壳体带动下，实现水平角度360°全覆盖。因此，HDL-64E 在汽车行驶过程中，就一直处于360°旋转状态中。

机械式激光雷达如图5.3所示。

因为带有机械旋转机构，所以机械激光雷达外表上最大的特点就是自己会转，个头较大。

如今机械激光雷达技术相对成熟，但价格昂贵，暂时给主机厂量产的可能性较低；同时存在光路调试、装配复杂，生产周期漫长，机械旋转部件在行车环境下的可靠性不高，难以符合车规的严苛要求等缺点。

当前的激光雷达市场，机械旋转式方案占据着绝对的统治地位。目前除了美国Quanergy 以外，各大主流的激光雷达供应商都是以机械旋转式的产品线为主，并以此为基础不断推进更高线数产品的迭代。比如做激光雷达起步最早、规模最大的 Velodyne，主攻的就是机械激光雷达，其机械激光雷达目前可做到128线，性能非常强悍。

2）固态激光雷达

相比于机械式激光雷达，固态激光雷达结构上最大的特点就是没有了旋转部件，个头相对较小，故可安装于车体内。

固态激光雷达的优点包括数据采集速度快，分辨率高，对于温度和振动的适应性强；通过波束控制，探测点（点云）可以任意分布，例如在高速公路主要扫描前方远处，对于侧面稀疏扫描但并不完全忽略，在十字路口加强侧面扫描。而只能匀速旋转的机械式激光雷达是无法执行这种精细操作的。

3）混合固态激光雷达

机械式激光雷达在工作时，发射系统和接收系统会一直360°旋转，而混合固态激光雷达工作时，单从外观上是看不到旋转的，其巧妙之处是将机械旋转部件做得更加小巧并深深地隐藏在外壳之中，采用嵌入式安装。

业内普遍认为，混合固态激光雷达指用半导体"微动"器件（如 MEMS 扫描镜）来代替宏观机械式扫描器，在微观尺度上实现雷达发射端的激光扫描方式。MEMS 扫描镜是一种硅基半导体元器件，属于固态电子元件；但是 MEMS 扫描镜并不"安分"，内部集成了"可动"的微型镜面;由此可见 MEMS 扫描镜兼具"固态"和"运动"两种属性,故称为"混合固态"。

对于激光雷达来说,MEMS 最大的价值在于:原本为了机械式激光雷达实现扫描,必须使激光发射器转动;而 MEMS 微机电系统可以直接在硅基芯片上集成体积十分精巧的微振镜,由可以旋转的微振镜来反射激光器的光线,从而实现扫描。

根据线束数量的多少,激光雷达又可分为单线束激光雷达与多线束激光雷达。单线束激光雷达即 2D 激光雷达,多线束激光雷达分为 2.5D 和 3D 激光雷达。

(1)2D 激光雷达

单线束激光雷达扫描一次只产生一条扫描线,其获得的数据为 2D 数据,只在平面上扫描,结构简单、测距速度快、系统稳定可靠。但二维激光雷达无法完成复杂路面地形环境,重建行驶环境时容易出现数据失真和虚报等现象。

(2)2.5D 激光雷达

2.5D 激光雷达和 3D 激光雷达最大的区别在于激光雷达垂直视野的范围,前者垂直视野范围一般不超过 10°,后者可达到 30°甚至 40°以上。

(3)3D 激光雷达

3D 激光雷达可以获得环境的深度信息,准确发现障碍物,构建可行驶区域,在丰富的点云数据上可获得包括车道、路沿等道路要素,还可获得非结构化道路的障碍物和可行驶区域,行驶环境中行人和车辆,交通信号灯和交通标志等其他丰富信息。单线束和多线束激光雷达特点对比见表 5.1。

表 5.1　单线束和多线束激光雷达特点对比

名称	维度	作用	特征
单线激光雷达	2D	只测车的信息,并不注重对路面和环境信息采集	测距速度快,数据处理量少
		获取数据为 2D 数据,无法区别高度信息,精度为±4 cm	多应用于安全防护领域、地形测绘、城市建筑测量等
多线激光雷达	2.5D	主要分别测量路面和环境信息	垂直视角较小,范围在 8°以内
		用最实用的方案提取最有效的信息,精度±5 cm	安装位置在进气格栅处左右 40 cm 左右
	3D	主要分别测量路面和环境信息	垂直视角较大,可达到 30°以上
		环境建立,持续反馈,精度为±2 m	安装位置可以在车顶、挡风玻璃等位置

5.1.4　激光雷达产品

激光雷达是当前价值量最高的车载环境监测传感器。当前环境监测传感器主要包括车载摄像头、超声波雷达、毫米波雷达、激光雷达等。出于结构设计、器件成本、良品率与一致性、研发投入、车规及可量产性等多方面因素，当前激光雷达单车价值仍远高于其他传感器件。

由于激光雷达领域竞争激烈，所以各制造商也在竭尽所能地革新各自的雷达产品，同时激光雷达市场也充斥着并购行为。相应的，汽车制造商和一级零部件供应商也在如何部署和为哪些应用部署激光雷达的问题上存在重大分歧。

下列是部分国内外知名激光雷达公司的最新产品列举：

（1）Velodyne

最新产品：Alpha Prime，如图5.4所示。

产品介绍：Alpha Prime 提供视野、范围和图像清晰度组合，与 Velodyne 激光雷达相配合可为自动驾驶提供最佳的远程传感器。

Alpha Prime 的范围、图像清晰度和视野的组合能够可靠和精确地检测道路物体，并且这种最先进的传感器在各种光照条件下都能产生高质量的感知，具有先进的传感器间干扰抑制、电源效率和热性能。同时，Alpha Prime 提供对低反射率物体（如轮胎碎片、深色车辆、沥青和行人）的远程检测，可在包括城市和高速公路环境在内的广泛环境中实现自主操作。

（2）北醒

最新产品：Horn-X2，如图5.5所示。

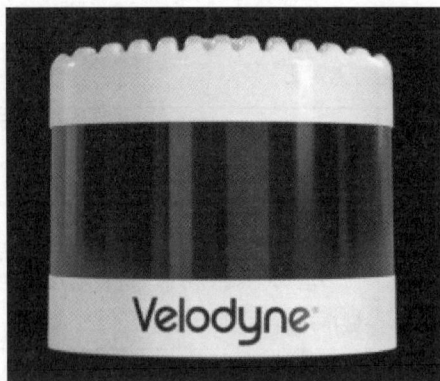

图5.4　Alpha Prime

图5.5　Horn-X2 示意图

产品介绍：得益于选用先进的1 550 nm 波段和光机收发系统的整体优化，Horn-X2 拥有300 m 甚至更远的有效量程，同时超宽视场角使得 Horn-X2 在大场景下也能应付自如，算法友好，结果更可靠，不需要多台拼接来弥补视场角不足的问题。Horn-X2 拥有极小的角分辨率对很小的物体依然能够进行辨别和监测。

产品经过了严苛的专业测试，在大部分恶劣环境下均可稳定工作，可广泛应用于自动驾驶及车路协同、轨道交通、智慧民航、智慧航运等大交通领域。

（3）禾赛

最新产品：Pandar 128，如图5.6所示。

产品介绍:HESAI Pandar128 是最新一代的机械激光雷达。该 LiDAR 基于以往的卓越性能,具有专为自动驾驶应用量身定制的独特通道分布和出色的测量范围。超高分辨率和主动抗干扰带来的是图像级的点云表现,可以有效检测道路上物体、行人的位置和距离,机身紧凑轻巧,使其能应对城市、高速公路等情境。

(4)Innoviz

最新产品:InnovizOne,如图 5.7 所示。

图 5.6　Pandar 128

图 5.7　InnovizOne

产品介绍:InnovizOne 是一款固态 LiDAR 传感器,专为需要汽车级、可批量生产的解决方案来实现自主的汽车制造商和自动驾驶出租车、班车和送货公司而设计。

这款汽车级传感器专为坚固耐用、价格实惠、可靠、低功耗、轻便、高性能且可无缝集成到 3 ~ 5 级自动驾驶汽车而打造,以确保乘客和行人的安全。

在 5G+AI 趋势下,未来将是一个万物互联的世界,激光雷达作为"机器设备之眼",将适应 3D 感知和交互需求大幅提升的趋势,迎来快速成长机遇。

5.2　激光雷达组成与工作原理

早些年,传统激光雷达多用于工业安全检测和军事防卫,但随着消费市场中无人驾驶和机器人的日益兴起,激光雷达(激光测距传感器)技术的应用也成为投资者和技术专家眼中的香饽饽。今天我们就来聊聊现下大热的激光雷达究竟使用了哪些核心技术。雪佛兰 Bolts 如图 5.8 所示。

5.2.1　激光雷达的组成

激光雷达由激光发射系统、光电接受系统、信号采集处理系统、控制系统等组成。激光雷达的工作原理与雷达非常相近,它以激光作为信号源,由激光器发射出的脉冲激光打到目标上引起散射,一部分光波会反射到激光雷达的接收器上。激光雷达系统的组成如图 5.9 所示。

图 5.8　雪佛兰 Bolts

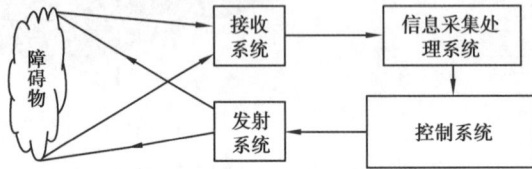

图 5.9　激光雷达系统的组成

　　激光雷达发射系统主要负责向障碍物发出激光信号,主要由激光器、导入与合束系统、对准监测系统、扩束系统、库德光路系统和快速反射镜组成。

　　激光雷达接收系统主要负责接收经障碍物反射之后回来的激光信息,主要由接收光学系统、光电探测器、放大器(前置放大器、主放大器)等组成。在接收体制上可分为相干接收和直接非相干接收。前者接收灵敏度高,但系统复杂。采用最多的还是直接探测系统。

　　激光扫描器如图 5.10 所示。

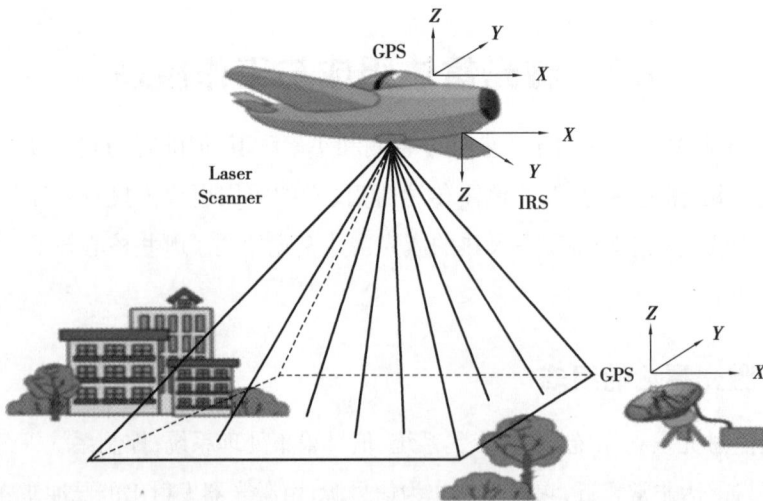

图 5.10　激光扫描器图示

激光雷达信号采集处理系统主要负责将接收回来的信号进行处理,使它能够符合下一级系统的要求,它是激光雷达系统最关键的环节,将直接影响激光雷达系统的测量精度。

接收信号经过放大处理和数模转换,经由信息处理模板计算,获取目标表面形态、物理属性等特性,最终建立物体模型。

激光雷达控制系统的主要作用是提供信号并且对接收的信号进行数据处理。要完成对传动机构、激光器、扫描机构及各信号处理电路的同步协调与控制,又要对接收器送出的信号进行处理,根据这些信号计算出目标物体的距离信息。成像激光雷达还要完成系统三维图像数据的录取、产生、处理、重构等任务。

激光雷达硬件的核心是激光器和探测器。激光器是能发射激光的装置,按工作介质可分为气体激光器、固体激光器、半导体激光器和染料激光器 4 大类。近来还发展了自由电子激光器,大功率激光器通常都是脉冲式输出。

探测器是能接收光学信号的装置。光电探测器的工作原理是基于光电效应,热探测器基于材料吸收了光辐射能量后温度升高,从而改变了它的电学性能,它区别于光子探测器的最大特点是对光辐射的波长无选择性。

软件的核心是信号的处理算法。目前,激光雷达的终端信息处理系统设计采用主要采用大规模集成电路和计算机完成。其中,测距单元可利用 FPGA(FPGA:Field Programmable Gate Array),是在 PAL、GAL 等可编程器件的基础上进一步发展的产物。它是作为专用集成电路(ASIC)领域中的一种半定制电路而出现的,既解决了定制电路的不足,又克服了原有可编程器件门电路数有限的缺点。在高精度激光雷达中还需采用精密测时技术。对于成像激光雷达来说,系统还需要解决图像行的非线性扫描修正、幅度或距离图像显示等技术。回波信号的幅度量化采用模拟延时线和高速运算放大器组成峰值保持器,采用高速 AD 完成幅度量化。图像数据采集由高速 DSP 完成,图像处理及三维显示可由工业控制计算机完成。

不同类型的激光雷达,其组成是有一定差异的。

例如 MEMS 阵镜激光雷达,MEMS 微振镜摆脱了笨重的马达、多发射/接收模组等机械运动装置,毫米级尺寸的微振镜大大减小了激光雷达的尺寸,提高了稳定性。

5.2.2　激光雷达的测距原理

激光雷达是通过测算激光发射信号与激光回波信号的往返时间,从而计算出目标的距离。首先,激光雷达发出激光束,激光束碰到障碍物后被反射回来,被激光接收系统进行接收和处理,从而得知激光从发射至被反射回来并接收之间的时间,即激光的飞行时间。根据飞行时间,可以计算出障碍物的距离。

根据所发射激光信号的不同形式,激光测距方法有脉冲测距法、干涉测距法和相位测距法等。

1)脉冲测距法

用脉冲法测量距离时,首先激光器发出一个光脉冲,同时设定的计数器开始计数,接收系统接收到经过障碍物反射回来的光脉冲时停止计数。计数器所记录的时间就是光冲从发射到接收所用的时间。光速是一个固定值,所以只要得到发射到接收所用的时间可以算出所要测量的距离。设 c 为光在空气中传播的速度,$c=3\times10^8$ m/s,光脉冲从发射到接收的时间为 t,则待测距离为 $L=ct/2$。

脉冲式激光测距所测得距离比较远,发射功率较高,一般从几瓦到几十瓦不等,最大射程可达几十千米。脉冲激光测距的关键之一是对激光飞行时间的精确测量。激光脉冲测量的精度和分辨率与发射信号带宽或处理后的脉冲宽度有关,脉冲越窄,性能越好。

脉冲法激光的测距原理如图 5.11 所示。

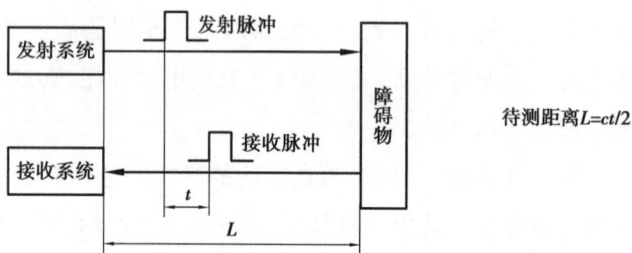

图 5.11　脉冲法激光的测距原理

2)干涉测距法

干涉测距法是利用光波的干涉特性而实现距离测量的方法。根据干涉原理,产生干涉现象的条件是两列有相同频率、相同振动方向的光相互叠加,并且这两列光的相位差固定。

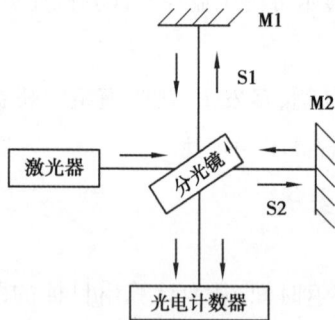

图 5.12　干涉测距法的测距原理

激光器发射出一束激光,通过分光镜分为两束相干光波,两束光波各自经过反射镜 M_1 和 M_2 反射回来,在分光镜处又汇合到一起。由于两束光波的路程差不同,通过干涉后形成的明暗条纹也不同,因此传感器将干涉条纹转换为电信号之后就可以实现测距。干涉法测距技术虽然已经很成熟,并且测量精度较高,但是它一般是用在测量距离的变化中,不能直接用它测量距离,所以干涉测距一般应用于干涉仪、测振仪、陀螺仪中。

干涉测距法的测距原理如图 5.12 所示。

3)相位测距法

相位法激光的测距原理是利用发射波和返回波之间形成的相位差来测量距离的。首先,经过调制的频率通过发射系统发出一个正弦波的光束,然后通过接收系统接收经过障碍物之后反射回来的激光。只要求出这两束光波之间的相位差,便可通过此相位差计算出待测距离。

激光从发射到接收的时间为

$$t = \frac{\Delta\varphi}{\omega} = \frac{\Delta\varphi}{2\pi f} \tag{5.1}$$

式中,t 为激光从发射到接收的时间,$\Delta\varphi$ 为发射波和返回波之间的相位差,ω 为正弦波角频率,f 为正弦波频率。

待测距离为

$$L = \frac{1}{2}ct = \frac{c\Delta\varphi}{4\pi f} \tag{5.2}$$

相位测距法因其精度高、体积小、结构简单、昼夜可用的优点,被公认为是最有发展潜力的距离测量技术。相比于其他类型的测距方法,相位测距法朝着小型化、高稳定性、方便与其他仪器集成的方向发展。

相位测距法的测距原理如图 5.13 所示。

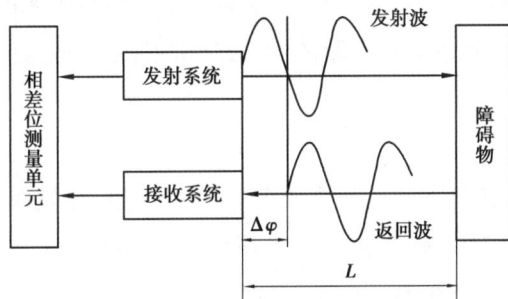

图 5.13　相位测距法的测距原理

5.2.3　激光雷达的技术参数

激光雷达的主要参数有很多:探测距离、距离分辨率、测距精度、测距帧频、数据采样率、视场角(垂直+水平)、角分辨率、激光的波长、出点数、线束、安全等级、输出参数、IP 防护等级、功率、供电电压、激光发射方式(机械/固态)、使用寿命等。实际应用中,使用者感受最深的有六大参数:探测距离、测距精度、线束、视场角(垂直+水平)、角分辨率、出点数。

1)探测距离

在众多的参数中,探测距离可能是最重要的一项。探测距离指的是传感器能探测到物体的最远距离。这在很大程度上取决于激光源的功率。功率越高,探测物体的距离就越远,但允许的最大激光功率受人眼安全规定的限制。决定探测距离的其他因素包括激光雷达参数(如激光器类型和孔径大小)和反射对象的特性(如尺寸、距离、反射率、漫反射或镜面反射)以及天气和温度等外部影响。例如白色反射体大约为 70% 反射率,黑色反射体为 7% ~

20%反射率。

2) **距离分辨率**

距离分辨率是指两个目标物体可区分的最小距离。

3) **测距精度**

测距精度是指探测距离的精确度,一般以厘米计。探测精度越高,3D景深刻画得越准。

4) **测距帧频**

测量帧频与摄像头的帧频概念相同,激光雷达成像刷新帧频会影响激光雷达的响应速度,刷新率越高,响应速度越快。

5) **数据采样率**

数据采样率是指每秒输出的数据点数,等于帧率乘以单幅图像的点云数目,通常数据采样率会影响成像的分辨率,特别是在远距离,点云越密集,目标成像就越精细。

6) **视场角**(**水平+垂直**)

视场角是激光雷达传感器覆盖的角度或者是激光雷达信号发射的角度。

机械式激光雷达能够360°旋转,所以水平视场角是360°。固态激光雷达的水平视场角会小一些,水平视场角越大,能够探测的范围越广。

垂直视场角只对多线束激光雷达有用,是指最上面一束激光和最下面一束激光形成的夹角。

水平视场角如图5.14所示。

垂直视场角的视野一般偏向地下一些,比如水平为0°,那么向上15°,向下25°,这样垂直视场角就是40°,如图5.15所示。这样的好处是能够让车辆更多地探测到地面车辆和行人。

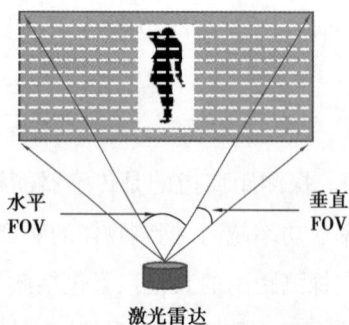

图5.14　水平视场角

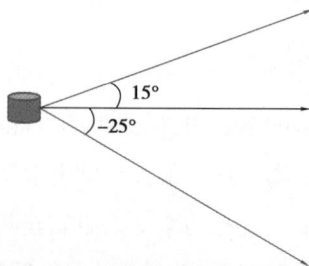

图5.15　垂直视场角

7）**角度分辨率**

角度分辨率是指扫描的角度分辨率,等于视场角除以该方向所采集的点云数目,因此本参数与数据采样率直接相关。

8）**波长**

激光雷达所采用的激光波长会影响雷达的环境适应性和对人眼的安全性。

9）**线束**

激光雷达分为单线束和多线束。

单线束激光雷达只有一个激光发射器,随着雷达转动形成一条水平扫描线,所以只能检测前方有没有障碍物。

多线激光雷达在垂直方向有多个激光发射器,随着雷达转动形成多条水平扫描线,这样就能够扫描一个平面。

10）**出点数**

出点数也叫周期采集点数,举个例子,一个 64 线的激光雷达,水平视场角是 120°,水平分辨率在 10 Hz 的扫描频率下是 0.2°。

激光一次打出 64 个点,扫描一次 120° 能打出 $64 \times 120/0.2 = 38\ 400$ 个点,1 秒扫描 10 次,一共有 384 000 个点。而出点数越多,扫描的效果就越好。

5.2.4　激光雷达与其他雷达的对比

安装于车上的各式各样的传感器,在第一时间收集车内外的环境数据,进行静、动态物体的辨识、侦测与追踪等技术上的处理,从而能够让驾驶者在最短的时间内察觉可能发生的危险,以引起注意和提高安全性。汽车在向高级辅助驾驶、自动驾驶演进过程中,机器的自动/辅助驾驶功能逐渐替代人的主动性,完成环境感知、计算分析、控制执行的一系列程序。汽车自动/辅助驾驶系统所用到传感器主要包括毫米波雷达、超声波传感器、摄像头、激光雷达等。

不同传感器的原理、功能各不相同,在不同的使用场景里发挥各自优势,难以互相替代。

毫米波雷达不受天气情况影响,探测距离远,在车载测距领域性价比最高,但难以识别行人、交通标志等。

摄像头成本低,最大优势在于对物体的识别功能,是车道偏离预警、交通标志识别等功能必不可少的传感器,但是具有依赖光线、在极端天气下会失效、难以精确测距等缺点。

激光雷达探测精度最高,可用于实时建立空间三维地图,是谷歌、百度等无人驾驶车的主要传感器,但是成本高昂且在雨雪大雾天气下效果不好的劣势同样突出。

红外线技术成熟,一般用于短距离防碰撞系统,尚不能满足长距离的精度要求,多用于倒车雷达等。超声波雷达有成本低廉但是探测距离近,倒车提醒等短距离测距领域优势明显。

不同传感器的不同优缺点见表1.10。

5.2.5 激光雷达的标定

激光雷达作为自动驾驶的主要传感器之一,在感知、定位方面发挥着重要作用。同摄像头一样,激光雷达在使用之前也需要对其内外参数进行标定。内参标定指的是其内部激光发射器坐标系与雷达自身坐标系的转换关系,在出厂之前已经标定完成,可以直接使用。自动驾驶系统需要进行的是外参标定,即激光雷达自身坐标系与车体坐标系的关系。

激光雷达与车体为刚性连接,两者间的相对姿态和位移固定不变。为了建立激光雷达之间以及激光雷达与车辆之间的相对坐标关系,需要对激光雷达的安装进行标定,并使激光雷达数据从激光雷达坐标系统转换至车体坐标系上。以VelodyneVLP-16激光雷达为例,该激光雷达以正上方为z轴,电缆线接口方向为y轴的负方向,通过右手法则来确定x轴方向。

激光雷达坐标系如图5.16所示。

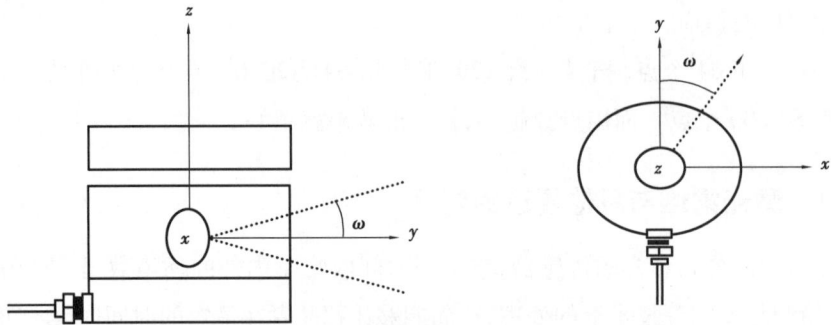

图5.16 激光雷达坐标系

车体坐标系以车辆后轴中心为坐标原点,垂直地面向上为z轴,朝前为x轴,按照右手坐标系,确定坐标系y轴方向。两个三维空间直角坐标系之间的转换关系可以用旋转矩阵加平移矩阵来表示。如图5.17车体坐标系与激光雷达坐标系所示,P点在O_{xyz}坐标系下的坐标为$P(x,y,z)$,在$O_{x'y'z'}$标系下的坐标为$P'(x',y',z')$。P'点和P点的坐标转换关系可以表示为:

$$\begin{pmatrix} x \\ y \\ z \end{pmatrix} = R\begin{pmatrix} x' \\ y' \\ z' \end{pmatrix} + T \tag{5.3}$$

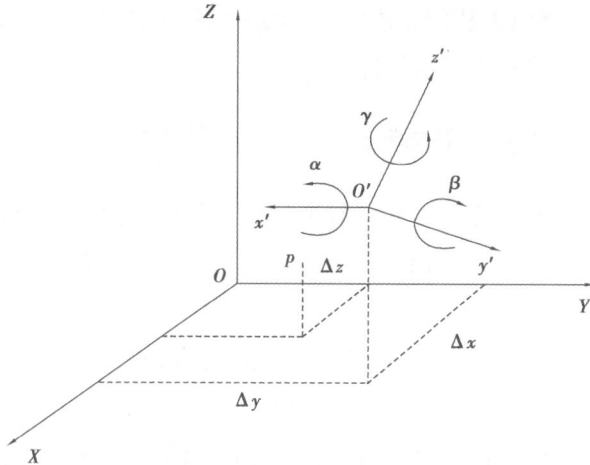

图 5.17　车体坐标系与激光雷达坐标系

　　可见,如果知道了 α、β、γ 三个角度以及 x、y、z 三个平移量,就可以求得两个坐标系的旋转、平移矩阵,实现坐标转换。这 6 个物理量分别代表旋转和平移,易于理解和检验标定结果是否正确。当然,直接测量这些物理量可能会有困难,为此进一步推导坐标转换方程,可得

$$
\begin{pmatrix} x \\ y \\ z \\ 1 \end{pmatrix} = \begin{pmatrix} \cos\beta\cos\gamma & \cos\alpha\cos\gamma - \cos\gamma\sin\alpha\sin\beta & \sin\alpha\sin\gamma + \cos\alpha\cos\gamma\cos\beta & \Delta x \\ -\cos\beta\sin\gamma & \cos\alpha\cos\gamma + \sin\alpha\sin\beta\sin\gamma & \cos\alpha\sin\beta\sin\gamma & \Delta y \\ -\sin\beta & -\cos\alpha\sin\alpha & \cos\alpha\cos\beta & \Delta z \\ 0 & 0 & 0 & 1 \end{pmatrix} \begin{pmatrix} x' \\ y' \\ z' \\ 1 \end{pmatrix}
$$

$$(5.4)$$

　　令 H 等于式(5.4)中的转化矩阵,那么标定的目的可以看成获取矩阵 H 中的 6 个参数。通过实验采集同一个点在两个坐标系下的真实坐标,即同名点,建立一系列的方程组,可以求出这 16 个未知参数。

　　在自动驾驶汽车上,通常需要将激光雷达与惯性导航单元(IMU)坐标系进行标定,来建立激光雷达与车体坐标系之间的关系。激光雷达与车体之间的外参是感知系统建立环境模型的重要参数之一,不准确的外参会对感知系统及规划和决策系统产生负面影响。尽管激光雷达与车体之间的外参可以通过测量得到,但为了获得更精确的外参信息,自动驾驶工程师会在自动驾驶汽车出厂之后对二者进行标定。国外有学者将反光带覆盖在固定于平坦地面的垂直杆上,通过不同的航向角在极点周围驾驶车辆来收集数据,使用顺序二次规划的方法来估计激光雷达的外参。

　　在自动驾驶汽车中,已经越来越多地使用激光雷达与 IMU 相融合来进行定位。激光雷达与 IMU 之间的外参标定,除了能够建立激光雷达与车体之间的关系,还可应用于车辆定位。激光雷达与 IMU 可以一起为车辆提供精确的姿态估计。IMU 可快速测量车体的运动状态,但随着时间的推移,IMU 的定位误差会不断累积,导致位置的测量发生漂移。激光雷达

能够通过激光光束精确测量出从传感器到物体的距离和方位角的位置,与 IMU 的定位信息相结合,能够为车辆提供高精度的定位信息。

1)激光雷达与激光雷达之间的外参标定

对自动驾驶汽车来说,有时会存在多个激光雷达的情况,每一个激光雷达获取的外部环境都必须准确地映射到车体坐标系下。因此,当存在多个激光雷达时,需要对多个激光雷达的相对位置进行标定和校准。

激光雷达之间的外参标定有多种思路,其中较为常用的是通过不同激光雷达与车体之间的坐标转换关系来间接推导出激光雷达之间的坐标转换关系。

目前提出了一种应用在移动车辆平台上的自动在线的过激光雷达标定方法。该方法设定一条标定路线,让车辆沿着这条线行驶,进行自标定。作者受到激光雷达-摄像头外参标定的启发,在标定路线上的垂直杆上贴上反光带作为特征点,以这些特征点建立外参的约束条件,进行标定。

2)激光雷达与摄像机的标定

在自动驾驶车辆上,激光雷达与无人驾驶汽车为刚性连接,两者间的相对姿态和位移固定不变,因此,激光雷达扫描获得的数据点,在环境坐标系中有唯一的位置坐标与之对应。同样,摄像机在环境坐标系中也有一个位移的位置坐标,因此,激光雷达与摄像机之间存在着固定的坐标转换。激光雷达与摄像机的联合标定,就是通过提取标定物在单线激光雷达和图像上的对应特征点,完成单线激光雷达坐标、摄像机坐标、图像像素坐标等多个传感器坐标的统一,实现激光雷达与摄像机的空间校准。

当完成摄像机外参标定、激光雷达外参标定之后,二者之间的关系其实就可以完全确定,激光雷达扫描点可投影到图像像素坐标系。

当摄像头与激光雷达同时观察点 P 时,点 P 在摄像头自身环境坐标中的坐标为 $P_{vc}(x_{vc}, y_{vc}, z_{vc})$,在摄像机图像的像素坐标系下的投影坐标为 $U=(u,v,l)^T$,在激光雷达坐标系下的坐标为 $P_1(x_1,y_1,z_1)$。

设激光雷达-摄像头的转换关系为 $[R^* \mid T^*]$,则激光点云中的扫描点 (x_1,y_1,z_1) 在图像像素坐标系中的坐标 (u,v) 可通过以下方式算出:

$$\begin{pmatrix} u \\ v \\ 1 \end{pmatrix} = K\left(R^* \begin{pmatrix} x_i \\ y_i \\ z_i \end{pmatrix} + T^* \right) \tag{5.5}$$

其中,$K = \begin{pmatrix} f_x & 0 & u_0 \\ 0 & f_y & v_0 \\ 0 & 0 & 1 \end{pmatrix}$ 为摄像头的内参矩阵。

由式(5.5)进行变换可得

$$R^* \begin{pmatrix} x_i \\ y_i \\ z_i \end{pmatrix} + T^* = K^{-1} \begin{pmatrix} u \\ v \\ 1 \end{pmatrix} \tag{5.6}$$

激光雷达与摄像头的标定,就是去求解式(5.6)中的$[R^* \mid T^*]$。

易知,$[R^* \mid T^*]$共有 12 个参数需要求解,因此理论上至少需要 4 组激光雷达的对应点才能得到结果。为了提高精度,一般在标定过程中使对应点的数量 $n>4$,使用最小二乘法进行求解。

激光雷达与摄像机的外参标定是学术界研究的热点问题。目前的标定方法主要分为两个流派:使用标定目标(标定板或标定块)的标定方法与自标定方法。使用标定板来进行标定的典型方法(R. Unnikrishnan and M. Hebert,2005;G. Pandey,J. McBride,S. Savarese and R. Eustice,2010;F. M. Mirzaei,D. G. Kottas and S. I. Roumelitics . 2012)不少。2005 年,R. Unnikrishnan 开创了使用黑白棋盘的激光雷达-摄像机外参标定方法,逐渐引出了各种各样的标定方法。然而 R. Unnikrishnan 的方法需要人工的介入,需要选择关键点来进行标定,因此在自动驾驶中往往只用于激光雷达的出厂标定。在 2018 年,LipuZhou 等人提出了基于线和平板的自动外参标定方法,相比前人的方法,该算法在实现更高精度的同时,所需要的信息更少,对自动驾驶汽车来说,有着广泛的应用。

Lipu Zhou 使用一块黑白标定板,在摄像机图像中使用边界分割来找到标定板的边界,在激光雷达点云中使用 RANSAC 算法找到标定板扫描线的边界,通过这两个边界来建立激光雷达与摄像机之间位置关系的约束。图像和点云如图 5.18 所示。

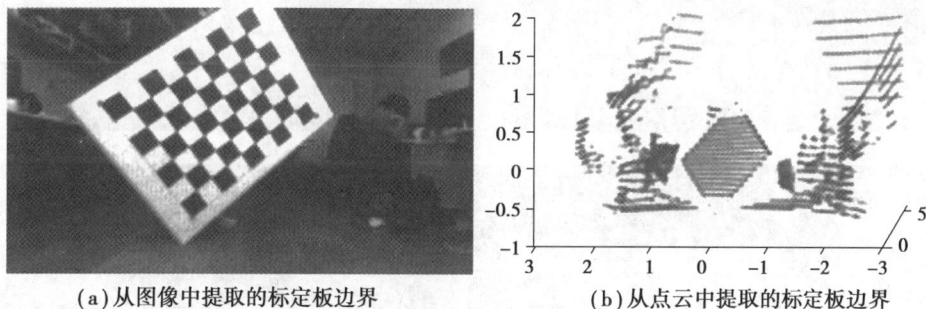

(a)从图像中提取的标定板边界　　　　(b)从点云中提取的标定板边界

图 5.18　从图像和点云中提取出的标定板边界

在点云中,扫描到标定板上的线,对应于图像中的一条极线,且激光雷达扫描到的标定板与摄像机坐标系下的标定板平行,这样可以建立起激光雷达坐标系-摄像机坐标系的左边转换关系方程式,通过最小二乘法来求解出外参。

除棋盘标定板之外,还可以使用带孔洞的标定板来进行标定,如文献(Carlos Guindel,2017)中,就采用带有四个圆形孔洞的标定板来进行标定。扫描图如图 5.19 所示。

基于标定目标的标定方法大多属于离线标定(offine),当我们在室外时,可以采用自标定的方法来进行在线标定。随着计算机视觉的发展,近几年越来越多地出现了基于特征表达的在线自标定算法,如 G. Pandey(2014)、Z. Taylor and J. Nieto(2012)等基于激光反射值互信息(mutual information)的在线标定方法、J. Castorena(2016)基于结构光边缘对准的在线标定方法,J. Levison and S. Thrun(2013)、S. Bileschi(2009)基于密度图的在线标定方法,都是目前在线标定方法的翘楚。基于激光反射值互信息的在线标定方式如图5.20所示。

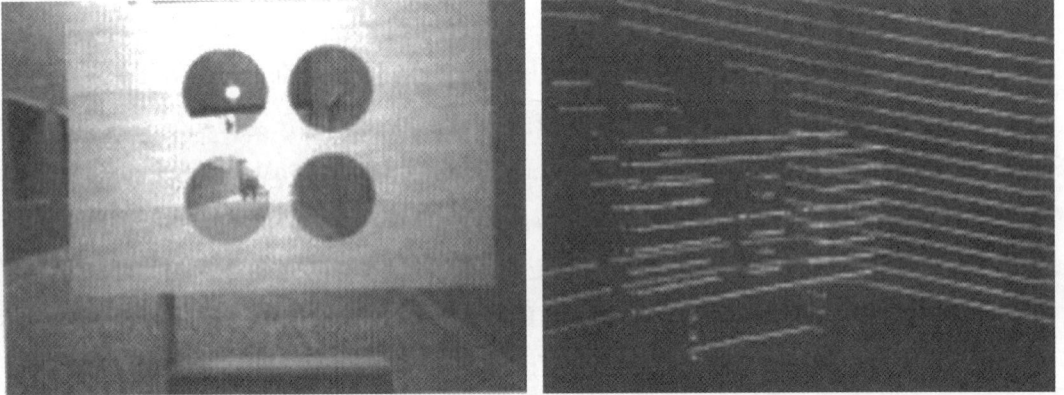

图5.19　带有四个孔洞的标定板与其激光点云扫描图

图5.20　基于激光反射值互信息的在线标定方式

5.3　激光雷达的应用

在电影《速度与激情8》中，大反派查理兹·塞隆为了抢夺核武器发射装置，用高科技侵入汽车智能驾驶系统，使得上千辆无人汽车组成了一支庞大的"僵尸车"军团，在街头拦截俄罗斯国防部长的专车，汽车巨浪在街头汹涌前进，画面震撼，如图 5.21 所示。

图 5.21　"速度与激情 8"电影画面

那智能驾驶究竟怎样实现的呢？

5.3.1　激光雷达在智能汽车上的应用

1）激光雷达的应用

想要实现智能驾驶，简单地说，就是给常规车加上智能驾驶模块，再连接通信网络。这个模块主要有三大核心功能：环境感知—计算决策—控制执行，分别对应于人的"眼睛""大脑""神经"。

它们的功能执行逻辑也很简单，非常像人类：走在路上，首先眼睛发现对面走来了一个人，然后大脑去决策怎么躲避这个人，最后是神经驱动肢体去绕开这个人。

智能汽车的眼睛主要是由摄像头、激光雷达、高精度地图、GPS 定位等构成，主要负责收集车身周边信息，确定车辆的位置。

智能汽车的大脑是在收到了眼睛传来的数据信息后，通过计算芯片+感知算法去识别交通状况，然后分析计算出最优的路线。

智能汽车的神经是基于大脑给出的决策结果，对制动系统、转向系统、电机系统等下达指令，控制车辆运行状态，执行驾驶路线。

表 5.2　激光雷达有望成为高级别自动驾驶汽车标配

主要传感器	Level 1	Level 2	Level 3	Level 4	Level 5
	数量(个)	数量(个)	数量(个)	数量(个)	数量(个)
超声波雷达	6	8	8	8	8
摄像头	1	3	3	3	3
长距毫米波雷达	1	1	1	1	1
环视摄像头		4	4	4	4
短距毫米波雷达			4	4	4
激光雷达			1	2	4
驾驶员监测摄像头			1	1	1
GPS 惯导系统				1	1
红外夜视				1	1
动态视觉摄像头				1	1

2）不同类型的激光雷达具体实际应用

少线束激光雷达主要应用于智能网联汽车 ADAS,如奥迪 A8L 安装的 4 线束激光雷达,其可自适应巡航控制系统、车道偏离预警系统、自动紧急制动系统、交通拥堵辅助系统等。

多线束激光雷达主要用于无人驾驶,具有高精度电子地图和定位、障碍物识别、可通行空间检测、障碍物轨迹预测等功能。奥迪 A8L 安装的 4 线束激光雷达如图 5.22 所示。

图 5.22　奥迪 A8L 安装的 4 线束激光雷达

L4 级和 L5 级的智能网联汽车必须使用多线束激光雷达,360°发射激光,从而达到 360°扫描,获取车辆周围行驶区域的三维点云,通过比较连续感知的点云、物体的差异检测周边物体的运动,由此创建一定范围内的 3D 地图。

激光雷达获取的三维点云图如图 5.23 所示。

图 5.23　激光雷达获取的三维点云图

3）无人驾驶汽车的精准定位和路径跟踪必须依靠激光雷达和高精度地图

自动驾驶在近几年兴起的人工智能革命中逐渐成为最热门的研究领域之一,而基于高精度地图的自动驾驶技术路线已经被业界普遍认为是实现 L4 级、L5 级自动驾驶的可靠解决方案,这主要是因为高精度地图可以为自动驾驶车辆提供先验的地图信息,在高精定位、环境感知、路径规划以及仿真实验中都发挥着重要作用。

高精度地图通常有厘米级的精度要求,因此具有测量精度高、探测范围广等优点的三维激光雷达常被用于制作高精度地图的初始地图模板,即点云地图。

（1）SLAM 技术

SLAM 是 Simultaneous Localization and Mapping 的缩写,中文译作"即时定位与地图构建"。SLAM 是指搭载特定传感器的主体,在没有环境先验信息的情况下,于运动过程中建立环境的模型,同时估计自己的运动。如果这里的传感器为相机,则为"视觉 SLAM";如果传感器为激光雷达,则为"激光 SLAM"。

SLAM 包含了感知、定位、建图这三个过程。

①感知。感知是指通过传感器获取周围的环境信息。

②定位。定位是指通过传感器获取的当前和历史信息,推测出自身的位置和姿态。

③建图。建图是指根据自身的位姿以及传感器获取的信息,描绘出自身所处环境的样貌。

感知是 SLAM 的必要条件,只有感知到周围环境的信息才能够可靠地进行定位以及地图构建。定位和建图则是两个相互依赖的过程:定位依赖于已知的地图信息,建图依赖于可靠的定位。当然,定位和建图的数据必然包含了感知到的自己的相对位移以及对位移的修正。

SLAM 基本上可以分为前端和后端两个部分。前端主要处理传感器获取的数据,并将其转化为相对位姿或其他交通参与者可以理解的形式；后端则主要处理最有估计的问题，即位姿、地图等的最优估计。

经历了 30 余年的发展，SLAM 技术已日益成熟，如勇气号火星探测车，为了执行任务，借助 SLAM 技术在无法实时遥控的未知行星上来进行导航与避障。如今，SLAM 技术已广泛应用于民用场所，小到家庭中的扫地机，大到无人驾驶的汽车都应用了 SLAM 技术，以及在 AR 及 VR 领域均有 SLAM 技术的身影。标准的 SLAM 系统如图 5.24 所示。

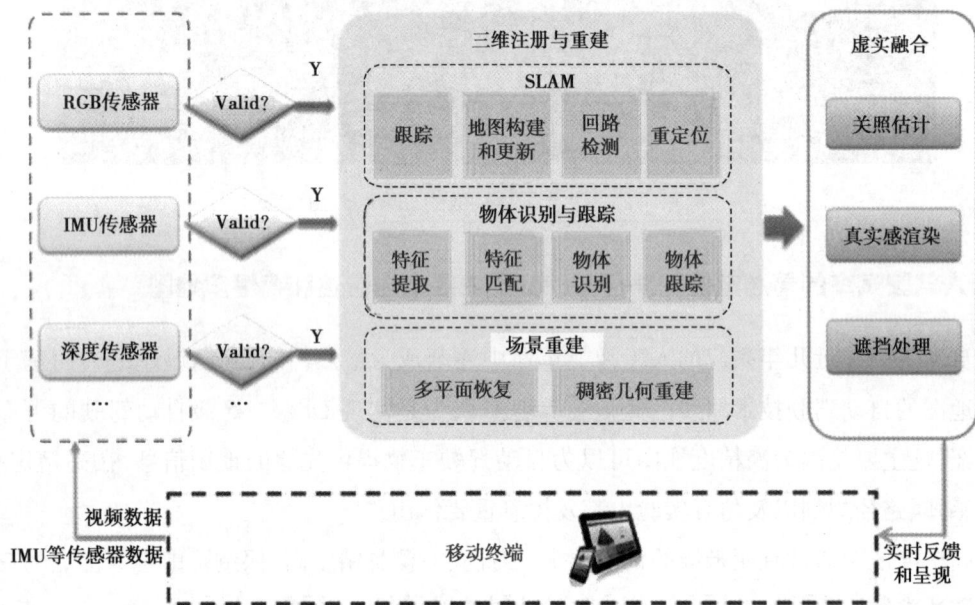

图 5.24　标准的 SLAM 系统

SLAM 技术包含了视觉 SLAM 与激光 SLAM 两大类。

①视觉 SLAM(基于视觉的定位与建图)。

随着计算机视觉的迅速发展，视觉 SLAM 因为信息量大、适用范围广等优点受到广泛关注。

A. 基于深度摄像机的视觉 SLAM，与激光 SLAM 类似，通过收集到的点云数据，能直接计算障碍物距离；

B. 基于单目、鱼眼相机的视觉 SLAM 方案，利用多帧图像来估计自身的位姿变化，再通过累计位姿变化来计算距离物体的距离，并进行定位与地图构建。

②激光 SLAM。

激光 SLAM 是目前应用最广泛也最为成熟的 SLAM 技术，在扫地机器人、送餐机器人、导购机器人等服务机器人中普遍搭载了激光 SLAM，激光雷达的出现使得测量更快更精准，信息也更为丰富。

早在 2005 年，激光 SLAM 就已经被研究得比较透彻，框架也已初步确定。激光 SLAM，是目前最稳定、最主流的定位导航方法。

激光雷达可对周围物体实现 360°全方位扫描测距,其采集到的物体信息会呈现出一系列分散的、具有准确角度和距离信息的点,称为点云。激光 SLAM 系统通常通过对不同时刻两片点云的匹配与比对,计算激光雷达相对运动的距离和姿态的改变,也就完成了对自身的定位。

相对来说,激光雷达距离测量比较精准,误差模型简单,在强光直射外的环境中运行稳定、点云的数据处理也较为容易,因点云信息本身包含直接的几何关系,所以对于路径的规划及导航也变得更为直观。

(2)SLAM 技术如何实现

SLAM 技术核心过程主要包含预处理、匹配、地图融合这 3 个主要步骤。

①预处理。激光雷达和其他类似设备一样,在某一时刻只能获取它所在位置的环境信息。预处理主要是对激光雷达原始数据进行优化,并将一些有问题的数据进行剔除,或进行滤波。

②匹配。匹配是很关键的一步,它的好坏将会直接影响 SLAM 构建的地图精度,其主要功能是把当前在局部环境上的一个点云数据,在已经建立地图上寻找到对应的位置。与我们玩的拼图游戏有点相似,就是在已经拼好的画面中找到相似之处,确定新的拼图该放的位置。而在 SLAM 过程中,需要将激光雷达当前采集的点云(红色部分)匹配拼接到原有地图中。

③地图融合。地图融合就是将来自激光雷达的新数据拼接到原始地图中,最终完成地图的更新。

数据融合与简单的贴图是有很大差异的,因为外部环境不仅有静态的,还有动态的。实际在进程数据融合的过程会更为复杂,需要用到很多概率算法,且处理难度很大。

激光 SLAM 是目前比较成熟的定位导航方案,视觉 SLAM 是未来研究的一个主流方向,所以,未来,多传感器的融合是一种必然的趋势。

5.3.2 激光雷达的未来技术发展

20 世纪 60 年代起,科学家们就开始用激光进行测距。当时麻省理工学院的一个团队就用激光测出了地球与月球之间的距离。多年以来,激光雷达一直应用于军事、航空航天、气象等领域。如今,自动驾驶汽车的发展,为激光雷达的应用打开了一扇新的窗户,也促成了其一系列的变革与发展。

近年来,伴随着无人驾驶技术的逐渐兴起,激光雷达在无人驾驶中起到了非常重要的作用,可帮助车辆定位实时位置信息。有了准确的位置信息,系统才能做出下一步判断,决定向何处前进,特别是在一些建筑和树比较多的地方,以及进出隧道容易出现信号中断,虽可用摄像头等传感器感知周围环境、构建环境模型并利用该模型确定车辆所在的位置方式,但其对环境的依赖比较强,比如逆光或雨雪天气下,很容易导致定位失效,而激光雷达是依靠将车辆的初始位置与高精地图信息进行比对来获得精确位置的。

首先,GPS、IMU 和轮速等传感器给出一个初始(大概)的位置。其次,将激光雷达的局部点云信息进行特征提取,并结合初始位置获得全局坐标系下的矢量特征。最后,将上一步的矢量特征跟高精地图的特征信息进行匹配,得出精确的全球定位。所以,在定位方面,无论是从精度上还是稳定性上来说,运用激光雷达都有无可比拟的优势。

其唯一的缺点就在于目前激光雷达的生产成本较高,以业内知名的 Velodyne 激光雷达来说,其售价均在万元以上,一般车企难以承受如此高昂的价格。

Velodyne 激光雷达如图 5.25 所示。

对汽车制造商来说,零部件当然越耐用越好,因此带有各种活动部件的激光雷达肯定在可靠性和价格上无法做到尽善尽美,比如 Velodyne 的旋转式激光雷达。

鉴于这种原因,很多专家相信,激光雷达想要进军主流市场就必须切换成固态设计,这就需要新的装置将激光发射到不同方向以覆盖车辆周围环境。

目前,固态激光雷达有三种主要方案:

第一种是基于微机电系统(MEMS),整套系统只需一个很小的反射镜就能引导固定的激光束射向不同方向。由于反射镜很小,因此其惯性力矩并不大,可以快速移动,速度快到可以在不到一秒时间里跟踪到 2D 扫描模式。

MEMS 激光雷达的一大优势是传感器可以动态调整自己的扫描模式,以此来聚焦特殊物体,采集更远更小物体的细节信息并对其进行识别,这是传统机械激光雷达无法实现的。

MEMS 仍存在少量机械结构如图 5.26 所示。

图 5.25　Velodyne 激光雷达

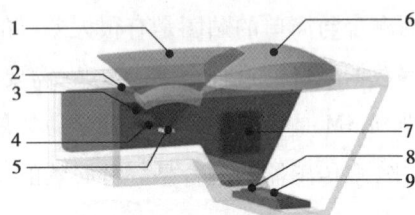

图 5.26　MEMS 仍存在少量机械结构

1—发射通道;2—激光器;3—激光驱动器;

4—MEMS 扫描镜 ASIC;5—MEMS 扫描镜;

6—接收通道;7—雷达控制芯片组;

8—跨阻放大器;9—APD 阵列

MEMS 性能提升潜力较低。MEMS 方案通过 MEMS 振镜的物理震动来实现光束的反射和折射,以完成对光束的操控。因此,光束扫描频率与 MEMS 振镜的振动频率直接相关。但 MEMS 振镜的震动存在物理极限,进而导致了 MEMS 激光雷达的扫描频率提升受限。而全固态方案则不依赖机械运动,主要与脉冲频率有关,因此成像频率在理论上可无限提升。

MEMS 性能提升潜力受限如图 5.27 所示。

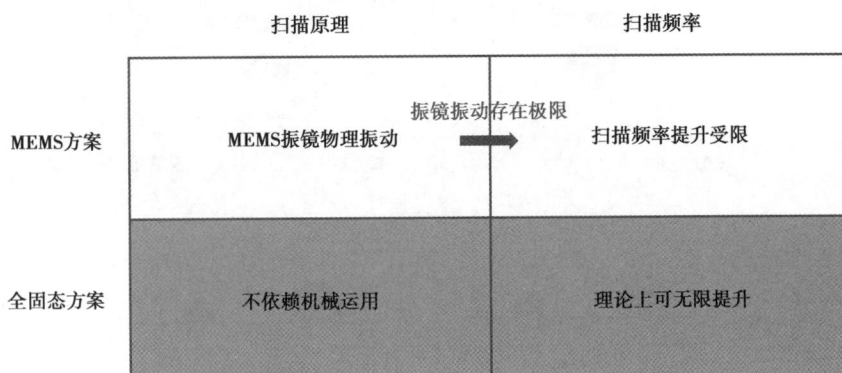

图 5.27　MEMS 性能提升潜力受限

　　第二种激光雷达采用相控阵设计,它搭载的一排发射器可以通过调整信号的相对相位来改变激光束的发射方向。如果发射器同步发射激光,激光则会射向同一个方向。不过,如果左侧发射器相位处在右侧之后,激光则会发射向左边,向右发射同理。

　　相控阵 LiDAR 原理如图 5.28 所示。

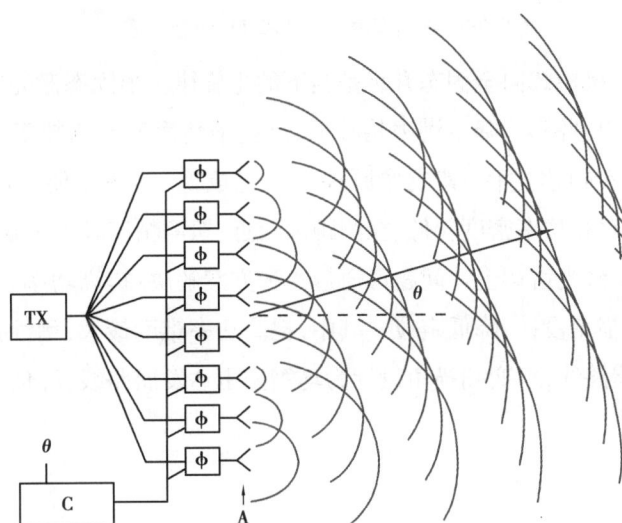

图 5.28　相控阵 LiDAR 原理

　　虽然原理简单易懂,但目前大多数相控阵激光雷达依然处于实验阶段,尽管如此,在不少人心里仍然相信未来属于相控阵雷达。

　　第三种是 FlashLiDAR,它运行起来更像摄像头。激光束会直接向各个方向漫射,因此只要一次快闪就能照亮整个场景。随后,系统会利用微型传感器阵列采集不同方向反射回来的激光束。FlashLiDAR 的一大优势是它能快速记录整个场景,避免了扫描过程中目标或激光雷达移动带来的各种麻烦。不过,这种方式也有自己的缺陷。卡耐基梅隆大学机器人专家 SanjivSingh 解释:"像素越大,你要处理的信号就越多。将海量像素塞进光电探测器,必然会带来各种干扰,其结果就是精度下降。"

　　扫描型激光雷达和 Flash 激光雷达如图 5.29 所示。

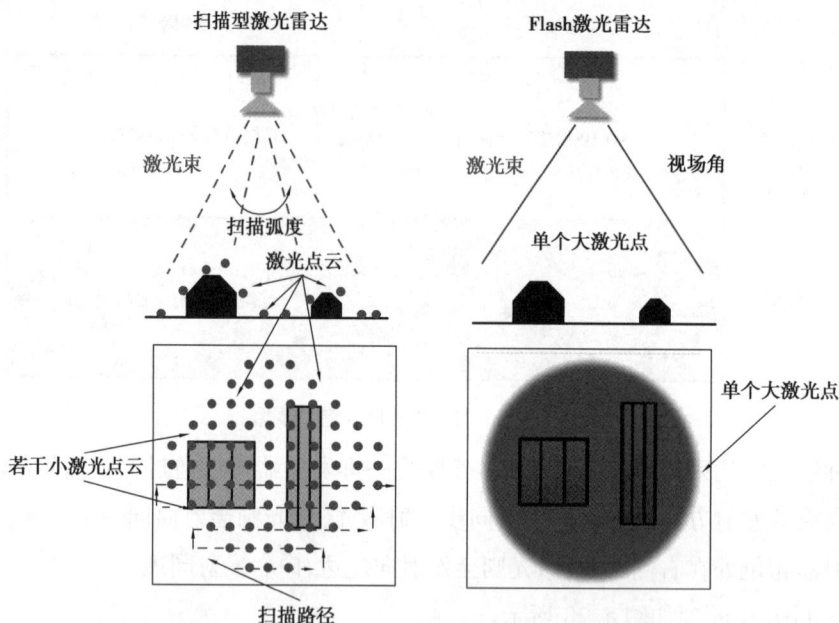

图 5.29　扫描型激光雷达和 Flash 激光雷达

车载激光雷达从机械式向全固态升级是当下的主旋律。半固态激光雷达方案仍存在少量机械结构,其性能提升潜力、降本潜力均较低,且扫描角度和扫描频率间存在冲突。Flash激光雷达不存在机械扫描过程,其成像原理为泛光成像,帧率主要与脉冲频率有关。但Flash 激光雷达目前存在功率密度较低、探测距离较近、探测精度较差等缺陷。

总结来看,Flash 激光雷达上述问题可通过 4 种方案解决:提高功率、牺牲扫描角度以强化探测距离、可变扫描角设计、降低定位。其中,提高功率难度最大;牺牲扫描角度以强化探测距离为主雷达发展路线;可变扫描角设计为均衡型雷达发展路线;降低定位为辅助雷达发展路线。

5.4　实训任务

激光雷达传感器的实训任务见《传感器应用与信号控制实训手册》任务六:激光雷达原理与实训。

5.5　本章小结

本章从激光雷达传感器的定义、特点、产品及对应相关技术参数为读者进行认识。激光雷达是激光探测及测距系统的简称,是一种以激光器为发射光源,采用光电探测手段的主动遥感设备。激光雷达是由激光发射系统、光电接受系统、信号采集处理系统、控制系统等组成。激光雷达通过测算激光发射信号与激光回波信号的往返时间,从而计算出目标的距离。激光测距方法有脉冲测距法、干涉测距法和相位测距法等。激光雷达有六大参数:探测距离、测距精度、线束、视场角(垂直+水平)、角分辨率、出点数。激光雷达在使用之前需要对其内外参数进行标定,自动驾驶系统需要对其进行外参标定。激光雷达在自动驾驶中的应用主要有自适应巡航控制系统、车道偏离预警系统、自动紧急制动系统、交通拥堵辅助系统、视觉 SLAM 等。通过实训任务,掌握激光雷达的安装调试、标定以及数据分析方法。

习　题

一、选择题

1. 激光雷达的探测距离可达(　　　)以上。

A. 600 m　　　　　B. 500 m　　　　　C. 400 m　　　　　D. 300 m

2. 目前市面上可见的车载激光雷达,基本是(　　　)。

A. 机械式　　　　　B. 固态式　　　　　C. 混合固态　　　　　D. 自动式

3. 根据(　　　),激光雷达分为机械式激光雷达、固态激光雷达和混合固态激光雷达。

A. 线束数量　　　　　B. 结构　　　　　C. 特性　　　　　D. 功能

4. 竖直排列的激光发射器呈不同角度向外发射,实现垂直角度的覆盖,同时在高速旋转的马达壳体带动下,实现水平(　　　)的覆盖。

A. 45°　　　　　B. 180°　　　　　C. 90°　　　　　D. 360°

5. 固态激光雷达结构上最大的特点就是(　　　)。

A. 没有旋转部件　　B. 体型大　　　　　C. 易拆卸　　　　　D. 成本低

6. 混合固态激光雷达巧妙之处是将机械旋转部件采用(　　　)安装。

A. 外接式　　　　　B. 焊接式　　　　　C. 嵌入式　　　　　D. 可拆卸式

7. 单线束激光雷达即(　　　)激光雷达。

A. 3D　　　　　B. 2D　　　　　C. 2.5D　　　　　D. 4D

8. 2.5D 激光雷达和 3D 激光雷达最大的区别在于(　　　)。

A. 激光雷达水平视野的范围　　　　　B. 结构组成

C. 探测精度　　　　　　　　　　　　D. 激光雷达垂直视野的范围

9. 激光雷达以(　　　)作为信号源。

A. 脉冲　　　　　B. 电磁波　　　　　C. 电信号　　　　　D. 激光

10. 在自动驾驶汽车上,通常需要将激光雷达与(　　　)坐标系进行标定来建立激光雷达与车体坐标系之间的关系。

　　A.惯性导航单元　　　B.高精度地图　　　　C.水平　　　　　　D.垂直

11.激光具有(　　　)等特性。(多选)

　　A.方向性好　　　　　B.单色性好　　　　　B.相干性好　　　　　C.亮度最高

12.目前主流的激光雷达发射的激光波长为(　　　)。(多选)

　　A.905 nm　　　　　 B.1 550 nm　　　　　C.755 nm　　　　　　D.1 000 nm

13.MEMS扫描镜兼具(　　　)属性。(多选)

　　A.经济　　　　　　 B.运动　　　　　　 C.固态　　　　　　　D.轻便

14.根据线束数量的多少,激光雷达又可分为(　　　)。(多选)

　　A.单线束　　　　　 B.双线束　　　　　 C.多线束　　　　　　D.全线束

15.当前车载环境监测传感器主要包括(　　　)等。(多选)

　　A.车载摄像头　　　 B.激光雷达　　　　 C.毫米波雷达　　　　D.超声波雷达

16.激光雷达硬件的核心是(　　　)。(多选)

　　A.处理器　　　　　 B.探测器　　　　　 C.控制器　　　　　　D.激光器

17.根据所发射激光信号的不同形式,激光测距方法有(　　　)。(多选)

　　A.感应测距法　　　 B.脉冲测距法　　　 C.干涉测距法　　　　D.相位测距法

18.激光雷达作为自动驾驶的主要传感器之一,在(　　　)方面发挥着重要作用。(多选)

　　A.感知　　　　　　 B.定位　　　　　　 C.测距　　　　　　　D.控制

19.智能驾驶模块主要有哪几个核心功能?(　　　)(多选)

　　A.环境感知　　　　 B.计算决策　　　　 C.控制执行　　　　　D.通信网络

二、填空题

1._____是激光探测及测距系统的简称,是一种以激光器为发射光源,采用光电探测手段的主动遥感设备。

2.车载激光雷达普遍采用多个激光发射器和接收器,建立三维点云图,从而达到_____的目的。

3.激光雷达是_____必备的传感器之一。

4.激光雷达分为机械式激光雷达、固态激光雷达和_____雷达。

5.因为带有机械_____,所以机械激光雷达外表上最大的特点就是自己会转,个头较大。

6.根据_____的多少,激光雷达又可分为单线束激光雷达与多线束激光雷达。

7.激光雷达控制系统的主要作用是提供信号并且对接收的信号进行_____。

8.激光雷达硬件的核心是激光器和_____。

9. 对自动驾驶汽车来说,有时会存在多个激光雷达的情况,每一个激光雷达获取的外部环境都必须准确地映射到车体坐标系下。因此,当存在多个激光雷达时,需要对多个激光雷达的相对位置进行_____。

10. 无人驾驶汽车的精准定位和路径跟踪必须依靠_____和高精度地图等。

11. SLAM 技术核心过程中主要包含预处理、匹配和_____。

三、判断题

1. 目前市面上可见的车载激光雷达,基本都是机械式。（　　）

2. 激光雷达是工作在光波频段的雷达。（　　）

3. 车载激光雷达普遍采用一个激光发射器和接收器,建立三维点云图,从而达到实时环境感知的目的。（　　）

4. 激光雷达不是无人驾驶汽车必备的传感器之一。（　　）

5. 激光雷达与毫米波雷达相比,产品体积大,成本高。（　　）

6. 激光雷达可以轻易识别交通标志和交通信号灯。（　　）

7. 机械激光雷达,是指其发射系统和接收系统存在宏观意义上的转动。（　　）

8. 如今机械激光雷达技术相对成熟,且价格相对便宜。（　　）

9. 二维激光雷达无法完成复杂路面地形环境,重建行驶环境时容易出现数据失真和虚报等现象。（　　）

10. 激光雷达通过测算激光发射信号与激光回波信号的往返时间,从而计算出目标的距离。（　　）

四、简答题

1. 简述激光雷达的优缺点。

2. 简述对于激光雷达来说,MEMS 最大的价值。

3. 简述激光雷达的基本组成。

4. 激光雷达实际应用中对使用者感受最大是哪些参数?

5. 简述不同线束的激光雷达应用的场景。

6. 简述激光 SLAM 的工作原理。

7. 简述激光 SLAM 和视觉 SLAM 就易用性而言的共同点与不同点。

五、问答题

1. 什么是激光? 什么是激光雷达?

2. 为什么要对激光雷达的安装进行标定?

3. 激光雷达相比普通雷达具有什么优势?

第6章　GPS卫星组合惯导

学习目标

通过本章的学习,读者能够认识惯性导航系统,熟悉其定义、内部结构组成以及惯性导航的核心元件,掌握惯性导航系统的原理、分类原理及不同惯性导航系统的特点,掌握不同卫星定位系统的定义、结构组成以及优缺点,清楚卫星定位系统的工作原理,了解 GPS 组合惯导系统,掌握 GPS 组合惯导系统的不同组合及其分别的特点,了解 GPS 组合惯导系统的应用。

教学要求

知识要点	能力要求
认识惯性导航系统	掌握惯性导航系统,熟悉其定义、内部组成,掌握其核心元件的工作原理,清楚不同类型惯导系统的区别及工作原理
卫星定位系统	熟悉卫星定位系统的结构组成及工作原理,了解不同卫星定位系统的优缺点
GPS 卫星组合惯导	掌握 GPS 组合惯导系统的不同组合及其特点
GPS 卫星组合惯导的应用	了解 GPS 卫星组合惯导的具体应用及未来发展趋势

导入案例

伴随着无人驾驶技术的发展,未来人们可以实现在车内聊天、办公、开会、购物等,而不再需要时时监管汽车。届时,无人汽车将不再只是交通工具,更是人们生活、娱乐的场所。那么,智能汽车汽车和无人驾驶汽车在行驶过程中是如何定位的呢?

未来无人驾驶汽车如图 6.1 所示。

图 6.1　无人驾驶汽车

6.1　认识惯性导航系统

6.1.1　惯性导航系统的定义

惯性导航是20世纪中期发展起来的自主式的导航技术,涉及近代数学、物理学、力学、光学、材料学、微电子和计算机等诸多领域,内容较为丰富。通过惯性测量单元(IMU)测量载体相对惯性空间的角速率和加速度信息,利用牛顿运动定律自动推算载体的瞬时速度和位置信息,具有不依赖外界信息、不向外界辐射能量、不受干扰、隐蔽性好的特点,且惯导系统能连续地提供载体的全部导航、制导参数(位置、线速度、角速度、姿态角)。

准确来说,惯性导航属于一种推算导航方式。

6.1.2　惯性导航系统的原理及组成

惯性导航工作原理是以牛顿力学定律为基础,通过测量载体在惯性参考系的加速度,将它对时间进行积分,且把它变换到导航坐标系中,就能够得到在导航坐标系中的速度、偏航角和位置等信息,从而实现精确定位。

组成惯性导航系统(INS)的设备都安装在运载体内,工作时不依赖外界信息,也不向外界辐射能量,不易受到干扰,是一种自主式导航系统。

惯性导航系统通常由惯性测量装置、计算机、控制显示器等组成。惯性测量装置包括加速度计和陀螺仪,又称惯性测量单元(IMU)。

一个惯性测量单元包括3个相互正交的单轴加速计(Accelerometer)和3个相互正交的单轴陀螺仪(Gyroscopes)。加速度计可以测量载体的瞬时加速度信息,根据计算获得载体的瞬时速度和位置;陀螺仪可以测量瞬时角速率或角位置信息,提供各轴在各时刻的方向。

基于上述过程,空间载体的瞬时运动参数,包括直线运动和角运动参数,都可以由IMU测量得到。

惯性导航可以利用这些测量值来计算载体的空间位置和速度,并且通过IMU提供的三轴角速度数据,估计车辆姿态,如侧倾、俯仰和航向等。

IMU原理如图6.2所示。

1)陀螺仪

陀螺仪是惯性系统的主要元件。陀螺仪通常是指安装在万向支架中高速旋转的转子,转子同时可绕垂直于自转轴的一根轴或两根轴进动,前者称单自由度陀螺仪,后者称二自由度陀螺仪。陀螺仪具有定轴性和进动性,利用这些特性制成了敏感角速度的速率陀螺和敏

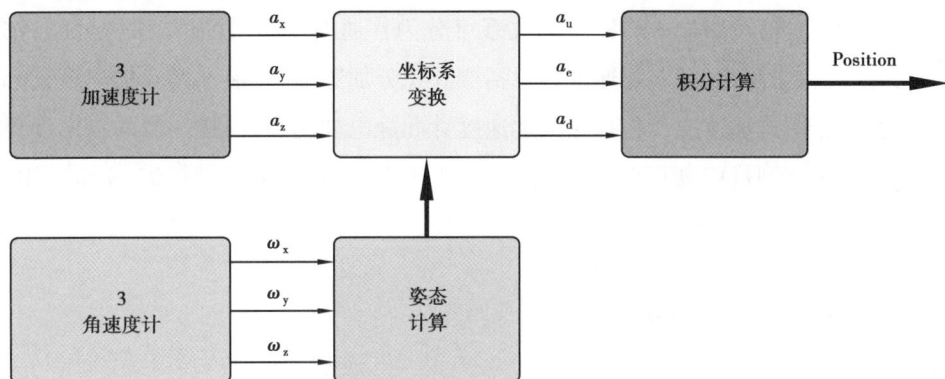

图 6.2　IMU 原理

感角偏差的位置陀螺。由于光学、MEMS 等技术被引入陀螺仪的研制，现在习惯上把能够完成陀螺功能的装置统称为陀螺。

陀螺仪种类多种多样，按陀螺转子主轴所具有的进动自由度数目可分为二自由度陀螺仪和单自由度陀螺仪；按支承系统可分为滚珠轴承支承陀螺，液浮、气浮与磁浮陀螺，挠性陀螺（动力调谐式挠性陀螺仪），静电陀螺；按物理原理分为利用高速旋转体物理特性工作的转子式陀螺，和利用其他物理原理工作的半球谐振陀螺、微机械陀螺、环形激光陀螺和光纤陀螺等。

单自由度陀螺仪对角速度敏感，二自由度陀螺仪对角位移敏感。为了将角速度和角位移转换成惯性系统中可用的信号，陀螺仪需安装信号传感器。为了能控制陀螺仪按一定的规律进动，需安装力矩器。

车载陀螺仪如图 6.3 所示。

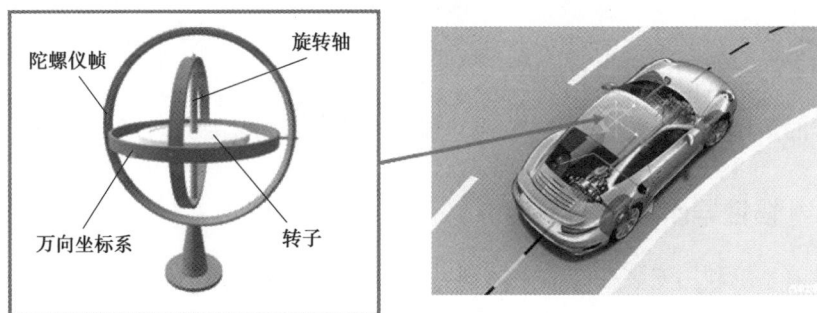

图 6.3　车载陀螺仪

2）加速度计

加速度计是惯性导航系统的核心元件之一。依靠它对比力的测量，完成惯性导航系统确定载体的位置、速度以及产生跟踪信号的任务。载体加速度的测量必须十分准确地进行，而且是在由陀螺稳定的参考坐标系中进行。在不需要进行高度控制的惯导系统中，只要两个加速度计就可以完成以上任务，否则应该有三个加速度计。

155

加速度计的分类:按照输入与输出的关系可分为普通型、积分性和二次积分型;按物理原理可分为摆式和非摆式,摆式加速度计包括摆式积分加速度计、液浮摆式加速度计和挠性摆式加速度计,非摆式加速度计包括振梁加速度计和静电加速度计;按测量的自由度可分为单轴、双轴、三轴;按测量精度可分为高精度(优于 10^{-4} m/s^2)、中精度(10^{-2} m/s$^2 \sim 10^{-3}$ m/s^2)和低精度(低于 0.1 m/s^2)。

6.1.3　惯性导航系统的特点

惯性导航系统有如下主要优点:

①由于它可以完全依靠运动载体自主地完成导航任务,是不依赖于任何外部输入信息,也不向外部辐射能量的自主式系统,所以具备极高的抗电磁干扰性和隐蔽性。

②惯性导航系统不需要特定的时间或者地理因素,随时随地都可以运行,不受气象条件限制,可全天候、全时间地工作于空中、地球表面乃至水下。

③惯性导航系统能提供的参数多,如 GPS 卫星导航,只能给出位置、方向、速度信息;但是惯导同时能提供航向和姿态角数据,所产生的导航信息连续性好而且噪声低。

④导航信息更新速率高,短期精度和稳定性好。目前常见的 GPS 更新速率为每秒 1 次,但是惯导可以达到每秒几百次更新甚至更高。

其缺点是:

①导航误差随时间发散,由于导航信息经过积分运算产生,定位误差会随时间推移而增大,长期积累会导致精度变差。

②每次使用之前需较长的初始对准时间。惯性导航需要初始对准,且对准复杂、对准时间较长。

③惯性导航系统不能给出时间信息。

④精准的惯性导航系统价格昂贵,通常造价在几十万到几百万。

6.1.4　惯性导航系统的应用

惯性导航系统利用安装在载体上的惯性器件感知载体的运动,输出载体的姿态和位置信息,具有很强的自主性、保密性、灵活性、机动性强,具备多功能参数输出,但是导航精度随时变化,它不能长时间单独工作,必须连续校准。

而全球导航卫星系统(GNSS)由于需要接受足够数量的卫星才能够实现定位,受各种物理、电磁信号等遮挡影响比较大。

从全球导航卫星系统和惯性导航系统的优缺点来看,两者具有很强的互补性。在短时间内惯性导航系统的误差比全球导航卫星系统小,但长时间使用时,必须通过全球导航卫星系统离散测量值进行修正,通过抓取系统漂移量,达到快速估计状态参数与收敛的目的。

当卫星定位导航信号受到高强度干扰或卫星系统接收机故障时,惯性导航系统可独立进行导航定位;另外,惯性导航系统具有定位精度高、数据采样率高等特点,能在短时间内为卫星定位导航提供辅助信息。利用这些辅助信息,接收机可以保持较低的跟踪带宽,从而提高系统获取卫星信号的能力。

GNSS 和 INS 的组合应用如图 6.4 所示。

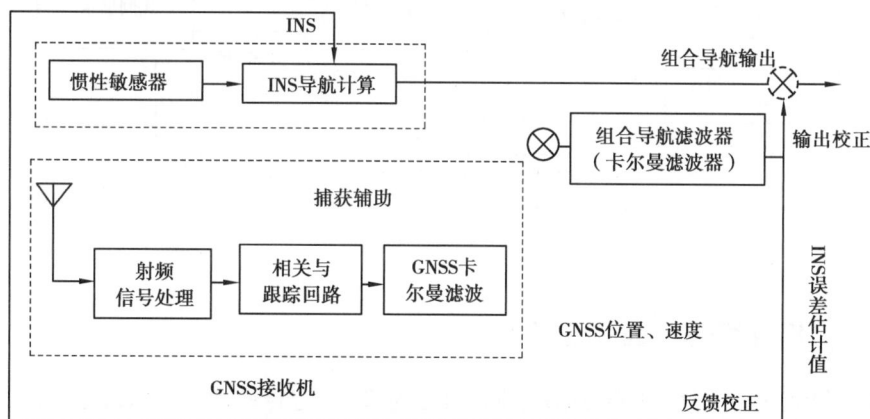

图 6.4　GNSS 和 INS 的组合应用

在 GNSS 和 INS 组合系统中,可以通过卡尔曼滤波器处理传感器测量值,从而给出更加准确、稳定的载体高精度定位信息。

卡尔曼滤波器是一个最优化自回归数据处理算法,应用广泛。使用卡尔曼滤波器可以组合 GNSS 和 INS 的测试结果,根据含有噪声的物体传感器测量值,预测出物体的位置坐标和速度。它具有很强的鲁棒性,即使观察到物体的位置有误差,也可以根据物体的运动规律预测一个位置,再结合当前获取的位置信息,减少传感器误差,增强位置测量的连续性和稳定性,更加准确地输出载体的位置。

卡尔曼滤波器主要分为两个阶段:预测阶段根据最后一个时间点的位置信息预测当前的位置信息;更新阶段通过对目标位置的当前观测修正位置预测,从而更新目标的位置。

GNSS 与 IMU 的传感器融合定位如图 6.5 所示。

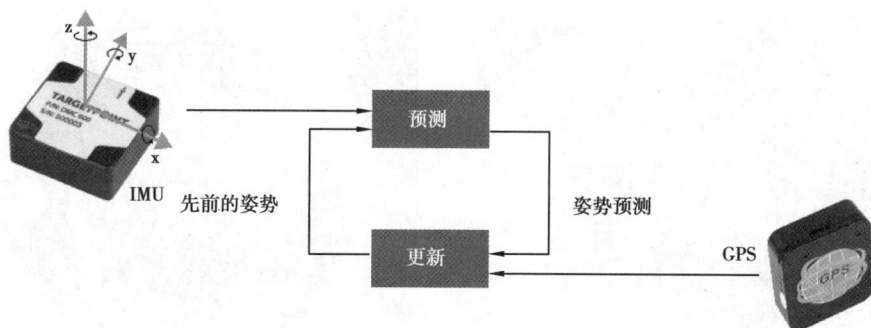

图 6.5　GNSS 与 IMU 的传感器融合定位

惯性导航系统的另一功能是辅助激光雷达、摄像头等车载局部环境感知系统,获取车辆与环境的高精度位置关系。在车辆行驶过程的侧倾、俯仰、横摆等运动情况下,惯性导航系统为车载传感器提供车辆的空间位置和姿态,用于修正传感器对环境的检测,建立更加准确的环境感知。

惯导系统的应用如图 6.6 所示。

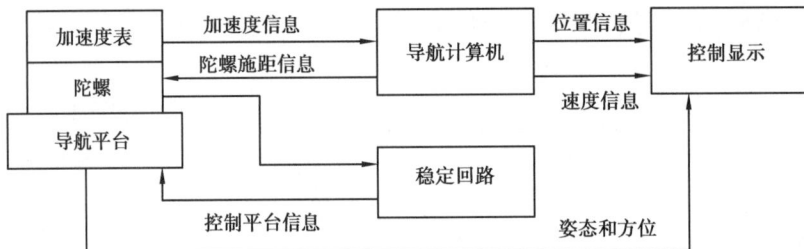

图 6.6　惯导系统的应用

6.1.5　惯性导航系统的分类

惯性导航系统由于使用的陀螺仪不同,可分为机电(包含液浮、气浮、静电、挠性等种类)陀螺仪、光学(包含激光、光纤等种类)陀螺仪、微机械(MEMS)陀螺仪等类型的惯性导航系统。

将陀螺框架组件用高密度液体悬浮,利用阿基米德原理使浮液浮力完全克服重力,实现中性悬浮使其支撑轴承卸载,这种陀螺仪称为全液浮陀螺仪,简称液浮陀螺仪(fluid floated gyroscope)。

液浮陀螺仪是惯性导航系统中应用极为广泛的一种陀螺仪。它属于框架式陀螺,其高速旋转的陀螺转子是由陀螺马达驱动的。液浮陀螺仪的主要特点是转子密封在充有惰性气体的浮球(或浮筒)内,而浮球悬浮于氟油中,通过精确的静平衡以及温度控制,使浮球所受的浮力与该组件的重力完全平衡,从而保证浮球定位用的宝石轴承上的摩擦力矩降到极微小的程度。

采用平台式液浮陀螺仪的惯性导航传感器如图 6.7 所示。

图 6.7　采用平台式液浮陀螺仪的惯性
导航传感器图

图 6.8　采用平台式光纤陀螺仪的惯性
导航传感器

光纤陀螺仪是以光导纤维线圈为基础的敏感元件,由激光二极管发射出的光线朝两个方向沿光导纤维传播。光传播路径的不同,决定了敏感元件的角位移。

采用平台式光纤陀螺仪的惯性导航传感器如图 6.8 所示。

微机械陀螺仪(MEMS gyroscope)与传统的陀螺仪工作原理有所不同,传统的陀螺仪主要是利用角动量守恒原理,因此它主要是一个不停转动的物体,它的转轴指向不随承载它的支架旋转而变化。但是微机械陀螺仪的工作原理不是这样的,因为要用微机械技术在硅片衬底上加工出一个可转动的结构可不是一件容易的事。微机械陀螺仪利用科里奥利力——旋转物体在有径向运动时所受到的切向力。

微机械陀螺仪的设计和工作原理可能各种各样,但是公开的微机械陀螺仪均采用振动物体传感角速度的概念。利用振动来诱导和探测科里奥利力而设计的微机械陀螺仪没有旋转部件,不需要轴承。

采用平台式微机械陀螺仪的惯性导航传感器如图 6.9 所示。

图 6.9　采用平台式微机械陀螺仪的
惯性导航传感器

图 6.10　定位卫星

惯性导航系统根据力学编排实现形式又可以分为平台式惯性导航系统和捷联式惯性导航系统。

平台式惯性导航系统是将陀螺仪和加速度等惯性元件通过万向支架角运动隔离系统与运动载物固联的惯性导航系统。利用陀螺使平台始终跟踪当地水平面,三个轴始终指向东北天方向。惯性平台成为系统结构的主体,其体积和质量约占整个系统的一半,而平台本身又是一个高精度、复杂的机电控制系统。它所需的加工制造成本大约要占整个系统成本费用的 2/5,且其结构复杂、故障率高,使惯性导航系统的可靠性受到很大影响。

捷联式惯性导航系统是将惯性器件(陀螺仪、加速度计)直接安装在运载体上,从结构上讲,捷联式惯性导航系统与平台式惯性导航系统的最主要区别是,去掉了实体的惯性平台,取而代之的是存储在计算机里的数学平台。载体的姿态和航向可以用载体坐标系(b 系)相对于导航坐标系(n 系)的三个转动角决定。就是说,在捷联式惯性导航系统中,直接测得的三个方向的加速度是载体坐标系三个轴方向上的,需要用一个捷联矩阵将其变换到导航坐标系中来。

6.2 卫星定位系统

6.2.1 卫星定位系统概述及其构成

在任何驾驶条件下,自动驾驶车辆均依赖于两种信息:汽车位置和汽车行驶的速度,收集这些信息需要整合多种复杂技术,其中 GNSS(Global Navigation Satellite System,全球导航卫星系统)起主要作用。当自动驾驶汽车拥有高精度位置信息后,可以跟高精度地图进行匹配,从而提供良好的导航功能。GNSS 系统也能为车载传感器的时间同步或者导航提供最基础的时空信息。

卫星导航定位系统是星基无线电导航系统,以人造地球卫星作为导航台,为全球海陆空的各类军民载体提供位置、速度和时间信息,这些信息都具有全天候、高精度等特征,因而又被称作天基定位、导航和授时系统。卫星导航定位系统包括全球四大导航卫星系统,还有区域系统和增强系统。

1)全球四大导航卫星系统

卫星定位导航系统泛指所有的卫星导航系统,包括全球的、区域的和增强的,如美国的 GPS、俄罗斯的 GLONASS、欧洲的 GALILEO、中国的北斗卫星导航系统,以及相关的增强系统。

(1)GPS 全球定位系统

GPS 即全球定位系统(Global Positioning System),又称为全球卫星定位系统,是一个中距离圆形轨道卫星导航系统,结合卫星及通信发展的技术,利用导航卫星进行测时和测距。GPS 是美国从 20 世纪 70 年代开始研制,历时 20 余年,耗资 200 亿美元,1994 年全面建成,具有在海、陆、空进行全方位实施三维导航与定位能力的新一代卫星导航与定位系统。

GPS 是最早实际运用的全球卫星导航系统,其主要目的是为陆、海、空三大领域提供实时、全天候和全球性的导航服务,并用于情报收集、核爆监测和应急通信等一些军事目的。其次,也为民用、商用提供导航、定位、测速和授时等服务。

GPS 由 3 个部分构成,即空间卫星部分、地面监控部分和用户接收部分。空间卫星部分又称为空间段,21 颗 GPS 工作卫星和 3 颗在轨备用卫星构成的 21+3 形式的 GPS 卫星工作星座。这种星座构型能满足在地球上任何地点、任何时刻均能观测到至少 4 颗几何关系较好的卫星用于定位。地面控制部分又称为地面段,由分布在全球的一个主控站、三个注入站和若干个监测站组成。用户接收部分又称为用户段,接收来自作为基础设施的空间段和地面段提供的导航、定位和授时服务,这些服务已广泛应用于各个领域。

(2)GLONASS 全球定位系统

GLONASS 是苏联国防部从 20 世纪 80 年代初开始建设的与美国 GPS 相抗衡的全球卫星导航系统,与 GPS 功能、原理基本类似,同样能够为海陆空的民用和军用提供全球范围内的实时、全天候三维连续导航、定位和授时服务。但与 GPS 相比,GLDNASS 的具体技术有较大的差异。

GLONASS 属于军民合用系统,可提供高精度的三维空间和速度信息,也提供授时服务。精度在 10 m 左右,有更强的抗干扰能力,采用两种频率信号,但是由于发射技术和电子设计水平有限,工作不稳定,卫星寿命不是很长。俄罗斯在 2000 年提出要对 GLONASS 进行换代,GLONASS 的标准星座由 24 颗卫星组成。为了逐步提升 GLONASS 系统性能,俄罗斯制定了一系列的空间卫星性能改进和补网计划。改进方案包括增加地面段支持设备、增加系统服务量、优化太空段设备,改进 GLONASS 差分设备。

(3)GALILEO 全球定位系统

GALILEO 是欧洲设计的第二代卫星导航系统,从区域性渐进地扩展成全球系统。GAL-ILEO 是由欧盟委员会和欧洲空间局共同发起并组织实施的欧洲民用卫星导航计划,是为了打破美国 GPS 在卫星导航定位领域垄断而启动的迄今为止欧洲将要开发的最重要的航天计划。该系统旨在建立欧洲独立自主的民用全球卫星导航定位系统,与国际上现有的 GNSS 相比,具有更佳的覆盖率、更高的精度和可靠性。

GALILEO 系统可以分发实时的米级定位精度信息,这是现有的卫星导航系统所没有的。与美国的 GPS 相比,GALILEO 系统更先进,也更可靠。GALILEO 系统也分为空间段、地面段、用户段 3 大部分。空间段是由分布在 3 个轨道上的 30 颗 MEO 卫星构成,其中 27 颗为工作星,3 颗为备份星。地面段由两个地面操控站、29 个伽利略传感器达到站以及 5 个 S 波段上行站和 10 个 C 波段上行站组成,传感器达到站及上行站均分布于全球。用户段则提供独立于其他卫星导航系统的 5 种基本服务。

GALILEO 提供的公开服务定位精段通常为 15 ~ 20 m(单频)和 5 ~ 10 m(双频)两种档次。公开特许服务有局域增强时能达到 1 m,商用服务有局域增强时为 10 cm ~ 1 m。

(4)中国北斗卫星(BDS)全球定位系统

北斗卫星导航系统(BeiDou Navigation Satellite System,BDS),是中国自主发展、独立运行的全球卫星导航系统。系统建设目标是:独立自主、开放兼容、技术先进、稳定可靠。该系统于 2012 年 12 月 27 日启动区域性导航定位与授时正式服务。由 16 颗导航卫星组成的北斗二号系统已向我国乃至大部分亚太地区提供服务。截至 2018 年底,北斗三号基本系统星座部署完成。2018 年 12 月 27 日,北斗开始提供全球范围内的定位与授时服务。

除了与上述导航系统提供的导航、定位、授时功能等相同的服务,北斗卫星导航系统还具有一项特殊功能,就是短报文通信。从北斗系统的组成结构来看,同样分为空间段、地面段和用户段。空间星座部分由 5 颗地球静止轨道(Geostationary Orbit,GEO)卫星和 30 颗非地球静止轨道(Nongeostationary Orbit,NON-GEO)卫星组成,后者包括中圆地球轨道(MEO)卫星和倾斜地球同步轨道(IGSO)卫星。GEO+NON-GEO+MEO+IGSO 的星座构型是北斗卫星导航系统的完整布局,最大优点是同样保证了在地球上任意地点、任意时刻均能接收来自 4 颗以上导航卫星发射的信号,观测条件良好的地区甚至可以接收到 10 余颗卫星的信号。地面段包括监测站、上行注入站、主控站。用户段组成及功能同前两者基本相同。

2)区域卫星导航系统

除了 4 个全球卫星导航系统,还有一些其他已完成或正在建设的区域卫星导航系统,如日本的准天顶卫星系统(Quasi+Zenith Satellite System,QZSS)、印度的区域导航卫星系统(Indian Regional Navigation Satellite System,IRNSS)等可。其中,日本的 QZSS 的主要目标是作为 GPS 的补充、作为 GNSS 的增强和提供信息服务,范围覆盖了亚太地区,提升了灾害管理和有效维护国家安全的能力。随着系统卫星数量和密度的不断增加,QZSS 从技术上可能升级为独立的卫星导航系统,提供完整的卫星导航功能。

3)星基增强系统

随着全球卫星导航系统应用的不断推广和深入,现有卫星导航系统在定位精度、可用性、完好性等方面还是无法满足一些高端用户的要求。为此,各种卫星导航增强系统——星基增强系统(Satellite-Based Augmentation System,SBAS)应运而生。SBAS 是由美国实施选择可用性(Selective Availability,SA)政策而发展起来的。SBAS 也主要由空间段、地面段和用户段构成。为了提升 GPS 的性能,满足不同用户对高精度、高完好性的需求,产生了相应的增强系统。例如美国的 WAAS(Wide Area Augmentation System)、俄罗斯的 SDCM(System for Differential Corrections and Monitoring)、日本的 MSAS(Multi-functional Sstellite Augmentation System)、欧洲的 EGNOS(European Geostationary Navigation Overlay Service)和印度的 GAGAN(GPS Aided Geo Augmented Navigation)。这五个典型区域性星基增强系统被纳入 GNSS 中,可以提高单点卫星定位的稳定性和精度,从而实现 1～3 m 甚至小于 1 m 的定位精度。

4)地基增强系统

地基增强系统(Ground-Based Augmentation Systems,GBAS)是卫星导航系统建设中的一项重要内容,可以大大提升系统服务性能。GBAS 综合使用了各种不同效果的导航增强技术,主要包括精度增强技术、完好性增强技术、连续性和可用性增强技术,最终实现了其增强卫星导航服务性能的功能。

我国的地基增强系统主要是北斗地基增强系统,属于国家重大信息基础设施,用于增强北斗卫星导航系统的定位精度和完好性。该系统由框架网基准站和加强密度网基准站、通信网络、数据处理系统、运营平台、数据播发系统和用户终端组成,具备在全国范围内为用户提供广域实时米级、分米级、厘米级和后处理毫米级定位精度的能力,具有作用范围广、精度高、野外单机作业等优点。

6.2.2　卫星定位系统工作原理

全球卫星导航系统(GNSS)的基本技术原理:通过已知的卫星的精确位置,得到接收机与卫星的距离,利用 3 颗卫星及三维坐标中的距离公式,组成 3 个方程式,又由于卫星时钟和接收机时钟存在钟差,故引入第 4 颗卫星,从而解出观测点的位置、经纬度和高程。由于卫星运行轨道、卫星时钟存在误差,大气对流层、电离层对信号的影响,为提高定位精度,普遍采用差分技术,建立基准站(差分台)进行观测。利用已知的基准站精确坐标,与观测值进行比较,从而得出修正数,并对外发布。接收机收到该修正数后,与自身的观测值进行比较,消去大部分误差,得到一个比较准确的位置。

GNSS 定位主要解决两个问题:一是观测瞬间卫星的空间位置,二是测量站点卫星之间的距离。空间位置即 GNSS 卫星在某坐标系中的坐标,为此首先要建立适当的坐标系来表征卫星的参考位置,而坐标又往往与时间联系在一起,因此,定位是基于坐标系统和时间系统来进行的。

1)坐标系统和时间系统

卫星导航系统中,坐标系描述与研究卫星在其轨道上的运动,表达地面观测站的位置和处理 GPS 观测数据。根据应用场合的不同,选用的坐标系也不相同。坐标系统大概分为:地理坐标系、惯性坐标系、地球坐标系、地心坐标系和参心坐标系。常用的坐标系统有:WGS-84 坐标系、Parametry Zemli 1990 坐标系(PZ-90)、1954 年北京坐标系(P54)、1980 年国家大地坐标系(C80)、2000 国家大地坐标系(CGCS2000)。

时间系统在卫星导航中是最重要、最基本的物理量之一。首先,卫星发送的所有信号都是由高精度的原子钟控制的。其次,大多数卫星导航系统实际上都是通过精确测定信号传播时间来实现距离测量的。时间系统可分为世界时、力学时、原子时、儒略日、卫星导航时间系统等。其中,GPS 系统采用了一个独立的时间系统作为导航定位计算的依据,称为 GPS 时间系统(GPST)。GPS 时间属于原子时系统,其秒长与原子时秒长相同。

2)定位原理

GNSS 定位系统利用基本三角定位原理,GNSS 接收装置通过测量无线电信号的传输时间来测量距离。由每颗卫星的所在位置,以及测量得到的每颗卫星与接收装置的距离,便可以算出接收器所在位置的三维坐标值。使用者至少需收到 3 颗卫星的信号才可确定自身的位置。实际使用中,GNSS 接收装置都是利用 4 个以上的卫星信号来确定使用者所在位置及高度。

分别以 3 颗卫星的位置为圆心,3 颗卫星距地面某点距离为半径作球面,则球面交点即为地面用户位置。三角定位原理示意如图 6.11 所示。

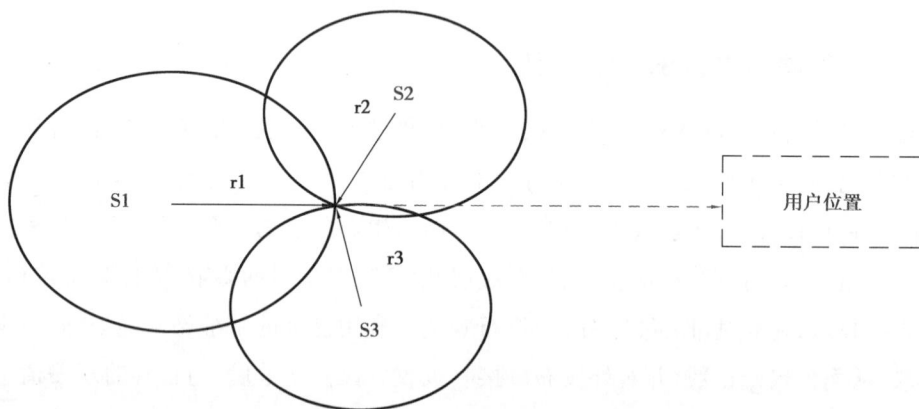

图 6.11　三角定位原理示意

根据 GNSS 进行定位的基本原理,可以看出 GNSS 定位方法的实质,即测量学中的空间后方交会。由于 GNSS 采用单程测距,且难以保证卫星时钟与用户接收机时钟的严格同步,观测站和卫星之间的距离均受两种时钟不同步的影响。卫星钟差可用导航电文中所给的有关钟差参数进行修正,而接收机的钟差大多难以精准地确定。所以通常采用的优化做法是把它作为一个未知参数,与观测站的坐标一并求解,即在 1 个观测站上一般需求解 4 个未知参数(3 个点位坐标分量和 1 个钟差参数),因此至少需要 4 个同步伪距观测值,即需要同时观测 4 颗卫星。

基于定位原理的理论基础,可将定位方法进行分类。例如在 GPS 定位中,依据用户站的运动状态,可以分为静态定位和动态定位。静态定位是指待定点的位置固定不动,将 GPS 接收机安置于其上进行大量的重复观测。动态定位是指待定点处于运动状态,测定待定点在各观测时刻(或称为"观测历元")运动中的点位坐标,以及运动载体的状态参数,如速度、时间和方位等。而按照定位的模式划分,则可分为绝对定位和相对定位。绝对定位又称单点定位,即只采用一台 GPS 接收机进行定位,它所确定的是接收机天线在 WGS84 坐标系统中的绝对位置。相对定位是指两台 GPS 接收机安置于两个固定不变的待定点上,或一个点固定于已知点上,另一个点为流动待定点。同步观测一定时间后,可以确定两个点之间的相对位置,获得高精度的点位坐标。

从可用性角度,GNSS+RTK 方案是最常用、最成熟的高精度定位方法:车联网的主要应用场景大多涉及交通效率和交通安全,高精度定位的可用性是至关重要的核心指标。随着北三组网完成,一方面,全球形成四大卫星导航系统,而民用卫星接收终端均可以同时接收不同系统的卫星信号进行融合定位,增强信号稳定性和可用性;另一方面,北斗系统在亚太地区精度较高,而国内包括千寻位置、中国移动、六分科技等地基增强网络建设较为完善,高精度定位的解算能力、通信链路的质量和覆盖均有较高水准。

3)误差分析

卫星导航系统的误差从来源上可以分为4类:与信号传播有关的误差,与卫星有关的误差,与接收器有关的误差以及地球潮汐、负荷潮等造成的其他误差。

表6.1 误差的分类

误差来源		对测距的影响/m
与信号传播有关的误差	电离层延迟	1.5~15.0
	对流层延迟	
	多径效应	
与卫星有关的误差	星历误差	1.5~15.0
	时钟误差	
	相对论效应	
与接收器有关的误差	时钟误差	1.5~5.0
	位置误差	
	天线相位中心变化	
其他误差	地球潮汐	1
	负荷潮	

6.2.3 卫星定位导航系统组成

1)GPS定位导航系统组成

以美国GPS定位导航系统为例,卫星导航系统由地面控制部分、空间部分和用户设备部分3部分组成。GPS定位导航系统的组成如图6.12所示。

(1)地面控制部分

地面控制部分由主控站、地面天线、监测站和通信辅助系统组成。

①主控站 —— 采集各监测站的数据。

②地面天线 —— 接收GPS卫星信号。

③监测站 ——监测和采集数据。

④通信辅助系统 —— 实现两个或两个以上地点之间的通信。

图 6.12　GPS 定位导航系统的组成

（2）空间部分

GPS 空间部分的 24 颗工作卫星组成一个 GPS 卫星组，其中 21 颗是导航卫星，3 颗是活动卫星。24 颗卫星以 55°的轨道倾角绕地球运行。卫星的运行周期约为 12 个小时。每个工作卫星发射导航和定位信号，用户可以使用这些信号来实现导航。

（3）用户设备部分

用户设备部分包括卫星导航接收器和卫星天线。它的主要功能是根据一定的卫星截止角捕获被测卫星，并跟踪这些卫星的运行情况。当接收机捕获被跟踪的卫星信号时，可以测量接收天线对卫星伪距和距离的变化率，并解调卫星轨道参数等数据。基于这些数据，接收器中的微处理器可以根据定位解算方法进行定位计算，并计算用户地理位置的纬度、经度、高度、速度、时间等信息。

2）北斗卫星导航定位系统组成

北斗卫星定位系统由空间段、地面段和用户段三部分组成。北斗卫星导航系统的组成如图 6.13 所示。

（1）空间段

北斗卫星导航系统空间段由 35 颗卫星组成，其中地球静止轨道卫星 5 颗、中地轨道卫星 27 颗、倾斜同步轨道卫星 3 颗。5 颗地球静止轨道卫星的固定位置为东经 58.75°、80°、110.5°、140°和 160°。中地轨道卫星运行在 3 个轨道面上，轨道面均匀分布 120°。

（2）地面段

北斗卫星定位系统地面段由主控站、注入站和监测站组成。主控站用于系统运行管理和控制，接收来自监测站的数据，并对其进行处理，生成卫星导航信息和差分完整性信息，然后将信息传送到注入站进行发送。注入站用于向卫星发送信号、控制和管理卫星，在接收到主站调度后,向卫星发送卫星导航信息和差分完整性信息。监测站用于接收卫星信号并将其发送到主站进行卫星监测,以确定卫星轨道,并为时间同步提供观测。

（3）用户段

用户段包括北斗用户终端和与其他卫星导航系统兼容的终端。接收器需要捕捉和跟踪卫星的信号,并根据数据以一定的方式进行定位计算,最终获得用户的纬度、经度、海拔、速度、时间等信息。北斗卫星定位系统可以为全世界各种用户提供全天候、高精度、高可靠性的定位、导航和定时服务,具有短消息通信能力;最初提供了区域导航、定位和定时功能,定位精度为 10 m,测速精度为 0.2 m/s,定时精度为 10 ns。

北斗卫星导航系统用户段如图 6.14 所示。

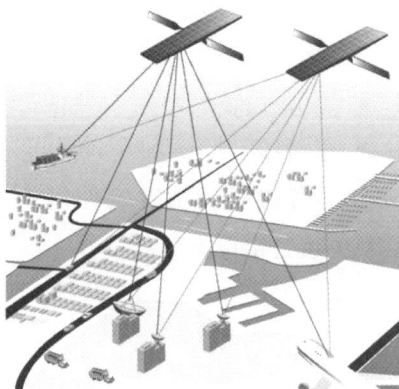

图 6.13 北斗卫星导航系统的组成

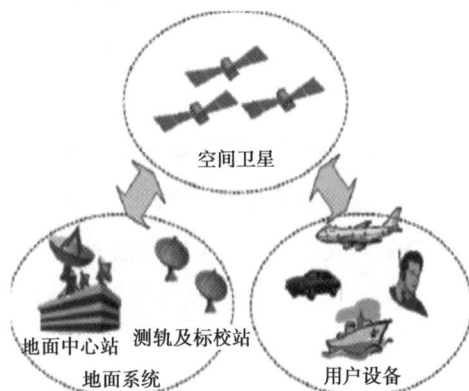

图 6.14 北斗卫星导航系统用户段

北斗系统用户终端系统最多可容纳 54 万/小时的用户,具有双向消息通信功能,用户可一次发送 40~60 个汉字的短消息信息。一次可以传输多达 120 个汉字的信息。

北斗系统具有精确的定时功能,为用户提供 20~100 ns 的时间同步精度。标准站的水平精度为 100 m(1σ),20 m(类似于差分状态),北斗系统工作频率:2 491.75 MHz。

6.2.4 卫星定位与惯性导航的融合

全球导航卫星系统是应用最广泛的定位系统,它使用方便,成本低,定位精度可达到 5 m。然而,定位导航系统的应用也面临着易受干扰、动态环境可靠性差、数据输出频率低、高层建筑卫星信号闭塞等问题。

简单来看,卫导方案最成熟,能实现全天候、高精度的定位,但由于依赖卫星信号,在信号丢失、电磁干扰等环境下有断连风险;惯性导航定位无外部依赖,不受干扰,但存在累计误差,无法长时间使用;环境特征匹配的主要方法如视觉和激光雷达,在用于绝对定位时依赖高精度地图,在环境变化时存在定位不准确风险,并且传感器也易受天气、环境、光线等条件的影响。如果将卫星定位导航和惯性导航系统结合起来,两个导航系统可以相互补充,形成一个有机整体。信息处理如图 6.15 所示。

通过组合系统,卫星导航和惯性导航能够实现优势互补,在定位精度和稳定性上都有较

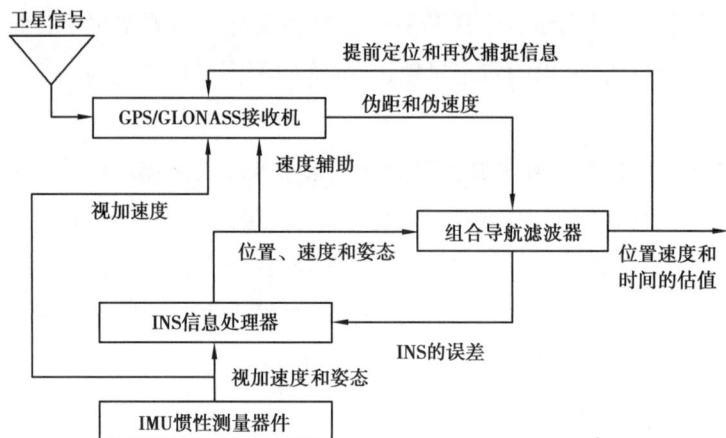

图 6.15 信息处理示意图

好保证。

基于卫惯组合导航的优势互补特征,其重要性已经逐渐凸显并得到产业界的认可,目前已有应用开始商业化落地,例如乘用车方面,如小鹏 P5 搭载有高精度定位组合系统(GNSS+IMU);又如百度 Apollo 系统也搭载有 GNSS+IMU 的组合定位方案。

长远来看,卫惯组合导航有望成为自动驾驶的标配产品。

6.3 GPS 卫星组合惯导

导航,就是引导航行,确定航行体运动到什么地方和向何方向运动的意思。随着时代的变迁、近现代科学技术的发展、运载工具的种类增多,"导航"的概念也大大扩展。于是,多传感器惯性组合导航系统成为导航系统的发展趋势,且已成为备受人们关注的热门领域,并在军事领域、空间技术领域得到广泛应用。多传感器组合导航系统中,应用最广泛的就是 GPS/惯性导航系统(也称为 GPS/INS 组合导航系统)。

惯性-卫星组合导航系统如图 6.16 所示。

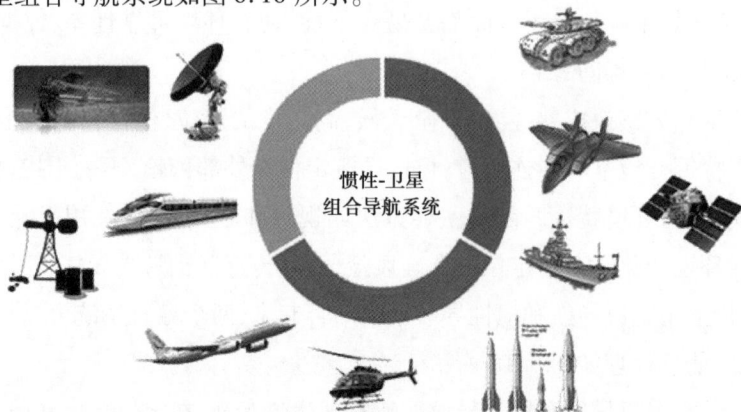

图 6.16 惯性-卫星组合导航系统

6.3.1 GPS **卫星组合惯导的组成**

(1)什么是组合导航技术

组合导航系统,是用 GPS、无线电导航、天文导航、卫星导航等系统中的一个或几个与惯导组合在一起形成的综合导航系统。

大多数组合导航系统以惯导系统为主,其原因主要是惯性导航能够提供比较多的导航参数,还能够提供全姿态信息参数,这是其他导航系统所不能比拟的。此外,它不受外界干扰,隐蔽性好,这也是其独特的优点。惯导系统定位误差随时间积累的不足可以由其他导航系统补充。

组合导航是近代导航理论和技术发展的结果。每种单一导航系统都有各自的独特性能和局限性。把几种不同的单一系统组合在一起,就能利用多种信息源,互相补充,构成一种有多余度和导航准确度更高的多功能系统。新的数据处理方法,特别是卡尔曼滤波(见波形估计)方法的应用是产生组合导航的关键。卡尔曼滤波通过运动方程和测量方程,不仅考虑当前所测得的参量值,还充分利用过去测得的参量值,以后者为基础推测当前应有的参量值,而以前者为校正量进行修正,从而获得当前参量值的最佳估算。当有多种分系统参与组合时,就可利用状态矢量概念。通常,取误差本身作为状态矢量,不是对速度、方位本身等作出最佳估计,而是对速度误差、方位误差等作出最佳估计。把这一估算从实际测得的速度、方位中减去,就得到此时此刻的速度、方位等参量。组合导航实际上是以计算机为中心,将各个导航传感器送来的信息加以综合和最优化数学处理,然后进行综合显示。导航传感器包括各种导航设备和计算机外部设备等,而显示设备等都是输出设备。

最基本的组合方法是以推测定位为主,定期用更高准确度的设备进行校正。

海上组合导航系统大致可分为简易型和大型两类。简易型组合导航系统采用大规模集成电路、模块结构和微型计算机控制,其优点是结构紧凑、可靠、轻便、价廉。大型组合导航系统常以惯性导航为主,再由卫星导航、天文导航和各种无线电导航设备作为校准手段,也有以卫星导航为主,与奥米加、罗兰和其他高准确度近程定位系统组合的系统。大型组合导航系统常与自动舵和防撞设备结合而成自动航行系统。大型组合导航系统大量使用微型计算机,实行多机并行工作;采用模块结构和标准接口,可以任意组合和扩展;采用最小二乘法或卡尔曼滤波技术提高系统的准确度。航空使用的组合导航系统种类很多。军用组合导航系统常以惯性导航为主,再与其他导航设备组合。民用组合导航系统常见的有伏尔导航系统、地美依导航系统、罗兰 C 导航系统、伏尔塔克导航系统、奥米加导航系统的组合。越洋飞行也用惯性导航与奥米加导航系统组合。

民航使用的新一代组合导航系统是飞行管理系统,把飞行姿态控制、飞行性能管理、导航、气象信息,数字仪表飞行和彩色屏幕显示等组合在一起,进行综合处理。

（2）GPS/INS 组合系统的组成

将 GPS 与惯性导航组合成一个系统的主要目的是提高导航的精度和可靠性。这种惯性组合导航系统的方式，克服了各自的缺点，取长补短，使综合后的导航精度高于两个系统单独工作的精度，实现了在高动态和强干扰的复杂环境下实时、高精度的导航定位，是一种比较完善的导航系统。

主要优势体现在以下方面：

①改善系统精度。惯导系统可以实现惯性传感器的校准、惯导系统的空中对准、高度通道的稳定等，从而有效地提高惯导系统的性能和精度。

②加强系统的动态性能和抗干扰能力。对于 GPS 全球定位系统，惯性组合导航系统的辅助可以提高其跟踪卫星的能力，提高接收机的动态性能和抗干扰性，提高可靠性。同时提高 GPS 接收机开机时信号的快速捕获能力和由于姿态机动（遮挡）所引起信号丢失之后的再捕获性能。

③实现一体化，减小非同步误差。GPS/INS 组合系统可以实现一体化，把 GPS 接收机放入惯导部件中，可以使系统的体积、质量和成本进一步减小，且便于实现惯导和 GPS 的同步，减小非同步误差。

总之，GPS/INS 组合系统可以构成一种比较理想的导航系统，是目前导航技术发展的主要方向。

6.3.2 GPS 卫星组合惯导的原理

在 GPS/INS 组合定位系统中，对整个系统定位性能影响源总结有两个方面，一方面是各个模块的误差源，另一方面是组合系统的组合方式。组合滤波器在系统的组合方式上起到关键性作用。卡尔曼滤波技术在本设计中使 GPS 和 INS 间的组合得到了极好的利用。建立此组合定位的数学模型需要状态方程和测量方程两个部分。建立状态方程需要密切结合组合定位系统的误差模型，GPS 的误差状态量和 INS 的误差状态量是构成误差模型的重要部分。测量方程用来记录整个系统的实时观测数据，观测量可以预算得到系统的状态值。

（1）GPS/INS 松组合

在 GPS/INS 松组合模式下，两个系统是相对独立的。GPS 可单独输出位置数据、速度等信息，INS 系统输出位置、速度、姿态信息，校正数据是通过组合滤波器将这些送入其中的数据进行比较求差，然后凭借卡尔曼滤波器将 INS 的误差预估出来，从而校正 INS 的定位数据，最后，由 INS 系统输出组合定位数据。但是，采用这种组合方式做定位，需要用到高精度的惯性器件，在松组合中高精度的器件才能发挥组合定位的优势。松组合中 GPS 和 INS 是相互独立的，这样，在遮蔽严重的场景，组合系统降级为单一的 INS 定位，整个系统的误差会随时间的增加而迅速递增。综合来看，这种组合方式的可靠性和抗干扰能力并不佳。GPS/INS 松组合模型原理图如图 6.17 所示。

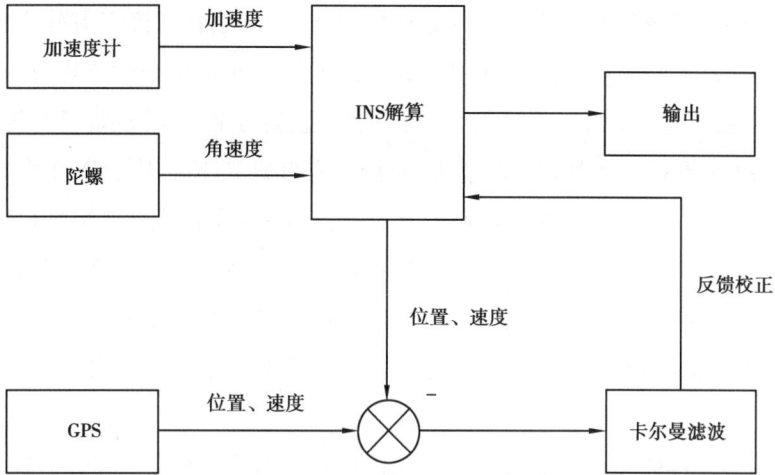

图 6.17　GPS/INS 松组合模型原理图

（2）GPS/INS 紧组合

在 GPS/INS 紧组合定位系统的观测值选择上，已有学者选择伪距和伪距率作为观测值实现 GPS 定位与惯性定位采用紧组合的方式进行了组合，达到了较好的工作状态。基于伪距和伪距率的 GPS/INS 紧组合定位系统原理如图 6.18 所示。

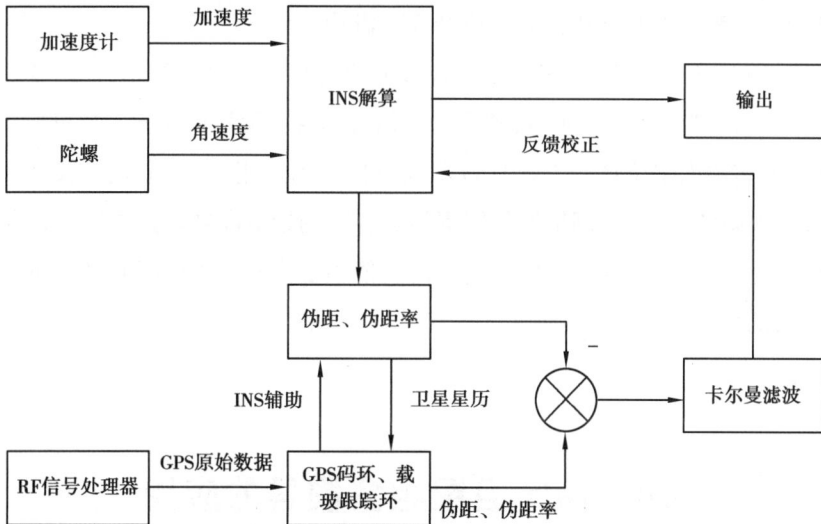

图 6.18　GPS/INS 紧组合模型原理图

（3）GPS/INS 深组合

深组合算法是在紧算法的基础上，利用 IMU 原始数据辅助 GNSS 信号捕获跟踪，通过 IMU 准确的相对多普勒变化信息辅助载波跟踪环路，提高恶劣环境下多普勒估计准确度，从而提高恶劣环境下载波相位、伪距等观测量的精度和连续性，减少观测量中断和跳变，从而有效提高组合导航精度和可靠性。另外，利用深组合还可以有效检测出欺骗信号，保护组合导航设备不受干扰。

对于不同的算法，其对组合导航精度的影响也不一定。

首先,卫惯组合系统的组合算法存在差异性,深组合算法在精度上有较大优势,且门槛较高。据北云科技的实测数据显示,深组合较普通的松耦合定位精度可提升 3～7 倍,较紧组合定位精度可提升 2～5 倍。而深组合算法的实现,除了需要具备紧组合算法研发能力外,还需要具备 GNSS 射频和基带接收能力,目前只有自研 RTK 芯片的公司可以做。

其次,IMU 子系统内的算法对定位精度有影响:IMU 中最重要的是其 DR(Dead Reckoning)航迹推算算法。DR 算法是指已知上一时刻导航状态(状态、速度和位置),根据传感器观测值推算到下一时刻的导航状态。DR 航位推算精度与 DR 算法性能有关,尤其是里程计系统误差和陀螺零偏的标定精度。其中,定位误差中的 50% 来自零点漂移,50% 来自陀螺标度误差。

因此,对惯性器件的误差分析和补偿是提高 IMU 导航定位精度的主要方法,即算法补偿是常用的方法之一。惯性器件主要的误差分析和补偿方法分为 3 种:

①将误差通过算法拟合方式进行补偿;

②采用旋转调制技术,将 IMU 加上转动机构进行旋转,通过旋转来消除常值误差(即旋转调制);

③采用 Allan 方差分析法,补偿系统随机误差。

最后,GNSS 子系统内的算法也对定位精度有影响。

为了提高 GNSS 定位精度,一般需要引入基准站(差分台)进行修正,即广泛应用的实时动态定位 RTK(Real-Time Kinematic),其中对于信号的修正解算依赖于高精度定位算法的实现。并且,GNSS 高精度定位算法需要具备不同场景下的适用性,这依赖于长期积累。在实际应用中,包括太阳活动、通信网络等等因素导致各个场景下高精度定位算法的结算精度和结果有差异,因此要保证算法解算结果的精确性,依赖于算法对不同场景环境的适应性处理和修正,需要长期积累。

6.4　GPS 卫星组合惯导的应用

6.4.1　GPS 卫星组合惯导的应用

GPS 是一种相对精准的定位传感器,但更新频率低,并不能满足实时计算的要求。而惯性传感器的定位误差会随着运行时间增长,但由于其是高频传感器,在短时间内可以提供稳定的实时位置更新,所以我们只要找到一个方法能融合这两种传感器的优点,各取所长,就可以得到比较实时与精准的定位。

卡尔曼滤波器可以从一组有限的、包含噪声的物体位置的观察序列预测出物体的位置坐标及速度。它具有很强的鲁棒性,即使对物体位置的观测有误差,根据物体历史状态与当前对位置的观测,我们也可以较准确地推算出物体的位置。卡尔曼滤波器运行时主要分两个阶段:预测阶段基于上个时间点的位置信息去预测当前的位置信息;更新阶段通过当前对物体位置的观测去纠正位置预测,从而更新物体的位置。

举个具体例子,假设你家停电,没有任何灯光,你想从客厅走回卧室。你十分清楚客厅与卧室的相对位置,于是你在黑暗中行走,并试图通过计算步数来预测当前位置。走到一半时,你摸到了电视机。由于你事先知道电视机在客厅中的大致位置,你可以通过印象中电视机的位置去更正你对当前位置的预测,然后在这个更加准确的位置估计基础上继续依靠计算步数向卧室前行。依靠计算步数与触摸物体,你最终从客厅摸黑走回了卧室,这背后的道理就是卡尔曼滤波器的核心原理。GPS 与惯性测量单元的传感器融合定位如图 6.19 所示。

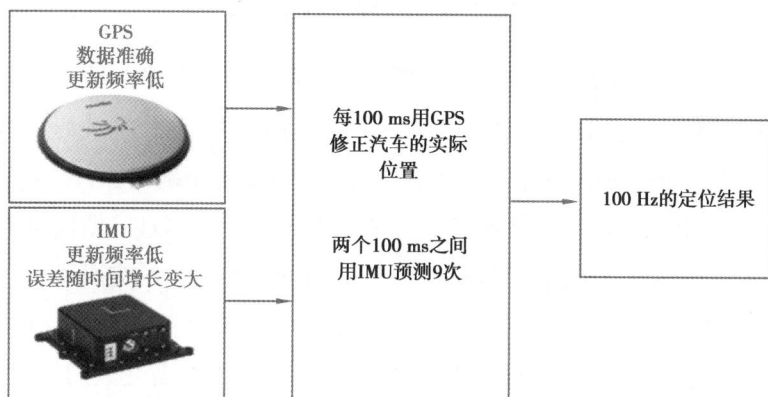

图 6.19　GPS 与惯性测量单元的传感器融合定位

6.4.2　GPS 卫星组合惯导的发展趋势

GPS/INS 组合系统作为导航系统的一个重要组成部分,已经成为国际上的一个研究热点,尤其是低成本的 GPS/INS 惯性组合导航系统。

国内的一些高等院校、研究所和企业公司也开展了组合导航的多项技术的研究。例如北京航空航天大学研究设计了一种"GPS/INS/MM(地图匹配)车辆定位系统",其组合定位误差达到±40 m。

目前 GPS/INS 组合系统的发展趋势为:提高 GPS 系统的抗干扰性能,提高 GPS/INS 组合制导的可靠性;研制新型 INS 系统,从而提高 GPS/INS 组合制导的精度;研究数据融合技术,进一步提高 GPS/INS 组合制导的性能。

虽然 GPS/INS 组合系统还在研究发展中,但是 GPS/INS 组合系统中的 GPS 与 INS 是互补的、互相提高的一种组合集成系统,其定位精度高、可靠性好、性能强,系统的优势明显,应用领域更宽广,将会是导航研究的一个重点方向。面对日益多样化的导航定位需求和越来越复杂的应用环境,任何单一的导航定位系统都无法成为解决一切问题的方案,多系统、多方式组合应用已经成为必然趋势。

对于高精度应用领域来说,目前的解决方案还不完善,仍需从技术方面,例如采用紧密耦合等方式,使 GNSS 与 INS 更深层次结合,以达到最佳组合定位效果。

对于大部分民用领域来说,考虑到成本因素,以高精度北斗/GNSS 定位为主,以低成本的惯导组件为辅的方案,能够优势互补,既能够满足精度需要,也能够兼顾复杂的应用环境,特别是在一些大部分情况 GNSS 信号良好,只是个别小范围信号受影响的环境,这种方案效果更好、更受用户欢迎。

6.5　本章小结

本章学习了惯性导航系统的定义,认识惯性导航系统以及全球卫星定位系统的结构组成,掌握不同类型惯导系统和卫星定位系统的优缺点,了解卫星定位系统的工作原理与 GPS 组合惯导系统。惯性导航可以配合 GPS 实现自动驾驶汽车的精确定位,在 GPS 信号丢失或者很弱的情况下,用积分法取得最接近真实的三维高精度定位。目前,惯性组合导航系统逐渐代替了单一的惯导系统,根据时代的发展需要,惯性组合导航系统克服了单一导航系统的局限性,将飞机和舰船等运载体上的两种或两种以上的导航设备组合在一起的导航系统。多传感器惯性组合导航系统成为导航系统的发展趋势,且已成为备受人们关注的热门领域,并在军事领域、空间技术领域得到广泛应用。多传感器组合导航系统中,应用最为广泛的就是 GPS/惯性导航系统(也称为 GPS/INS 组合导航系统)。虽然我国在 GNSS/SINS 组合导航领域的研究起步较晚,但是随着与 BDS(BeiDou Navigation Satellite System,BDS)相关产业的迅猛发展,我国必将在未来改变美国 GPS 相关导航一家独大的局面,在导航领域占有一席之地。随着民用和军事对导航系统高动态、高稳定性和高可靠性的不断追求,卫星导航和惯性导航的组合有着巨大的发展应用前景。

习　题

一、单选题

1.惯性导航通过(　　　　)测量载体相对惯性空间的角速率和加速度信息。

A.惯性测量单元　　　　B.激光　　　　　　　　C.毫米波　　　　　　　　D.光线

2.一个惯性测量单元包括几个相互正交的单轴加速计和几个相互正交的单轴陀螺仪?
(　　　)

　　　A.3,3　　　　　　　　B.2,4　　　　　　　　C.2,2　　　　　　　　D.4,4

3. 组成惯性导航系统(INS)的设备都安装在运载体内,工作时不依赖外界信息,也不向外界辐射能量,不易受到干扰,是一种(　　)导航系统。

A. 半自主式　　　　　B. 自主式　　　　　C. 机械式　　　　　D. 控制

4. 将陀螺框架组件用高密度液体悬浮,利用阿基米德原理使浮液浮力完全克服重力,实现中性悬浮使其支撑轴承卸载,这种陀螺仪称为(　　)。

A. 低液浮陀螺仪　　　B. 悬浮式陀螺仪　　C. 半液浮陀螺仪　　D. 全液浮陀螺仪

5. 当卫星定位导航信号受到高强度干扰或卫星系统接收机故障时,惯性导航系统可(　　)。

A. 独立进行导航定位　B. 辅助导航　　　　C. 抵抗干扰　　　　D. 保护卫星信号

6. 液浮陀螺仪的主要特点是将(　　)密封在充有惰性气体的浮球(或浮筒)内,而浮球悬浮于氟油之中,通过精确的静平衡以及温度控制,使浮球所受的浮力与该组件的重力完全平衡,从而保证浮球定位用的宝石轴承上的摩擦力矩降到极微小的程度。

A. 外接转子　　　　　B. 陀螺仪　　　　　C. 转子　　　　　　D. 惯导单元

7. 在自动驾驶汽车上,通常需要将激光雷达与(　　)坐标系进行标定,来建立激光雷达与车体坐标系之间的关系。

A. 惯性导航单元　　　B. 高精度地图　　　C. 水平　　　　　　D. 垂直

8. 光传播路径的不同,决定了敏感元件的(　　)。

A. 角速度　　　　　　B. 角位移　　　　　C. 线速度　　　　　D. 角运动

9. 卫星导航定位系统是(　　)。

A. 惯性导航系统　　　　　　　　　　　　B. 区域卫星导航系统

C. 星基无线电导航系统　　　　　　　　　D. 地基增强系统

10. (　　)在卫星导航中是最重要、最基本的物理量之一。

A. 时间系统　　　　　B. 空间系统　　　　C. 坐标系　　　　　D. 定位系统

11. 惯性导航具有(　　)的特点(多选)。

A. 不依赖外界信息　　B. 不向外界辐射能量　C. 不受干扰　　　　D. 隐蔽性好

12. 惯性导航系统通常由(　　)等组成(多选)。

A. 惯性测量装置　　　B. 计算机　　　　　C. 控制显示器　　　D. 激光雷达

13. 惯性导航系统具有(　　)(多选)。

A. 自主性　　　　　　B. 轻便性　　　　　C. 灵活性　　　　　D. 保密性

14. 根据惯性导航系统的力学编排实现形式又可以分为(　　)(多选)。

A. 线束惯性导航系统　　　　　　　　　　B. 液浮陀螺仪惯性导航系统

C. 捷联式惯性导航系统　　　　　　　　　D. 平台式惯性导航系统

15. 在任何驾驶条件下,自动驾驶车辆均依赖于(　　)(多选)。

A. 汽车位置　　　　　B. 汽车行驶的速度　C. 毫米波雷达　　　D. 激光雷达

16. 北斗卫星定位系统由( )组成(多选)。

A. 水平段   B. 空间段   C. 地面段   D. 用户段

17. 目前 GPS/INS 组合系统的发展趋势为( )(多选)。

A. 提高 GPS 系统的抗干扰性能   B. 提高 GPS/INS 组合制导的可靠性

C. 研制新型 INS 系统   D. 研究数据融合技术

18. 空间载体的瞬时运动参数,包括( )参数,都可以由 IMU 测量得到(多选)。

A. 直线运动   B. 控制   C. 角运动   D. 定位

19. 地基增强系统(Ground-Based Augmentation Systems, GBAS)是卫星导航系统建设中的一项重要内容,可以大大提升系统服务性能。GBAS 综合使用了各种不同效果的导航增强技术,主要包括( ),最终实现了其增强卫星导航服务性能的功能(多选)。

A. 精度增强技术   B. 完好性增强技术

C. 连续性   D. 可用性增强技术

20. 坐标系统大概分为( )(多选)。

A. 参心坐标系   B. 地理坐标系计算

C. 惯性坐标系匹配   D. 地球坐标系地图融合

21. 非摆式加速度计包括( )(多选)。

A. 电磁加速度计   B. 静电加速度计   C. 液体加速度计   D. 振梁加速度计

22. 时间系统可分为( )等(多选)。

A. 世界时   B 力学时   C. 原子时   D. 儒略日

二、填空题

1. 惯性导航是 20 世纪中期发展起来的_____的导航技术。

2. 惯性导航工作原理是以牛顿力学定律为基础,通过测量载体在_____的加速度,将它对时间进行积分,且把它变换到导航坐标系中,就能够得到在导航坐标系中的速度、偏航角和位置等信息,从而实现精确定位。

3. 惯性测量装置包括加速度计和_____,又称惯性测量装置包括加速度计和陀螺仪,又称惯性测量单元/IMU。

4. 陀螺仪具有_____和进动性,利用这些特性制成了敏感角速度的速率陀螺和敏感角偏差的位置陀螺。

5. 陀螺仪种类多种多样,按陀螺转子主轴所具有的_____数目可分为二自由度陀螺仪和单自由度陀螺仪。

6. 惯性导航系统利用安装在载体上的惯性器件敏感载体的运动,输出载体的_____信息。

7. 从全球导航卫星系统和惯性导航系统的优缺点来看,两者具有很强的_____。在短时间内惯性导航系统的误差比全球导航卫星系统小,但长时间使用时,必须通过全球导航卫星系统离散测量值进行修正,通过抓取系统漂移量,达到快速估计状态参数与收敛的目的。

8. 在 GNSS 和 INS 组合系统中,可以通过_____处理传感器测量值,从而给出更加准确、稳定的载体高精度定位信息。

9. 在车辆行驶过程的侧倾、俯仰、横摆等运动情况下,惯性导航系统为车载传感器提供车辆的空间位置和姿态,用于修正传感器对环境的检测,建立更加准确的_____。

10. _____系统是星基无线电导航系统,以人造地球卫星作为导航台,为全球海陆空的各类军民载体提供位置、速度和时间信息,这些信息都具有全天候且高精度等特征,因而又被称作天基定位、导航和授时系统。

三、判断题

1. 惯性导航属于一种推算导航方式。　　　　　　　　　　　　　　　　（　　）

2. 陀螺仪不是惯性系统的主要元件。　　　　　　　　　　　　　　　　（　　）

3. 惯性导航工作原理是以牛顿力学定律为基础。　　　　　　　　　　　（　　）

4. 加速度计可以测量载体的瞬时加速度信息,根据计算获得载体的瞬时速度和位置;陀螺仪可以测量瞬时角速率或角位置信息,提供各轴(及其上加速度计)在各时刻的方向。

　　　　　　　　　　　　　　　　　　　　　　　　　　　　　　　　（　　）

5. 组成惯性导航系统(INS)的设备都安装在运载体内,工作时不依赖外界信息,也不向外界辐射能量,不易受到干扰,是一种自主式导航系统。　　　　　　　　（　　）

6. 为了能控制陀螺仪按一定的规律进动,需安装稳定器。　　　　　　　（　　）

7. 惯性导航系统利用安装在载体上的惯性器件敏感载体的运动,输出载体的姿态和位置信息。　　　　　　　　　　　　　　　　　　　　　　　　　　　　　（　　）

8. 液浮陀螺仪是惯性导航系统中应用极为广泛的一种陀螺仪,它属于悬架式陀螺。

　　　　　　　　　　　　　　　　　　　　　　　　　　　　　　　　（　　）

9. 大多数组合导航系统以惯导系统为主。　　　　　　　　　　　　　　（　　）

10. 加速度计是惯性导航系统的核心元件之一。　　　　　　　　　　　（　　）

四、简答题

1. 请简述惯性导航系统及惯性测量装置的组成。

2. 简述陀螺仪的不同分类。

3. 简述加速计的不同分类。

4. 简述卡尔曼滤波器的运作阶段。

5. 简述惯性导航系统的分类。

6.简单描述全球四大导航卫星。

7.什么是组合导航技术？

五、问答题

1.什么惯性导航系统？

2.概述惯性导航系统的优缺点。

3.为什么要将全球导航卫星系统和惯性导航系统组合？

第7章 传感器融合

学习目标

通过本章的学习,读者能够掌握多传感器融合的定义及特点、多传感器融合的原理、多传感器融合的方案以及多传感器融合技术的方法;熟悉多传感器融合技术的融合算法,以及在自动驾驶中的多传感器配置案例。

教学要求

知识要点	能力要求
多传感器融合概述	掌握多传感器融合定义、特点及其意义
多传感器融合原理	了解全分布式、集中式以及混合式原理
多传感器融合算法	了解多传感器融合随机类方法和人工智能方法
多传感器融合技术	了解模块化、传感器独立的融合方法以及针对运动目标检测和追踪的多传感器融合方法 FOP-MOC 模型方法
传感器融合方案	了解不同的传感器融合方案与实际案例

案例导入

诸如自动泊车、公路巡航控制和自动紧急制动的自动驾驶汽车功能也在很大程度上依靠传感器来实现。重要的不只是传感器的数量或种类,它们的使用方式也同样重要。目前,大多数路面上行驶车辆内的 ADAS 都是独立工作的,这意味着它们彼此之间几乎不交换信息。后视摄像头、环视系统、雷达和前方摄像头都有它们各自的用途。通过将这些独立的系统添加到车辆当中,可以为驾驶员提供更多信息,并且实现自动驾驶功能。接下来我们将进一步学习多传感器融合技术是怎样将传感器融合起来的,是如何提高自动驾驶汽车的安全性的。

7.1 多传感器融合概述

7.1.1 概述

车辆主被动安全系统中的数据融合技术如图 7.1 所示,包含有侧后方雷达、智能后视摄像头和前向雷达等。有的车还配备了激光雷达、毫米波雷达、GPS 惯性导航等传感器。不同车载传感器的原理、功能互不相同,在不同的场景下发挥着各自的优势,其获取的信息也各不相同,不能相互替代。由于每种传感器都有其各自的优缺点,仅仅通过增加某一种或某几种的传感器数量并不能从根本上解决问题。为了实现自动驾驶,就需要使用最新的多传感

180

器融合技术将多个传感器相互融合,取长补短,共同构成自动驾驶汽车的感知系统,是自动驾驶汽车不可或缺的必要元素。

例如,相比于摄像头,雷达的分辨率较差,难以识别具体的物体种类,但是其抗干扰能力强,在恶劣环境下,如夜晚、雾天等仍然可以工作,还可以得到距离信息。然而摄像头虽然受环境影响较大,但是其分辨率高,并且能获取丰富的图像信息,便于物体的识别。由此可见,摄像头与雷达之间有着很强的互补性,成功实现两者信息的融合,能有效增强系统的感知能力。

综合以上分析,多传感器融合技术可发挥各传感器的优势,补充短板,让中央决策系统能得到的信息更加丰富,判断更加准确,是自动驾驶汽车保证安全驾驶最为重要的一步。

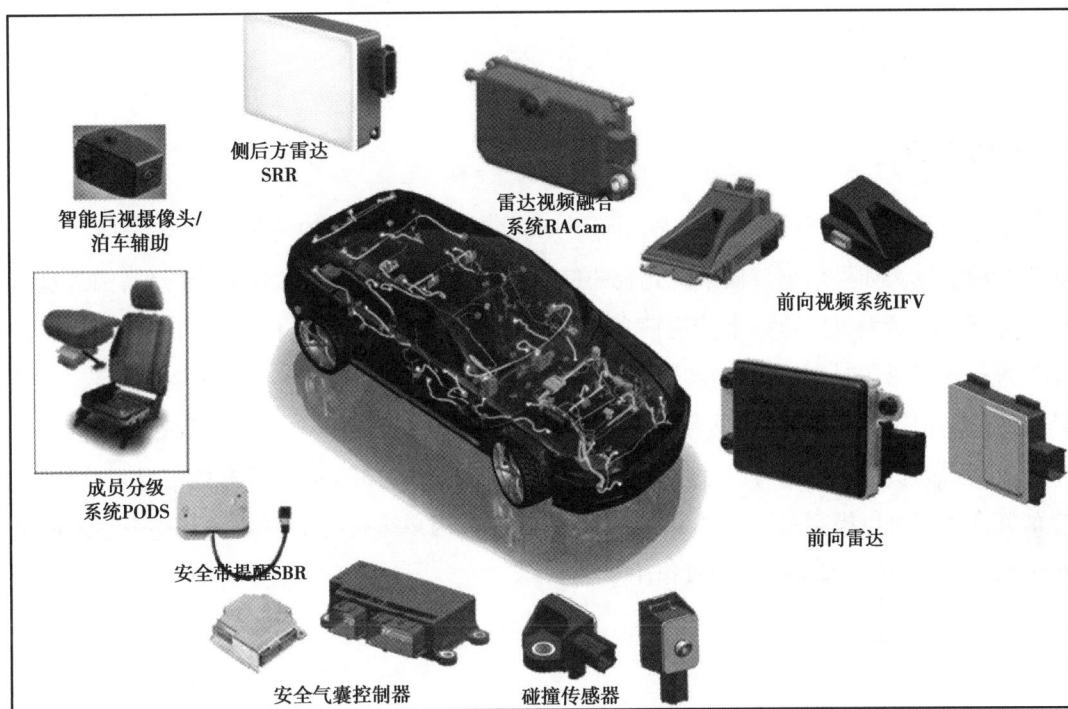

图 7.1 车辆主被动安全系统中的数据融合技术

7.1.2 定义

信息融合又称多传感器信息融合,是将不同传感器对某一个目标或环境特征描述的信息融合成统一的特征表达信息及其处理的过程。信息融合这一基本的功能其实在人类和其他生物系统普遍存在,人类本能地具有将身体上的各种功能器官(眼、耳、鼻、四肢)所探测的信息(景物、声音、气味和触觉)与先验知识进行综合的能力,以便对周围的环境和正在发生的事件做出相对正的估计和预判。由于人类的感官具有不同的度量特征,因此可测量出不同空间范围内的各种物理现象,这一过程是复杂的,也是自适应的。它将各种信息(图像、声音、气味和物理形状或描述)转化成对环境的有价值的解释。

多传感器信息融合实际上是模拟人脑综合处理复杂问题能力的一种功能。在多传感器系统中,各种传感器提供的信息可能具有不同的特征:时变的或者非时变的,实时的或者非实时的,模糊的或者确定的,精确的或者不完整的,相互支持的或者互补的。多传感器信息融合就像人脑综合处理信息的过程一样,它充分利用多个传感器资源,通过对各种传感器及其观测信息的合理支配和使用,将各种传感器在时间和空间上的互补信息与冗余信息依据某种优化准则组合起来,产生对观测环境的一致性解释或描述。信息融合的目标是基于各种传感器分别观测获得的信息,通过对信息的组合和进一步的优化导出更多的有效信息。这是最佳协同作用的结果,它的最终目的是利用多个传感器共同或联合操作的优势来提高整个系统的有效性。

7.1.3　特点

1)信息的冗余性

信息的冗余性是指传递的信息被复杂化,即信息本可以用更加简单的方式表达,可以传递更少的信息。如果信息传输中有冗余的信号或符号,信道的传输效率就会降低,因为这时信道并不是以最大可能速率来传递信息的,这就是冗余信息的消极作用。例如自动驾驶汽车在进行环境感知时,对于环境的某个特征,可以通过多个传感器得到它的多份信息。这些信息有些是相对冗余的,并且具有不同的可靠性,如果全部传入中央决策进行处理就会增加中央处理器的负担。这时可以通过融合处理,从中提取出更加准确和可靠的信息。此外,信息的冗余性还可以提高系统的稳定性,从而能够避免因单个传感器失效而对整个系统所造成的影响,这是信息冗余性的积极作用。

2)信息的互补性

不同种类的传感器可以为系统提供不同性质的信息,这些信息所描述的对象是不同的环境特征,它们彼此之间具有互补性。多种传感器联合互补,可避免单一传感器的局限性,最大程度发挥各个(种)传感器的优势,能同时获取被检测物体的多种不同特征信息,减少环境、噪声等干扰。如果我们定义一个由所有特征构成的坐标空间,那么每个传感器所提供的信息只属于整个空间的一个子空间,与其他传感器形成的空间相互独立。

3)信息处理的及时性

各传感器的处理过程相互独立,整个处理过程可以采用并行导热处理机制,使系统具有更快的处理速度,从而提供更加及时的处理结果。例如激光雷达和视觉传感器的融合,激光雷达将反射回来的激光束经过处理后得到一个实时的三维模型,视觉传感器将捕获的像素处理成图像,它们再分别传递给决策层处理,这样决策层就能够少处理一部分信息,使得整个系统有更快的处理速度。

4）信息处理的低成本性

多个传感器可以花费更少的代价来得到相当于单传感器所能得到的信息量。另一方面，如果不将单个传感器所提供的信息用来实现其他功能，单个传感器的成本和多传感器的成本之和是相当的，这就是信息处理的低成本性。融合还可以实现多个价格低廉的传感器代替价格昂贵的传感器设备，在保证性能的基础上又可以降低成本预算。

7.1.4　意义

自动驾驶汽车通主要是通过硬件传感器获取周围的环境信息以及车内信息的采集，然后对采集信息进行处理与分析，它是自动驾驶汽车自主行驶的基础和前提。

作为自动驾驶的首要环节，环境信息的采集处理与分析是自动驾驶汽车与外界环境信息交互的关键，其核心在于使自动驾驶汽车能更好地模拟，甚至超越人类驾驶员的感知能力，准确地感知并处理车辆自身和周边环境。环境感知的对象主要包括路面、静态物体和动态物体等三个方面，涉及道路边界检测、障碍物检测、车辆检测、行人检测等技术。特别地，对于动态物体，不仅要检测到物体的当前位置，而且还要对其轨迹进行跟踪，并根据跟踪结果预测物体下一步的位置。所用到的传感器一般包括激光测距仪、视频摄像头、车载雷达等。

由于各个传感器的特点不同，具有各自的适应范围和局限性，单个传感器满足不了各种环境下对信息的有效采集。车辆要在各种环境下平稳地运行，就需要运用到多传感器融合技术，该技术也是环境感知的关键所在。与此同时，自动驾驶汽车通过摄像头、雷达、定位导航系统等获取环境信息，数据形式包括图像、视频、点云等。

如何有效地挖掘、利用这些感知数据，去除与自动驾驶无关的信息，抽取并融合对行车驾驶有用的信息，控制车辆自动行驶是环境感知的核心问题之一。例如自动驾驶技术是智能网联汽车中一个非常重要的功能，自动泊车、公路巡航控制和自动紧急制动等功能在很大程度上是依靠传感器来实现的。现有的车载传感器包括超声波雷达、毫米波雷达、激光雷达、视觉传感器等，它们有各自的优缺点，根据适用的环境不同，可以选用不同的传感器作用。但是仅靠单一的传感器不能够保证无人驾驶的功能性与安全性，例如在雨、雪和浓雾天气驾驶汽车，如果仅靠视觉传感器获取道路信息，识别的精度得不到保证，但如果结合雷达在测距和穿透雨、雪和浓雾方面的优势就可以得到一个相比之前单一传感器更加精确的道路信息。

多传感器信息融合的优点在于能够综合利用多种信息源的不同特点，多方位获得相关信息，从而提高整个系统的可靠性和精确度。

7.2 传感器融合原理

7.2.1 原理

多传感器融合基本原理是将各种传感器进行多层次、多空间的信息互补和优化组合处理，最终产生对观测环境的一致性解释。在这个过程中要充分利用多源数据进行合理支配与使用，而信息融合的最终目标则是基于各传感器获得的分离观测信息，通过对信息多级别、多方面组合导出更多有用信息。这不仅是利用了多个传感器相互协同操作的优势，而且也综合处理了其他信息源的数据来提高整个传感器系统的智能化。

例如，激光雷达的分辨率、精度较高，可以获得极高的角度、距离分辨率，抵抗有源干扰的能力较强，获取的信息量较丰富。但是容易受环境影响，在遇到雨、雪和雾霾天气精度会下降，难以识别有颜色的交通标志以及交通标志的含义，易受光信号影响（激光雷达接收的是光信号），成本也相对较高。而视觉传感器可对车道进行检测、对障碍物进行检测以及对交通标志颜色含义进行识别等。现在我们利用传感器融合技术将两个传感器进行融合，在遇见汽车前方动态的物体，视觉传感器能够判断出前后两帧中是否为同一物体或行人，而激光雷达则可以在得到信息后测算前后两帧时间间隔内的物体或行人的运动速度和运动位移，将视觉传感器和激光雷达分别识别后得到的数据源再进行融合和标定，可以获得更好的、更加准确的结果，也能够适应更多的天气。

7.2.2 信息融合的体系结构

与汽车内每个系统单独执行各自的报警或控制功能不同，在一个融合系统中，最终采取哪种操作是由单个器件集中决定的。现在的关键问题就是在哪里完成数据处理，以及如何将传感器的数据发送到中央电子控制单元（ECU）。当对不是集中在一起而是遍布车身的多个传感器进行融合时，我们就需要专门考虑传感器和中央融合处理器（ECU）之间的连接。对于数据处理的位置也是如此，因为它也会影响整个系统的实现。以下是三种多传感器融合的体系结构，分别为全分布式、集中式以及混合式，如图7.2、图7.3、图7.4所示。

1）全分布式

全分布式是由本地传感器模块进行高级数据处理，并在一定程度上进行决策制定的。全分布式系统只将对象数据或源数据（描述对象特征和/或识别对象的数据）发回到中央处理器（ECU）融合。ECU将数据组合在一起，并最终决定如何执行或作出反应。其优点是传感器模块与中央处理器（ECU）之间可以使用更低带宽、更加简单且更加便宜的接口。中央ECU只将对象数据融合在一起，因此它所需的处理能力更低、模块更小，所需功耗也就更低；

缺点是传感器模块需要有应用处理器,会使其体积更大、价格更高且功耗增大,且中央决策制定处理器(ECU)只能获取对象数据,而无法访问实际的传感器数据,会使跟踪的精度降低。

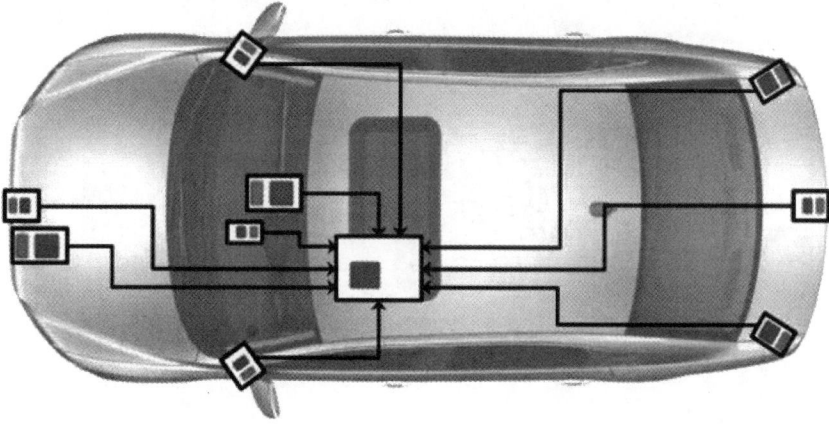

图7.2　分布式

2)集中式

集中式处理,是指所有的数据处理和决策制定都是在同一个位置完成,数据是来自不同传感器的"原始数据"。其优点是传感器模块体积小巧、成本低、功耗更低,传感器的安装位置也很灵活,并且所需安装空间很小,中央处理器(ECU)可以获取全部数据,数据不会因为传感器模块内的预处理或压缩而丢失,缺点是需要的宽带通信较大,ECU需要有高性能处理能力和很快的速度来处理所有输入数据。

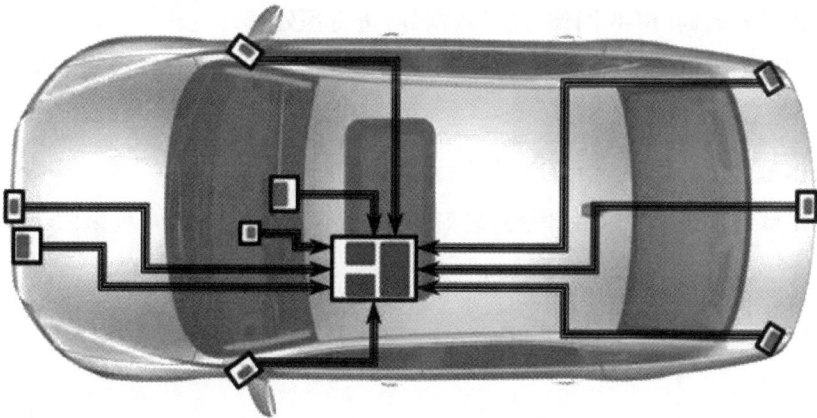

图7.3　集中式

3)混合式

混合式多传感器信息融合框架中,根据系统中所使用传感器的数量与种类,以及针对不同车型和升级选项的可扩展性要求,将两个拓扑混合在一起就可获得一个优化解决方案。

混合式融合框架具有较强的适应能力,兼顾了集中式和分布式融合的优点,稳定性相比其他两种更强。混合式融合方式的结构要比前面两种融合方式的结构更加复杂,同时也增加了通信和计算上的成本。

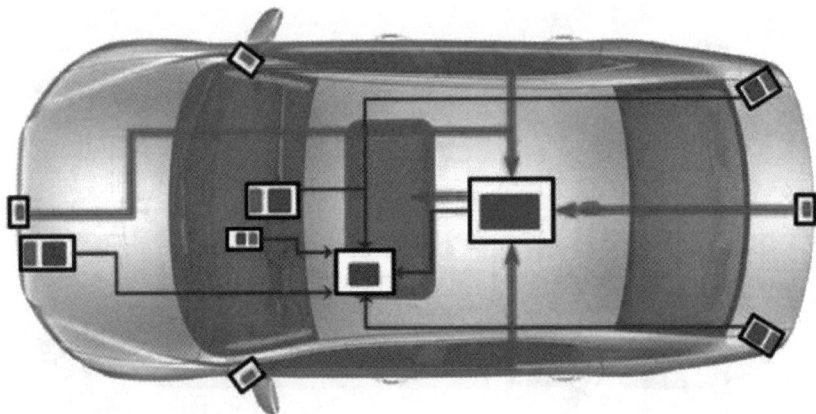

图7.4　混合式

7.2.3　多传感器融合过程

多传感器融合可以充分利用多传感器的优势减小单传感器的局限性,采集多个或多种传感器观测的信息,通过对这些数据和信息的合理支配和使用,利用其在时间或空间上的冗余或互补信息,基于优化算法进行综合分析、支配和使用,以获得被观测对象的一致性解释或描述。具体来说,传感器融合过程如下:

①多个或多种传感器独立工作获得观测数据;

②对各传感器数据(RGB 图像、点云数据等)进行预处理;

③对处理数据进行特征提取、变换,并对其进行模式识别处理,获取对观测对象的描述信息;

④在数据融合中心按照一定的准则进行数据关联;

⑤使用足够优化的算法对各传感器数据进行融合,获得对观测对象的一致性描述和解释。

7.3　多传感器融合算法

目前,多传感器融合在硬件方面的实现并不困难,传感器标定技术已经较为成熟,其实现的关键问题在于要有足够优化的算法。多传感器数据融合虽然未形成完整的理论体系,但在实际工程中,根据不同的应用背景,已经提出了很多有效并且不断优化过后的融合算法。

多传感器融合常用的算法大致可以分为两类：随机类方法和人工智能方法。随机类方法的杰出代表是卡尔曼滤波法（Kalman filtering），此外还有加权平均法、贝叶斯估计法（Bayesian estimation）、D-S（Dempster Shafer）证据理论等；人工智能方法的常用方法主要有专家系统、模糊逻辑理论、人工神经网络、遗传算法等。

7.3.1　随机类方法

1）加权平均融合法

加权平均法融合数据信息可以通过获取各种传感器信号的平均值来实现。若某一个传感器的信号比其他传感器更可信，则为该传感器分配更高的权重，以增加其对融合信号的贡献。加权平均法是信号级融合最简单、最直观的一种算法，可以对传感器接收到的冗余信息进行加权平均。加权平均法可以对原始数据直接进行使用。通过加权平均法，可以在图像识别中对模糊图像进行处理，使图像识别更加清晰与准确。加权平均法实例如图 7.5 所示，图 7.5（a）的右边部分模糊，图 7.5（b）的左边部分模糊，通过在 MATLAB 软件中进行加权平均后得到清晰的图片，即图 7.5（c）。加权平均法在交通标志牌的识别中十分重要，不仅可以提高安全性，而且可以增强鲁棒性。但是，其权值的分配和取值带有一定的主观性且过于简单，融合效果并不够理想，实用性差。

（a）左聚焦

（b）右聚焦

（c）融合

图 7.5 加权平均融合效果

2）贝叶斯估计法

贝叶斯估计融合法是根据贝叶斯定理的条件和后验概率的统计数据融合方法。其方法是根据概率原则将多传感器的输入数据进行组合，以条件概率表示检测的不确定性，将目标的关联概率分布整合成一个联合的后验概率分布函数，并促使这个联合后验概率分布函数的似然函数为最小,最终产生融合值,能够通过已知状态向量估计未知的多位未知向量。贝叶斯估计法常用于静态环境下特征层的融合,其主要公式为

$$P(A_i \mid B) = \frac{P(B \mid A_i)P(A_i)}{\sum_{i=1}^{n} P(B \mid A_i)P(A_i)} \tag{7.1}$$

式中,$P(\theta \mid X)$ 表示通过样本 X 得到参数 θ 的概率;$P(X \mid \theta)$ 表示通过参数 θ 得到样本 X 的概率;$P(\theta)$ 表示参数 θ 的先验概率,其值是根据人的先验知识来得出的;$P(X)$ 表示样本 X 发生的概率,是各种参数 θ 条件下发生的概率的积分。贝叶斯估计法在融合过程中,因传感器的输出信息具有不确定性,对这些数据进行似然估计,并以条件概率表示该不确定性。在工作过程中不断结合新数据来更新似然估计,并依概率将信息进行融合,按照一定的原则作出最优决策。贝叶斯估计法的局限性在于其工作基于先验概率,若没有先验概率,则需要通过大量的数据统计来实现,这往往要耗费大量的时间和精力。

3)D-S 证据理论

D-S 证据理论是贝叶斯估计的拓展,是一种用于决策层的信息融合方法,其三个基本要素是基本概率赋值函数、信任函数和似然函数。D-S 证据理论突破了贝叶斯估计法需要先验概率的局限,开创性地提出了置信区间和不确定区间的概念。其推论的具体过程是利用多个传感器探测到的被测物体的数据信息,并根据这些数据信息得到每个传感器对应的证据(对被测物体的支持度)。D-S 证据理论就是按照一定的原则对这些证据进行组合,并最终得到对被测物体的一致决策。D-S 证据理论不要求在未知情况下对每个事件进行单独赋值,仅将信任值(基本概览赋值)赋给信任项,先将所有不确定时间都归为未知命题,然后通过证据组合来不断缩小未知的范围,直到达到判决条件。

假设 n 个传感器输入数据源对命题 A 的基本可信度分配,$m(A)$ 为经过 Dempster 合并规则得到的联合的更新基本可信度分配,再根据可信度进行逻辑决策。首先建立在一个互不相容的基本命题 A 组成的非空辨别框架 Θ,用于描述某一目标的所有可能的答案,再定义基本概率分配函数,用于表示分配给各命题的信任程度,$m(A)$ 为证据支持命题 A 发生的可信度,如满足如下条件

$$\begin{cases} m(\phi) = 0 \\ \sum_{A \subseteq 2\Theta} m(A) = 1 \end{cases}$$

然后定义信任函数 $\mathrm{Bel}(A)$,用于表示决策者对命题 A 的总信任度,其公式为

$$\mathrm{Bel}(A) = \sum_{B \subseteq A} m(B), A \subseteq \Theta, B \neq \varnothing \tag{7.2}$$

Dempster 的合并规则为:

$$\begin{cases} m(A) = m_1(B) + m_2(C) = K^{-1} \sum_{B_j \cap C_j = A} m_1(B) m_2(C) \\ K = 1 - \sum_{B_j \cap C_j = \varnothing} m_1(B_i) m_2(C_j) \end{cases} \tag{7.3}$$

式(7.3)中,m_1 和 m_2 表示辨别框架 Θ 中的证据体,并分别含有焦元 $A_1,\cdots,A_n,B_1,\cdots,$
$B_n,C_1,\cdots,C_n$,m 为组合产生的新的证据体,K 表示两个证据体矛盾的程度。随着人工智能
技术的发展,模糊逻辑融合法与神经网络融合法也逐渐发展起来。模糊逻辑推理是将无人
驾驶汽车上的各个传感器的输出数据通过模糊化转换为适合于模糊运算的模糊量,根据现
实需求建立模糊规则建立模糊库,再进行模糊推理,再将推理出来的模糊量进行去模糊化转
换回原来的数据形式。人工神经网络是模拟人类脑神经元的一种模式匹配算法模型,用于
解决分类和回归问题,具有很强的容错性,能够处理输出结果为非线性的传感器数据。人工
神经网络一般由输入层、输出层和多个隐含层构成,包含一系列通过权重相互连接的神经
元,给定多个传感器数据源,通过迭代监督训练学习数据源的特征,然后将特征相同的某一
类特征归属为某一事物,完成目标识别任务,实现了多传感器数据融合。

4)卡尔曼滤波法

卡尔曼滤波法是一种利用线性状态方程,通过系统输入输出观测数据,对系统状态进行
最优估计的算法。卡尔曼滤波法能合理并充分地处理多种差异很大的传感器信息,通过被
测系统的模型以及测量得到的信息完成对被测量物体的最优估计,并能适应复杂多样的环
境。卡尔曼滤波法具有的递推特性,既可以对当前状态进行估计,也可以对未来的状态进行
预测。

卡尔曼滤波法本质就是最小均方误差准则下的最优线性估计,因此在这里首先介绍几
种最优估计方法。

估计就是根据测量得出的跟目前的状态 $x(t)$ 有关的数据 $z(t) = h[x(t)] + v(t)$ 解算出 x
(t) 的计算值 x 一把(t),其中随机向量 $v(1)$ 称为量测误差,x 一把(t) 称为 $x(t)$ 的估计,$z(t)$
称为 $x(t)$ 的量测。因为 x 一把(t) 是根据 $z(t)$ 确定的,所以 x 一把(t) 是 $z(t)$ 的线性函数。
若 x 一把是 $z(t)$ 的线性函数,则 x 一把(t) 称为 $x(t)$ 的线性估计。

设在 $[t_0, t_1]$ 时间段内的量测为 $z(t)$,与之对应的估计为 x 一把(t),则有下面三种对应
关系:

若 $t = t_1$,则 x 一把(t) 称为 $x(t)$ 的估计;

若 $t > t_1$,则 x 一把(t) 称为 $x(t)$ 的预测;

若 $t < t_1$,则 x 一把(t) 称为 $x(t)$ 的平滑。

最优估计是指某一指标函数达到最值时的估计。若以测量估计 $z(1)$ 的偏差的平方和
达到最小为指标,即 $\min(z - \hat{z})^{\mathrm{T}}(z - \hat{z})$,则所得估计 x 一把(t) 称为 $x(t)$ 的最小二乘估计 $\min E$
$((x - \hat{x})^{\mathrm{T}}(x - \hat{x}))$;若 x 一把(t) 又为 $x(t)$ 的线性估计,则 x 一把(t) 称为 $x(t)$ 的线性最小方差

估计。

最小二乘估计和最小方差估计是最常用的估计方法。前者适用于对随机向量或常值向量的估计,其达到的最优指标是使量测估计的精度达到最佳。在估计过程中,可以不使用与估计值相关的动态信息和统计信息,所以估计精度不高,但较为简单,对被估计量和量测误差之间的关系不做要求。后者是使均方差最小的估计,是估计方法中精度最高的。但是最小方差估计只确定了估计值在量测空间上的条件均值这一抽象关系,而条件均值的求取较为困难,所以按照条件均值来进行最小方差估计较为困难。

(1)线性离散卡尔曼滤波方程

设 t_k 时刻,随机离散系统状态方程为

$$X_k = \phi_{k,k-1}X_{k-1} + \Gamma_{k-1}W_{k-1} \tag{7.4}$$

相应的量测方程为

$$Z_k = H_k X_k + V_k \tag{7.5}$$

式(7.4)中,X_k 表示 t_k 时刻的被估计状态;$\phi_{k,k-1}$ 是 t_{k-1} 时刻到 t_k 时刻系统的 $n \times n$ 维状态转移阵;Γ_{k-1} 表示 t_{k-1} 时刻系统 $n \times p$ 维噪声驱动矩阵;W_{k-1} 表示 t_{k-1} 时刻系统激励噪声。式(7.5)中,Z_k 表示 t_k 时刻的量测量;H_k 表示 t_k 时刻 $m \times n$ 维量测矩阵;V_k 指的是 t_k 时刻的量测噪声。这里,系统激励噪声 W_k 和量测噪声 V_k 应具有以下性质:

$$\begin{cases} E[W_k] = 0 \\ E[V_k] = 0 \\ \mathrm{Cov}[W_k, V_j] = E[W_k V_j^T] = 0 \end{cases} \tag{7.6}$$

$$\mathrm{Cov}[W_k, V_j] = E[W_k V_j^T] = Q_k \delta_{kj} \tag{7.7}$$

$$\mathrm{Cov}[V_k, V_j] = E[V_k V_j^T] = R_k \delta_{kj} \tag{7.8}$$

式(7.6)、(7.7)和(7.8)中,Q_k 和 R_k 分别是系统噪声的非负定方差矩阵和量噪声的正定方差阵;δ_{kj} 表示克罗内克函数。

假若 X_k 和 Z_k 能分别满足上述状态方程和相对应的量测方程,W_k 和 V_k 能同时满足式(7.6),则 k 时刻 X_k 的最优估计值 $\hat{x}_k$ 可由以下方程递推得到:

$$\hat{x}_{k,k-1} = \phi_{k,k-1} X_{k-1} \tag{7.9}$$

(2)状态估计

$$\hat{x}_k = \hat{x}_{k,k-1} + K_k(Z_k - H_k \hat{x}_{k,k-1}) \tag{7.10}$$

滤波增益矩阵:

$$K_k = P_{k,k-1} H_k^T (H_k P_{k,k-1} H_k^T + R_k)^{-1} \tag{7.11}$$

或

$$H_k = P_k H_k^T P_k^{-1} \tag{7.12}$$

进一步预测误差方差阵:

$$P_{k,k-1} = \phi_{k,k-1} P_{k-1} \phi_{k,k-1}^T + \Gamma_{k-1} Q_{k-1} \Gamma_{k-1}^T \tag{7.13}$$

估计均方误差：

$$P_k = (I - K_k H_k) P_{k,k-1} (I - K_k H_k)^T + K_k R_k K_k^T \tag{7.14}$$

或

$$P_k = (I - K_k H_k) P_{k,k-1} \tag{7.15}$$

或

$$P_K^{-1} = P_{k,k-1}^{-1} + H_k^T R_k^{-1} H_k \tag{7.16}$$

式(7.10)至式(7.16)即离散型卡尔曼滤波的基本方程。在假定已知系统初始估计值 $\hat{x}_0$ 和初始估计均方误差阵 P_0 的条件下，再结合 t_k 时刻量测量 Z_k 就可以利用卡尔曼滤波方程得到系统 t_k 时刻的状态估计 $\hat{x}_k$。

7.3.2　人工智能方法

下面主要介绍模糊逻辑理论和人工神经网络。

1）模糊逻辑理论

模糊逻辑理论基于多值逻辑，其打破以二值逻辑为基础的传统思想，模仿人脑的不确定性概念判断、推理思维方式。其实质是将一个给定输入空间通过模糊逻辑的方法映射到一个特定输出空间的计算过程，比较适合高层次上的融合，如决策级融合。

与概率统计方法相比，模糊逻辑理论将传感器探测信息的不确定性用模糊量来表示，将数据融合变为确定输出隶属函数的位置问题，在一定程度上突破了传统概率论的局限性，使得数据融合的精度得到了较大的提高。但是，模糊逻辑推理对信息的描述具有较大的主观因素，信息的表示缺乏客观性。另外，其计算量较大，计算过程较为复杂，实时性不高。

2）人工神经网络

人工神经网络是一种模拟人脑神经网络而设计的数据模型或计算模型，它从结构、实现机理和功能上模拟人脑神经网络。神经网络具有很强的容错性，很强的自学习、自组织以及非线性映射能力，能够模拟复杂的非线性映射。神经网络的这些特性使其在传感器融合系统中有极大的优势。在融合处理不完整或者带有噪声的数据时，神经网络的性能通常比传统的聚类方法好很多。如前文提到的，在多传感器数据融合的过程中，各传感器的输出信息都存在一定程度上的确定性，对这些不确定性信息的融合过程实际上是一个不确定性推理过程。神经网络基于大量传感器的输出信息，通过不断训练，学习更新网络权值，并且采用判定的学习算法来获取知识，得到不确定性推理机制。利用神经网络的信号处理能力和自动推理功能，就可以实现多传感器的数据融合。

7.4 多传感器融合技术

7.4.1 多传感器后融合技术

后融合技术指的是每个传感器都独立地输出探测数据信息,在对每个传感器的数据信息进行处理后,再把最后的感知结果进行融合汇总。如摄像头会有独立的感知信息,生成一个自己探测到的目标列表,同样激光雷达也会根据探测得到的点云数据生成一个探测目标列表,最后将这些探测结果按照一种合适的算法做融合。后融合的结构如图7.6所示。

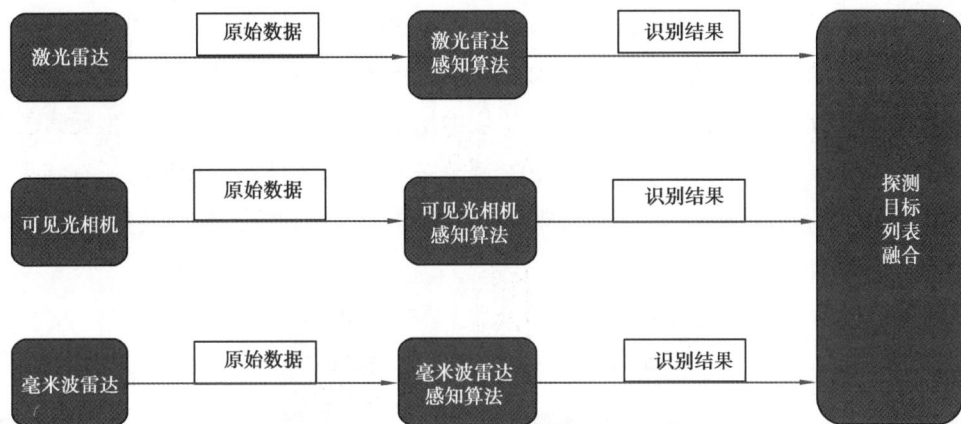

图7.6 后融合的结构

基于充足的实验,研究者们提出了很多优秀的多传感器后融合方法,本节将重点介绍其中两种算法:Ulm大学自动驾驶项目提出的一种模块化、传感器独立的融合方法以及Chavez-Garcia等人提出的针对运动目标检测和追踪的多传感器融合方法——FOP(Frontal Object Perception)-MOC(Moving Object Detection)模型。

1)Ulm 自动驾驶:模块化的融合方法

Ulm大学自动驾驶项目提出了一种模块化的、传感器独立的融合方法,它允许高效的传感器替换,通过在网格映射、定位和追踪等关键模块中使用多种传感器来确保信息冗余性。将各传感器的信息进行概率融合后,环境感知系统能够有效利用信息的冗余性和互补性,提高了系统的感知能力。

该算法主要对雷达、摄像头和激光扫描仪三种传感器的探测信息进行融合,三台IBE-OLUX激光扫描仪安装在前保险杠上,摄像头安装在挡风玻璃后面,并配备了多台雷达。完整的传感器覆盖范围如图7.7所示。

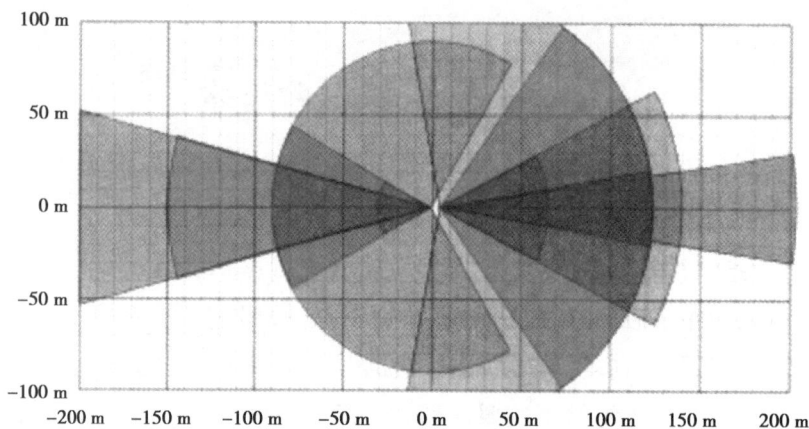

图 7.7　传感器覆盖范围

该算法提出了一个分层模块化环境感知系统(HMEP),它包含三个感知层:网格映射、定位和目标跟踪,如图 7.8 所示。每个感知层都会进行传感器融合,并产生一个环境模型结果。除了传感器数据,感知层还可以使用上一层的结果,其顺序是按照环境模型元素的抽象级提高的。不同感知层的结果可能是冗余的,甚至是矛盾的,因此组合模型将所有结果组合到一个统一的环境模型中。为了便于组合,每层的输出都必须包含不确定性信息,以概率作为结果。

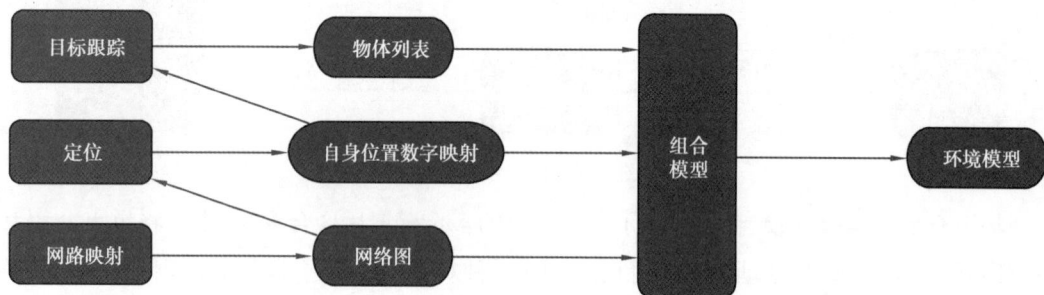

图 7.8　分层模块化环境感知系统结构

网格映射层作为最底层,结构如图 7.9 所示。它将周围环境划分为单个网格单元,并根据经典的占用网格映射方法来估计每个单元在网格图中的占比状态,输出结果为每个单元格的占比概率。组合模块主要使用其输出信息来预测目标物体边界。具体地,基于传感器数据,逆传感器模型可以预测每个单元格占比概率,其被称为测量网格。然后,映射算法通过使用二进制贝叶斯滤波器更新测量网格的网格映射,并将多传感器数据融合到网格映射层中。

定位层融合传感器探测数据、网格层信息和数字地图,输出带有自定位信息的数字地图,结构如图 7.10 所示。具体地,在由三个激光扫描仪构建的网格图中利用极大稳定极值区域(Maximally Stable Extremal Regions, MSER)提取特征,网格图中的特征包括树干、路标等。基于特征图显示,定位层利用蒙特卡洛定位(Monte Carlo Localization, MCL)方法来预测目标姿态。

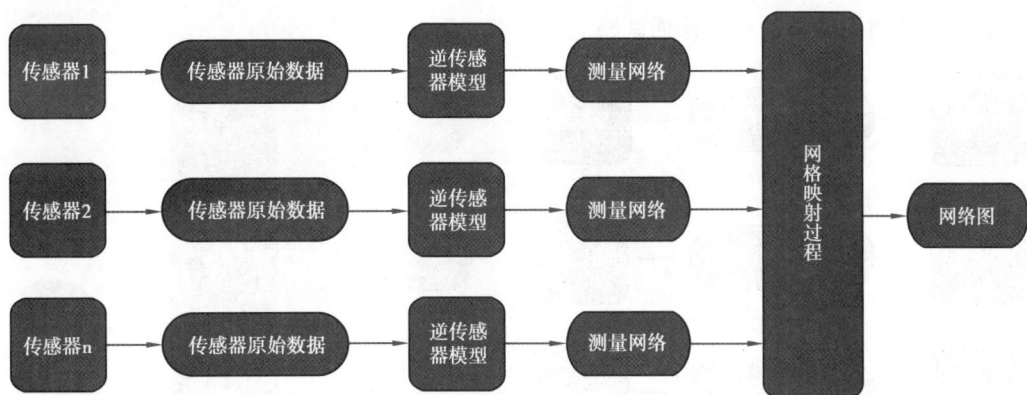

图 7.9 网格映射层结构

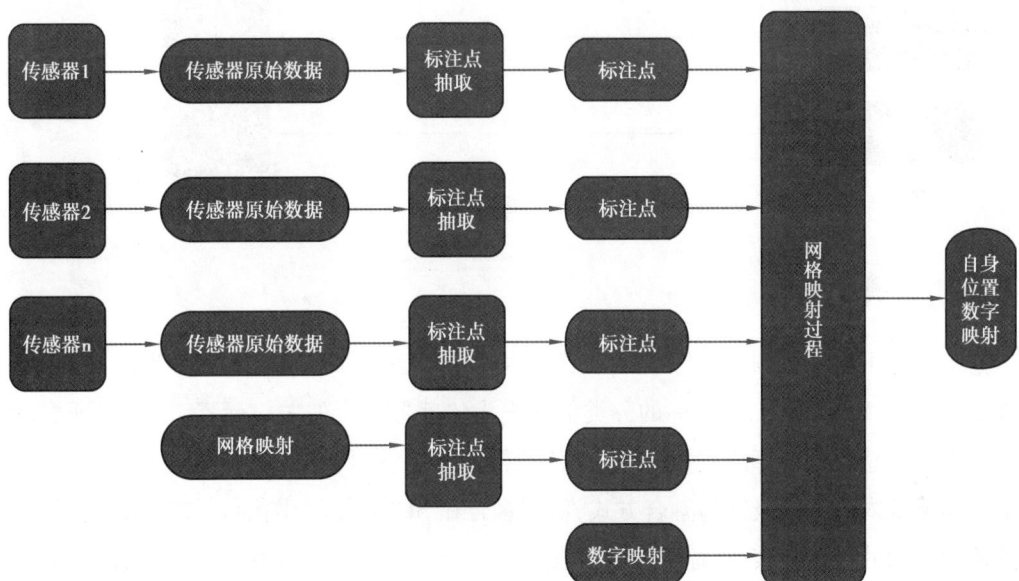

图 7.10 定位层结构

跟踪层通过将雷达、摄像头、激光雷达的探测数据进行集中式融合实现对周围环境中移动物体的感知,还可以利用来自网格映射层和定位层的信息获取目标朝向、最大速度等信息,从而完成多目标跟踪任务,结构如图 7.11 所示。融合模块通过使用带有标签的多伯努利(Labeled Muti-Bernouli,LMB)滤波器实现,输出一个包含目标轨迹空间分布和存在概率的列表。另外,跟踪层使用 DempsterShafer 方法来实现传感器融合感知,能有效发挥各传感器的优势,避免因传感器的限制而导致的失败。例如,在恶劣环境中,基于视频图像的跟踪容易产生检测目标丢失的情况,而利用 DempsterShaler 方法能有效减少丢失目标的数目。该算法提出,对未来自动驾驶感知系统来说,其关键技术是在不改变融合系统核心的情况下更换传感器的能力。因此,每个感知层都提供一个通用传感器接口,其可以在不改变感知系统融合核心的前提下合并额外的传感器或替换现有的传感器。总的来说,其提出的模块化结构有助于传感器的更换,且传感器独立接口在网络映射、定位和跟踪模块的应用使得修改传感器设置不需要对融合算法进行任何调整。

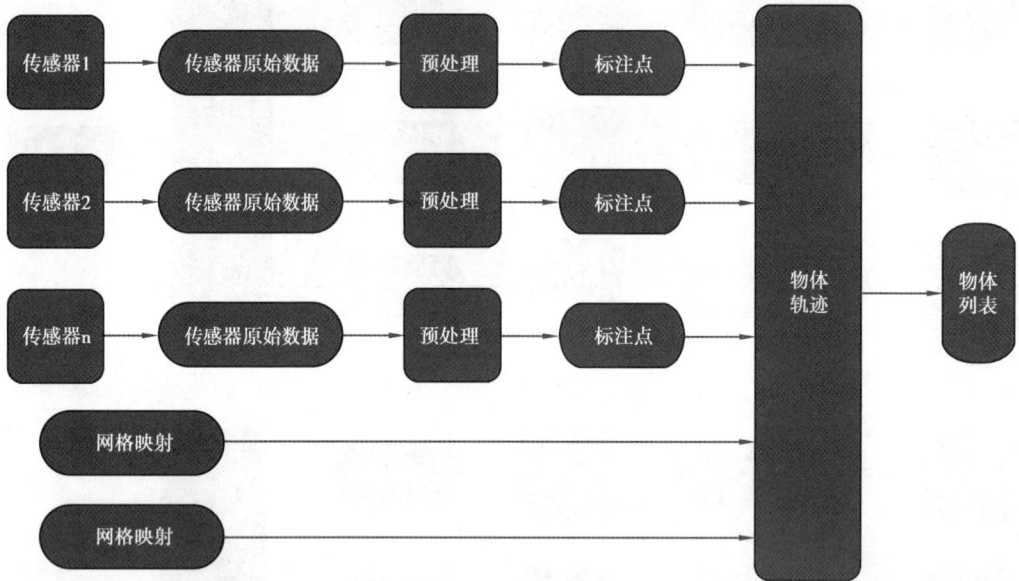

图 7.11 跟踪层结构

2)FOP-MOC 模型

为了更加可靠地检测与跟踪以运动状态和外观信息表示的移动目标,Chavez-Garcia 等人提出了 FOP-MOC 模型,将目标的分类信息作为传感器融合的关键元素,以基于证据框架的方法作为传感器融合算法,着重解决了传感器数据关联、传感器融合的问题。图 7.12 显示了感知系统内的不同级别的融合方式,低层融合在 SLAM 模块中执行;检测层融合了各个传感器检测到的目标列表;跟踪层融合了各个传感器模块追踪目标的轨迹列表,以生成最终结果。为了避免因为检测失误导致生成错误的目标轨迹,FOP-MOC 在检测层进行传感器融合来提高感知系统的感知能力。

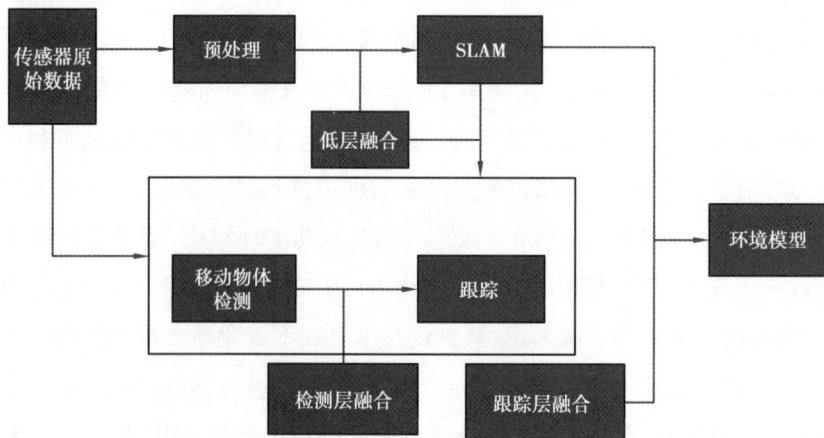

图 7.12 不同级别的融合方式

FOPMOC 使用 CRF 演示器进行信息、激光雷达生成扫描点的二维列表。使用摄像头采集黑白图像、雷达采集移动目标信息、激光雷达生成扫描点的二维列表。完整的传感器覆盖范围如图 7.13 所示。

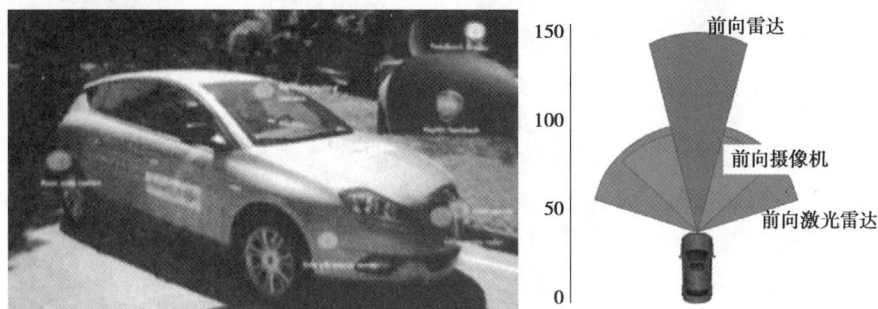

图 7.13　CRF 车辆演示及传感器范围

FOP-MOC 模型结构如图 7.14 所示,融合模型的输入信息有三种,分别是雷达、摄像头和激光雷达的检测目标列表,输出结果为融合后的目标检测信息,并送入跟踪模块中。其中,雷达和激光雷达的探测数据主要用于移动目标检测,摄像头采集的图像主要用于目标分类,每个目标都由其位置、尺寸、类别假设的证据分布来表示,而类别信息是从检测结果中的形状、相对速度和视觉外观中获得的。

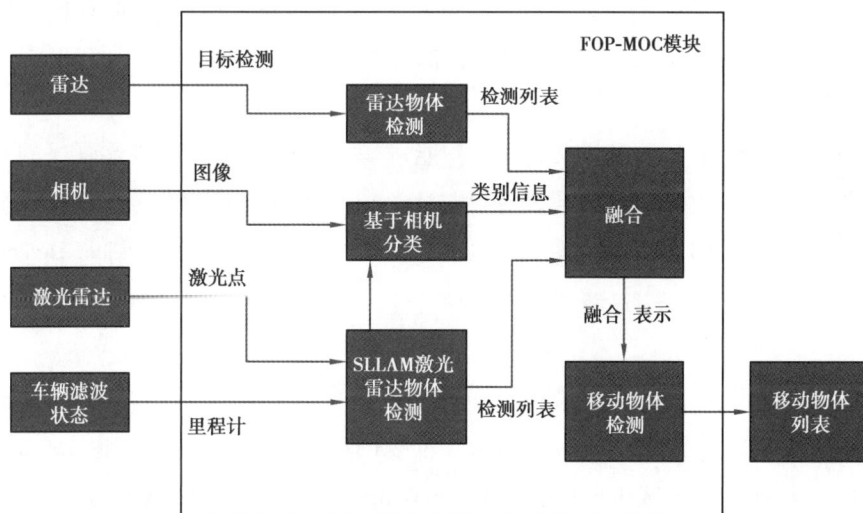

图 7.14　FOP-MOC 模块

总而言之,FOP-MOC 在检测层对雷达、摄像头和激光雷达进行传感器融合,将分类信息作为融合的关键元素,使得融合能够通过被检测对象的不同类别假设的证据分布信息来提高检测准确度,降低了误检的概率,并有益于跟踪任务的进行。

7.4.2　多传感器前融合技术

前融合技术是指在原始数据层面,把所有传感器的数据信息进行直接融合,然后再根据融合后的数据信息实现感知功能,最后输出一个结果层的探测目标。前融合的结构如图 7.15

所示。基于这种融合方式,仅需要设计一种感知算法来处理融合信息,这种融合信息包含着十分丰富的信息,如 RGB 信息、纹理特征、三维信息等,这样极大地提高了感知的精确度。

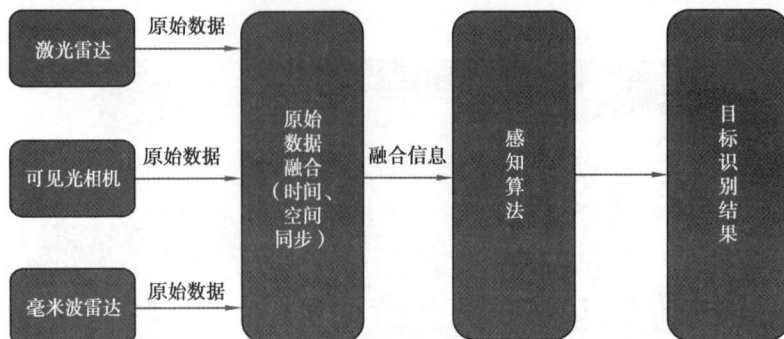

图 7.15　前融合方法结构

与后融合相比,前融合在很多场景的检测精度更高,有着更为广阔的发展前景。例如,针对同一个探测目标,激光雷达探测到了其中一部分,摄像头看到了另一部分。在这种情况下,如果使用后融合方法,由于每个传感器都只探测到了目标的某一部分,而这一部分极有可能不能提供足够的信息让系统完成识别,最终就会被作为背景滤除。但使用前融合方法,融合是在原始数据层进行的,感知算法能获得此目标更多的信息,相当于该目标的两个部分都被探测到了,这样识别结果会更加可靠。也就是说,在后融合过程中,低置信度信息会被过滤掉,产生原始数据的丢失。而这些滤除掉的低置信度信息,往往能够通过对原始数据融合来提高置信度。

当前,为了实现目标检测和语义分割等功能,学者们提出了一系列性能强大的基于神经网络的融合方法,其中杰出的代表是 MV3D（Multi-View 3D Object Detection）、AVOD（Aggregate View Object Detection）、F-PointNet（Frustum PointNets for 3D Object Detection）等。

1）MV3D

MV3D 将激光雷达探测的点云数据和光摄像头拍摄的 RGB 图像进行融合,其输入数据为激光雷达投影的鸟瞰图（LIDAR bird view）、前视图（LIDAR front view）和二维 RGB 图像,其网络结构主要有三维区域生成网络（3Dproposalnetwork）和基于区域的融合网络（region-based fusion network）,使用深度融合（deep fusion）方式进行融合,具体如图 7.16 所示。

因为激光雷达的点云数据是一个无序的数据点构成的集合,在用设计好的神经网络模型处理点云数据之前,为了更加有效地保留三维点云数据的信息,并方便处理,MV3D 将点云数据投影到了特定的二维平面,得到鸟瞰图和前视图。

图 7.17 中网络结构的第一部分称为 3D proposal network。其类似 Faster-RCNN 检测模型中应用的区域生成网络（Region Proposal Network,RPN）,并在三维层面推广,其实现的一个功能就是生成目标的三维候选框。这部分功能是在鸟瞰图中完成的,因为在鸟瞰图中各个目标的遮挡较少,候选框提取的效率最好。

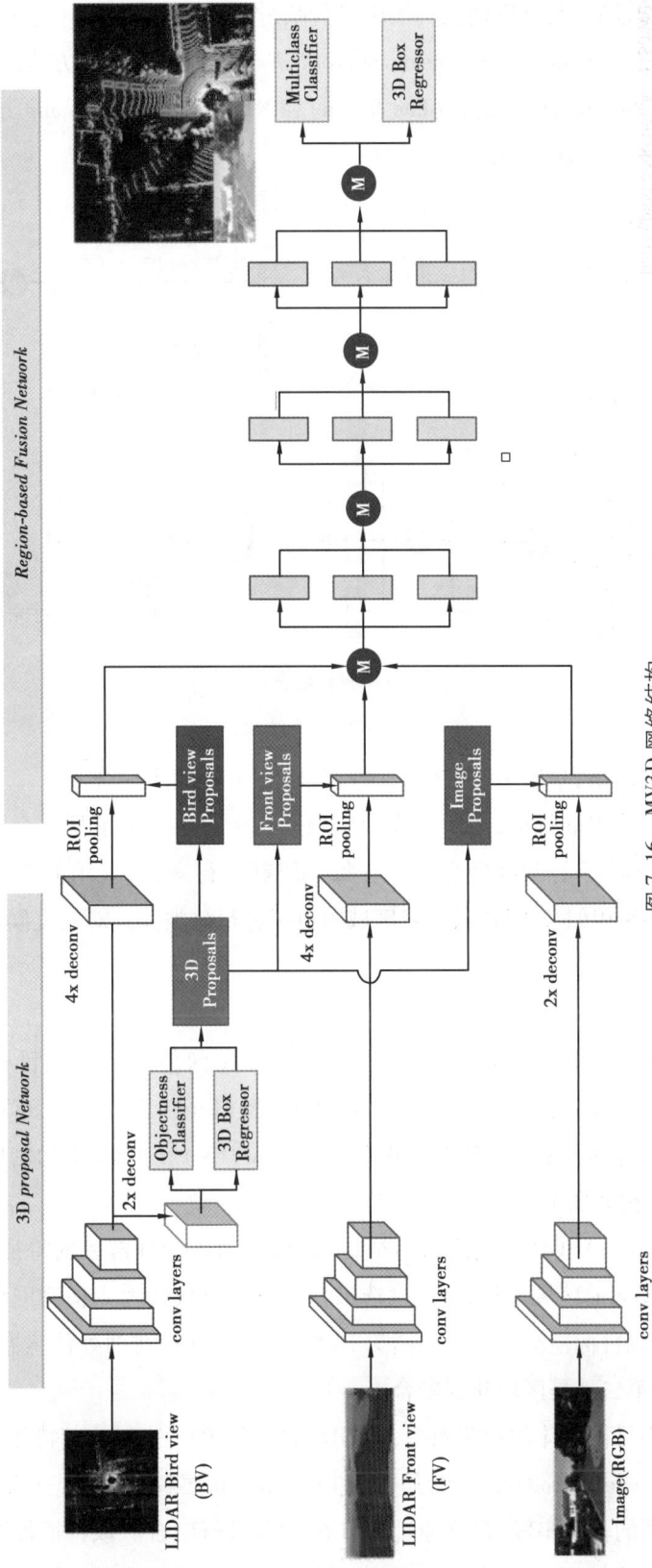

图 7.16　MV3D 网络结构

在提取了候选框后,其分别向三种图中进行映射,得到各自的感兴趣区域(Region of Interest,ROI),然后进入 region-based fusion network 进行融合。在融合方式的选择上,通过先对早期融合(early fusion)、后期融合(late fusion)和深度融合(deep fusion)方式对比(具体见图7.17),最终选择深度融合方式。

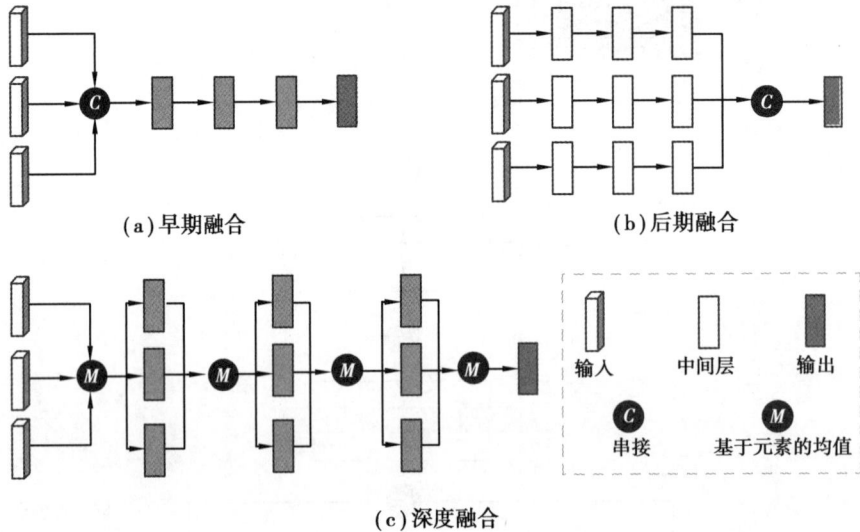

(a)早期融合 (b)后期融合

(c)深度融合

图7.17 不同融合结构对比

对同样层数的网络,早期融合在输入阶段就将各个特征图融合起来。与之相对应后期融合先用独立的网络提取特征,最后在决策层融合每个输出。为了从每个视角特征图中学到更多信息,MV3D 选择的深度融合方式在每一层都进行融合,采用的算法为逐点均值运算。与 Faster RCNN 相似,MV3D 最后对区域内目标进行分类并且对三维候选框回归。

2)AVOD

AVOD 是一种融合激光雷达点云数据以及 RGB 图像信息的三维目标检测算法。与MV3D 不同的是,它的输入只有激光雷达生成的鸟瞰图(Bird's Eye View,BEV)Map 和摄像头采集的 RGB 图像,舍弃了激光雷达前向图(Front View,FV)和 BEV 中的密度特征(intensity feature),其网络结构如图7.18 所示。

对两种输入数据,AVOD 首先进行特征提取,得到两种全分辨率的特征映射,然后输入RPN 中生成没有朝向的区域建议,最后挑选出合适的提议候选送入检测网络生成带有朝向的三维边界框,完成目标检测任务。如图7.18 所示,AVOD 存在两处传感器数据的融合:第一处是特征融合;第二处是区域建议融合。

为了提高对小目标物体的检测效果,AVOD 借鉴了 FPN 的思想,其特征提取网络使用了编码器解码器(encoder decoder)结构,如图7.19 所示。每层解码器首先对输入进行上采样,然后与对应编码器的输出串联,最终通过 3×3 的卷积进行融合。该特征提取结构可以提取到全分辨率的特征映射,有效避免了小目标物体因为下采样在输出的特征映射上所占像素不足 1 的问题。最终输出的特征映射既包含底层细节信息,又融合了高层语义信息,能有效提高小目标物体的检测效果。

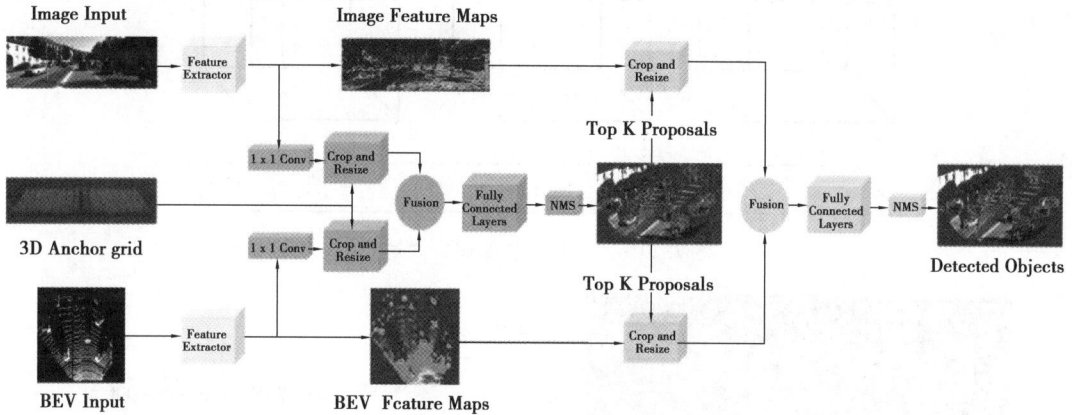

图 7.18 AVOD 网络结构

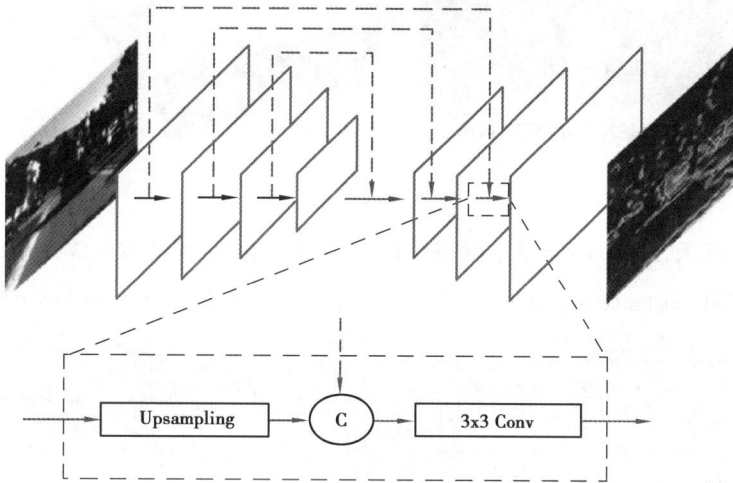

图 7.19 AVOD 特征提取网络结构

此外,在三维边界框的编码上,AVOD 创新性地添加了几何约束,并且起到了编码降维的作用。如图 7.20 所示,从左到右依次是 MV3D、轴对齐、AVOD 的三维边界框编码方式示意图。与 MV3D 指定 8 个顶点坐标的编码方式相比,AVOD 利用一个底面和高度约束了三维边界框的形状,并且只用一个 10(即 2X4+1+1)维的向量表示即可,而 MV3D 需要 24(即 3X8)维的向量表示。

3)F-PointNet

F-PointNet 是 Charles Ruizhongtil Qi 在 PointNet 系列的又一力作,不同的是 F-PointNet 结合了成熟的二维图像中的目标检测方法来对目标进行定位,得到对应三维点云数据中的视锥体(frustum),如图 7.21 所示,并对其进行边界框回归从而完成检测任务。

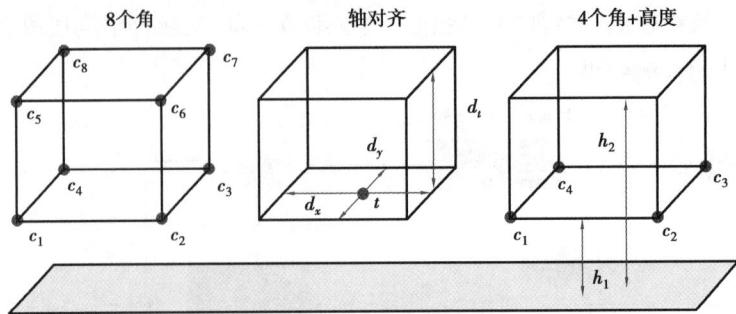

图 7.20　三种边界框编码方式对比

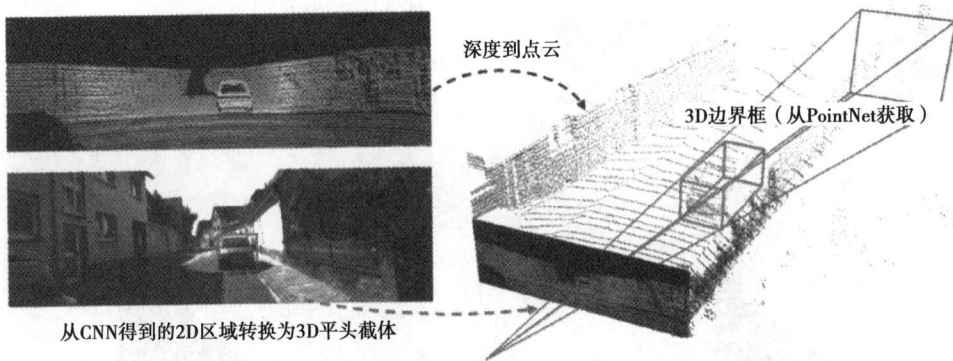

图 7.21　视锥体生成

如图 7.23 所示,FPoumNer 整个网络结构由三部分组成:视锥体生成(frustum proposal)、三维实例分割(3D instance segmentation)和三维边界框回归(amodal 3D box estimation)。

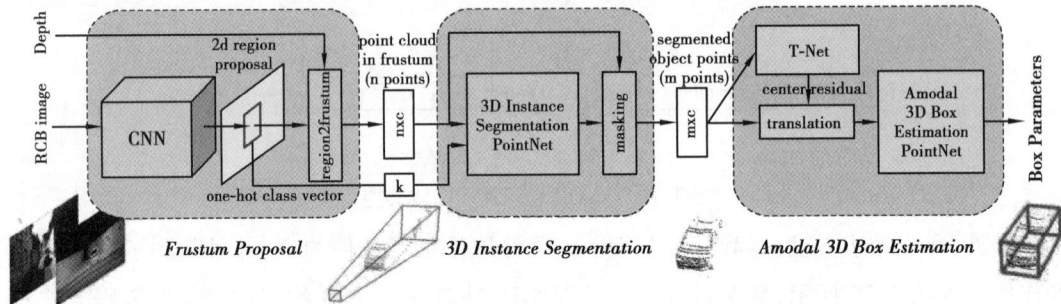

图 7.22　F-PointNet

与其他三维传感器的数据相比,摄像头得到的 RGB 图像分辨率更高,F-PoinNet 充分利用了 RGB 图像的这一优点,采用基于 FPN 的检测模型首先得到目标在二维图像上的边界框,然后按照已知的摄像头投影矩阵,将二维边界框提升到定义了目标三维搜索空间的视锥体,并收集锥体内的所有点构成锥体点云。由于视锥体可能有多个方向,这将导致视锥点云有着较大的可变性,因此 F-PointNet 将其旋转至以中心视角为坐标轴的坐标系,来对视锥体做归一化,以提高算法的旋转不变性。

为了避免遮挡和模糊的问题,对锥体点云数据,F-PointNet 使用 PointNet(或 PointNet++)模型进行实例分割。因为在三维空间中,物体之间大都是分离的,三维分割更加可靠。此处的实例分割是一个二分类的问题,用于判断锥体内每个点是否属于目标物体。通过实例分割,可以得到目标物体的三维掩膜(即属于该目标的所有点云),并计算其质心作为新的坐标原点,如图 7.24(c)所示,转换为局部坐标系,以提高算法的平移不变性。

最后,对目标点云数据,F-PointNet 通过使用带有 T-Net(预处理转换网络)的 PointNet (或 PointNet++)模型来进行回归操作,预测目标三维边界框的中心、尺寸和朝向,如图 7.23(d)所示,最终完成检测任务。T-Net 的作用是预测目标三维边界框真实中心到目标质心的距离,然后以预测中心为原点,得到目标坐标系。

总而言之,F-PointNet 为了保证每个步骤点云数据的视角不变性和最终更加准确地回归三维边界框,共需要进行三次坐标系转换,分别是视锥体转换、掩膜质心转换和 T-Net 预测,如图 7.23 所示。

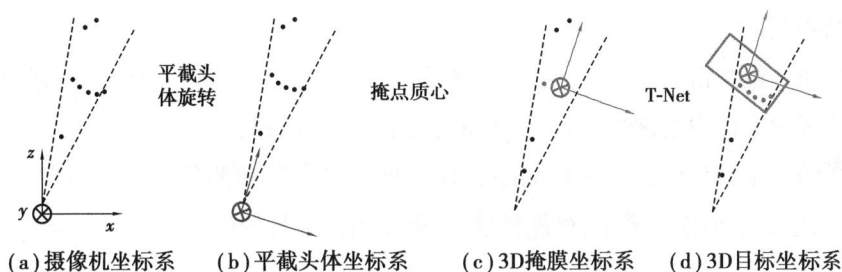

图 7.23　坐标系转换示意图

7.5　传感器融合方案

1)视觉传感器和毫米波雷达融合

在无人驾驶汽车传感器的应用中,车载视觉传感器的大致原理是将图片转化为二维数据;通过图像匹配进行识别,如车辆、行人、车道线、交通标志等;估算目标物体与本车的相对距离和相对速度,实现测距。视觉传感器的优点是技术相对成熟,成本比较低,采集到的信息非常丰富,最接近于人眼获取的信息。缺点就是性能受环境的影响非常大,不能全天候工作,在遇到黑夜、雨雪、大雾等能见度较低的情况下,识别效率大幅降低,获取的信息也很有限,不能保证行车安全。毫米波雷达是工作在毫米波波段探测的雷达,其与普通雷达相似,通过发射无线电信号并接收反射信号来测定与物体间的距离。毫米波频率通常为 $30\sim300$ GHz(波长为 $1\sim10$ mm),波长介于厘米波和光波之间,因此毫米波雷达兼有微波雷达和光电雷达的一些优点,非常适合于自动驾驶汽车领域的应用。因为毫米波雷达具有较强的穿透性,能够轻松地穿透保险杠上的塑料,常被安装在汽车的保险杠内。毫米波雷达的优点是有较高分辨率,小尺寸;与红外、激光、电视等光学导引头相比,毫米波导引头穿透雾、烟、灰尘的能力强,测距精度受天气因素和环境因素影响较小,可以基本保证车辆在各种日常天气下的正常运行。其缺点主要有:难以识别行人、物体、道路标线和交通信号,易受电磁干扰,成本也比较高。视觉传感器和毫米波雷达融合,采用目标跟踪法,将目标定位在图像帧中,在其周围绘制一个包围框,使用经过训练的深度神经网络,利用包围框的尺寸生成目标位置。它们相互配合共同构成智能网联汽车的感知系统,取长补短,实现更可靠的 ADAS功能。

在智能驾驶场景下,视觉传感器与毫米波雷达的融合主要有以下三种方式:原始数据级融合,特征级别融合,目标级融合。

原始数据级融合,就是雷达点云与图像像素的匹配,将雷达的点云数据坐标投影到图像像素上,与图像像素联合标定匹配。缺点是:雷达分辨率较低,点云数量极少,且噪声较大,很难与图像匹配。

特征级融合是将雷达的点目标投影到图像上,围绕该点生成一个矩阵的感兴趣区域,然后只对该区域内进行搜索,搜索到以后跟雷达点目标进行匹配。

目标级融合主要是根据图像检测的目标数据源与雷达探测的目标数据源进行有效融合,目标级的融合数据损失最小,可靠性最高,但是需要大量的运算。

2)激光雷达和视觉传感器融合

在无人驾驶应用中,激光雷达是以发射激光探测目标的位置、速度等特征量的雷达系统。其工作原理是向目标发射探测信号(激光束),然后将接收到的从目标反射回来的信号(目标回波)与发射信号进行比较,做适当处理后,就可获得目标的有关信息,如目标距离、方位高度、速度、姿态,甚至形状等参数,从而对障碍物、移动物体等目标进行探测、跟踪和识别。激光雷达的优点有:分辨率高,精度高,可以获得极高的角度、距离分辨率;抗有源干扰能力强;获取的信息量较丰富。其缺点有:易受环境影响,在雨、雪和雾霾天气精度会下降,难以识别有颜色的交通标志和交通标志的含义,易受光信号影响(激光雷达接收的是光信号),成本高。视觉传感器可进行车道检测、障碍物检测和交通标志的识别;将视觉传感器与激光雷达融合后,对于汽车前方动态的物体,视觉传感器能够判断出前后两帧中是否为同一物体或行人,而激光雷达则可以在得到信息后测算前后两帧时间间隔内的物体或行人的运动速度和运动位移。将视觉传感器和激光雷达分别识别后得到的数据源再进行融合和标定,可以获得更好的、更加准确的结果。这将大幅提高无人驾驶汽车对于路上行人和物体的安全性,是全方位实现无人驾驶重要的方案。

3)激光雷达和毫米波雷达融合

对于车辆安全来说,最主要的判断依据就是两车之间的相对距离和相对速度信息,特别车辆在高速行驶中,如果两车的距离过近,甚至容易导致追尾事故。毫米波雷达凭借出色的测距测速能力,被广泛地应用在自适应巡航控制(ACC)、前向防撞报警(FCW)、盲点检测(BSD)、辅助停车(PA)、辅助变道(LCA)等汽车 ADAS 中,它还有体积小、重量轻和空间分辨率高,其穿透雾、烟、灰尘的能力强,弥补了激光雷达的不足。但是毫米波探测的距离有限,无法对障碍物进行检测和分类识别,但是这正好是激光雷达的强项。激光雷达和毫米波雷达融合可以实现性能上的互补,降低使用成本,这也是无人驾驶开发的一个很好的多传感器融合方案。

4)传感器性能对比

不同车载传感器的性能对比如表7.1所示。

表7.1 视觉传感器、激光雷达和毫米波雷达的性能对比

传感器	视觉传感器	毫米波	激光雷达
最远探测距离	50 m	250 m	300 m
精度	一般	较高	极高
功能	车道标线识别、碰撞预警、交通标志识别、全景泊车、红绿灯信号识别	自适应巡航、自动紧急制动	实时建立周围环境的三维模型
优点	成本低、信息丰富,可以识别较远物体	不受天气影响,探测距离远、精度高,可以获取速度信息	精度极高,扫描周围环境建立实时三维模型
缺点	受环境影响大、极端天气可能失效、难以精确测距	对金属敏感,难以探测行人,缺少高度信息	受恶劣天气影响,成本高

7.6 多传感器配置实例

7.6.1 新款奥迪 A8

如图 7.24 所示为配备了自动驾驶系统的新款奥迪 A8,它配置了一整套新款传感器,包括在车辆前部、车侧、车辆后部配置了 12 个超声波传感器;在车辆前部、车辆后部及外部后视镜配备了 4 个 360 度全景摄像头;在风挡玻璃的上边缘配置了 1 款前置摄像头;在车辆的各角配置了 4 个中程雷达;在车辆前部配置了 1 个远程雷达;在车辆前部配置了 1 个红外摄像机(infrared camera),用于夜视辅助功能;在车辆前部配置了激光扫描仪。

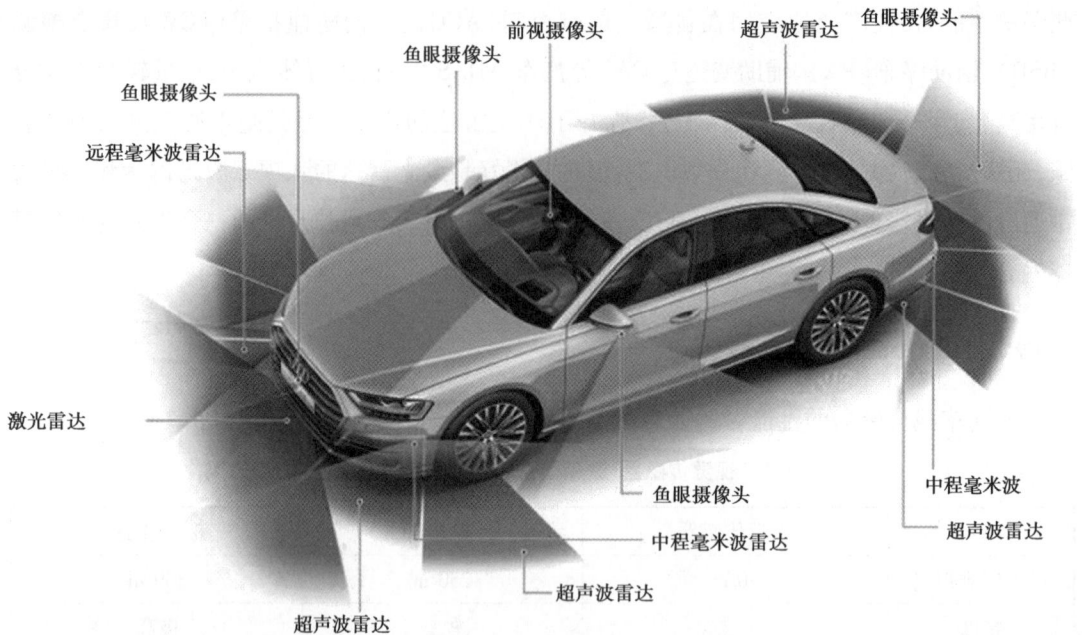

图 7.24　奥迪 A8 环境感知传感器配置

7.6.2　XC90 **自动驾驶汽车**

图 7.25 所示为沃尔沃与 Uber 联合推出的自动驾驶量产版沃尔沃 XC90 自动驾驶汽车环境感知传感器的配置,它配置了前视摄像头、侧视摄像头、后视摄像头、毫米波雷达、超声波雷达和激光雷达。

图 7.25　XC90 自动驾驶汽车环境感知传感器的配置

7.6.3　**特斯拉电动车**

如图 7.26 所示为特斯拉电动汽车环境感知传感器的配置,它配置了 1 个三目摄像头、2个侧前视摄像头、2 个侧后视摄像头、1 个后视摄像头、1 个毫米波雷达和 12 个超声波雷达,属于 L3 级自动驾驶。侧前视摄像头和侧后视摄像头的覆盖范围相互重叠,保证无盲区。

三目摄像头分别是鱼眼摄像头、长焦摄像头和中距摄像头,它们的探测距离分别是 60 m、250 m 和 150 m;侧前视摄像头的探测距离为 80 m;侧后视摄像头的探测距离为 100 m;后视摄像头的探测距离为 50 m;毫米波雷达的探测距离为 160 m。

图 7.26　特斯拉电动汽车环境感知传感器的配置

7.6.4　谷歌无人驾驶公司 (Waymo) 第五代无人驾驶汽车

第五代 Waymo Driver 系统有更强大的激光雷达、摄像机和毫米波雷达以及更强大的计算能力的数据处理设备;Waymo 的新款激光雷达系统可以绘制周围环境的 3D 图片,使车辆能够测量周围物体的大小和距离,可以精确探测四周的环境,即使在没有任何照明的夜晚也能看清道路;车顶还安装了一个 360° 激光雷达,既可以检测近在咫尺的物体,也可以检测 300 m 以外的物体,可以形成实时的车辆鸟瞰图,还可以兼顾检测路旁的骑行者和行人,车顶同时安装了 360° 摄像头、长距离摄像头以及 2 个毫米波雷达。新的周边激光雷达位于车辆侧面的四个点处,可提供无与伦比的覆盖范围,并具有宽广的视野以检测附近的物体,这些短距离的激光雷达提供增强的空间分辨率和精度,以解决城市交通中的狭窄空白并覆盖丘陵地形上的潜在盲点。视觉系统由 29 个摄像头组成,能够为 Waymo Driver 系统提供更高分辨率的图像,以及更广的视野。这些摄像头的视野也有所重叠,不会产生视野盲区。摄像头、激光雷达与清洁系统、加热装置组装在一起,能够在任何天气下都可以保证正常运行。另外,视觉系统摄像机具有高动态范围和在汽车温度范围内的热稳定性,可以捕获更多细节并在最严酷的驾驶环境中提供更清晰的图像;Waymo 的最新远程摄像机和 360 视觉系统现在的视野比以前更远,使车辆能够识别重要信息,例如行人和距离 500 m 以外的停车标志。此外,车辆侧边的摄像头系统可以和侧边激光雷达配合使用,为 Waymo Driver 系统提供另一个视角,能够更加准确地辨认正在靠近车辆的物体。Waymo 的新型高分辨率毫米波雷达分别安装在车辆的 6 个位置,可以追踪静态和动态的物体,还可以看到远处的小物体,能对间隔较近的物体加以区分。毫米波雷达与激光雷达、摄像头形成互补,在特殊天气条件下能更大限度地发挥其功能。

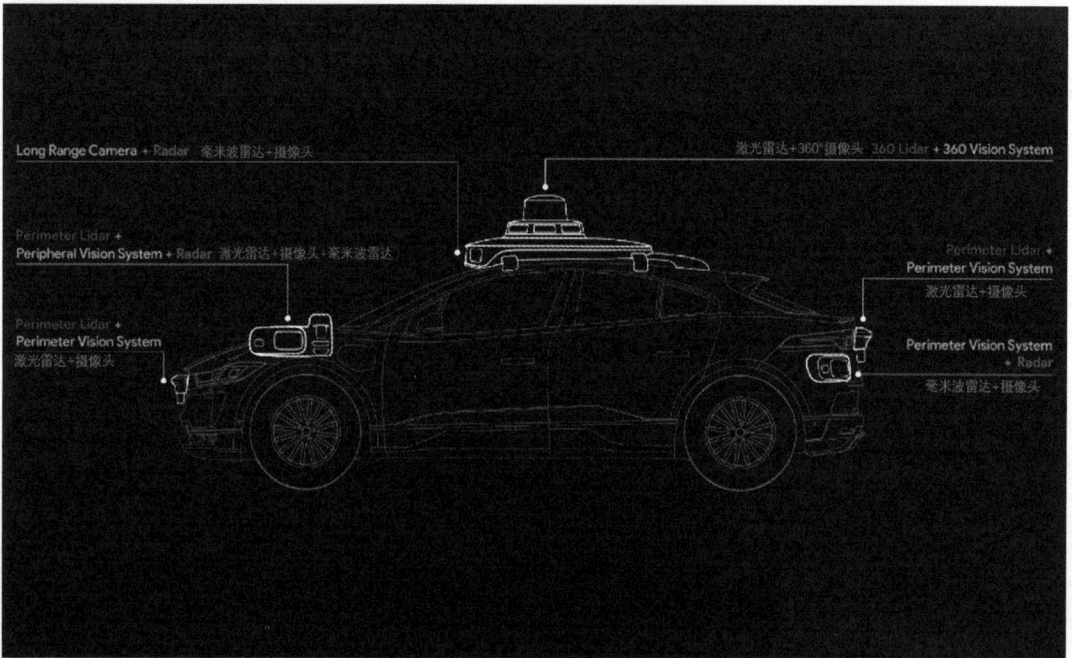

图 7.27　Waymo 第五代无人驾驶汽车

通过上面的智能传感器的配置实例可以看出,无人驾驶技术的实现,不只依靠单一传感器,而是利用不同种类、不同数量和不同特点的传感器相互融合进而实现不同的功能,进而搭建成无人驾驶系统。随着现代技术的日新月异,5G 时代的来临,汽车智能化的程度会进一步发展,传感器的使用会进一步增加,对传感器的性能要求也会逐渐提高。相信未来的汽车会越来越安全,越来越智能化,为人类出行带来便利。

7.7　本章小结

不同的车载传感器各有其优势和不足。将多传感器融合可以发挥各自的优势,是未来自动驾驶发展的必然趋势。本章主要介绍了多传感器融合的基础理论以及应用技术。多传感器融合技术是将不同传感器对某一个目标或环境特征描述的信息融合成统一的特征表达信息及其处理的过程。多传感器融合主要有冗余性、互补性、信息处理的及时性以及信息处理的低成本性这四个特点。其融合意义在于能够综合利用多种信息源的不同特点,多方位获得相关信息,从而提高整个系统的可靠性和精确度。信息融合的体系结构可分为全分布式、集中式以及混合式三种。根据传感器信息在不同信息层次上的融合,可以将融合划分为Low-level 融合、High-level 融合和混合融合结构。在融合算法方面,主要分为两类,即随机类方法和人工智能方法。随机类方法,本章主要介绍了加权平均法、贝叶斯估计法、D-S 证据理论和卡尔曼滤波法,其中卡尔曼滤波法是最为经典并且应用最为广泛的方法。人工智能方法,本章主要介绍了逻辑模糊理论和人工神经网络。目前,多传感器融合技术在自动驾驶汽车领域的应用可以分为前融合与后融合。

习　题

一、选择题

1. 多传感器数据融合是对来自不同传感器的信息进行(　　　),以产生对被测对象统一的最佳估计。

　　A. 分析和综合　　　　　B. 分类　　　　　　　　C. 分解和选择　　　　　D. 误差处理

2. 数据融合的核心是(　　　)。

　　A. 多传感器系统　　　　B. 分类　　　　　　　　C. 分解和选择　　　　　D. 误差处理

3. 以下不属于数据融合的人工智能类方法的是(　　　)。

　　A. 模糊逻辑推理　　　　B. 神经网络方法　　　　C. 智能融合方法　　　　D. 卡尔曼滤波

4. 以下不属于数据融合特点的是(　　　)。

　　A. 冗余性　　　　　　　　　　　　　　　　B. 互补性

　　C. 信息处理的及时性　　　　　　　　　　　D. 信息处理的高成本性

5. 下列不属于信息融合的体系结构的是(　　　)。

　　A. 全分布式　　　　　　B. 集中式　　　　　　　C. 半分布式　　　　　　D. 混合式

6. (1)对处理数据进行特征提取、变换,并对其进行模式识别处理,获取对观测对象的描述信息;(2)使用足够优化的算法对各传感器数据进行融合,获得对观测对象的一致性描述和解释。(3)多个或多种传感器独立工作获得观测数据;(4)在数据融合中心按照一定的准则进行数据关联;(5)对各传感器数据(RGB 图像、点云数据等)进行预处理;以下传感器融合顺序正确的是(　　　)。

　　A. (3)(5)(1)(4)(2)　　　　　　　　　　　B. (3)(4)(1)(5)(2)

　　C. (5)(1)(4)(2)(3)　　　　　　　　　　　D. (4)(1)(2)(3)(5)

7. 不属于多传感器融合算法的是(　　　)。

　　A. 加权平均融合法　　　B. 贝叶斯估计法　　　　C. D-S 证据理论　　　　D. 人工神经网络

8. 属于多传感器融合算法的是(　　　)。

　　A. 加权平均融合法　　　B. 人工神经网络　　　　C. D-S 证据理论　　　　D. 贝叶斯估计法

9. 属于多传感器后融合技术的是(　　　)。

　　A. Ulm 自动驾驶:模块化的融合方法　　　　　　B. F-PointNet

C. MV3D   D. AVOD

10. 不是视觉传感器的功能的是(   )。

A. 车道标线识别   B. 自适应巡航   C. 全景泊车   D. 碰撞预警

11. 下列对毫米波传感器的优点描述中,错误的是(   )。

A. 不受天气影响   B. 探测距离远

C. 精度低   D. 可以获取速度信息

12. 数据融合可应用的领域不包括(   )。

A. 智能检测系统   B. 空中交通管制   C. 机器人   D. 军事应用

二、填空题

1. 按照在处理层次中的信息抽象程度不同,可以把融合层次大致分为原始层、特征层和_____。

2. 多传感器数据融合的结构可分为_____、串联融合和混合融合情形。

3. 加权平均法和卡尔曼滤波法属于_____方法。

4. 数据融合系统的功能主要有_____、识别和参数估计和决策。

5. 数据融合可应用的领域包括_____、机器人和军事应用。

6. 数据融合特点有_____、互补性和信息处理的及时性。

7. 全分布式、集中式和混合式_____信息融合的体系结构。

8. 加权平均融合法、贝叶斯估计法和 D-S 证据理论属于多传感器融合算法的_____方法。

9. MV3D 和 AVOD 不属于多传感器_____技术。

10. FOP-MOC 模块中,由激光点和里程计传感器信息组成_____激光雷达物体检测。

三、判断题

1. 多传感器数据融合是对来自不同传感器的信息进行分析和综合,以产生对被测对象统一的最佳估计。   (   )

2. 数据融合的核心是分解和选择。   (   )

3. 神经网络方法不属于数据融合的人工智能类方法。   (   )

4. 信息处理的及时性属于数据融合的特点。   (   )

5. 半分布式不属于信息融合的体系结构。   (   )

6. 人工神经网络不属于多传感器融合算法的随机方法。   (   )

7. 人工神经网络属于多传感器融合算法的人工智能方法。   (   )

8. F-PointNet 属于多传感器后融合技术。   (   )

9. 车道标线识别不是视觉传感器的功能。   (   )

10. 不受天气影响是毫米波传感器的优点。 （ ）

11. 数据融合不可应用于空中交通管制。 （ ）

四、简答题

1. 简述数据融合的特性和优点。

2. 简述数据融合。

3. 简述 Bayes 概率推理法。

4. 试比较数据融合的三个层次:原始层,特征层,决策层。

5. 列举数据融合方法。

6. 简述毫米波雷达的工作原理、优点以及缺点。

五、问答题

1. 数据融合的意义是什么?

2. 传感器融合过程是怎么样的?

3. 举例传感器融合方案,试分析传感器的优缺点,以及融合后的优势及应用。（最少介绍一个）

参考文献

[1] 朱冰. 智能汽车技术[M]. 北京:机械工业出版社,2021.

[2] 甄先通,黄坚,王亮,等. 自动驾驶汽车环境感知[M],北京:清华大学出版社,2020.

[3] 崔胜民. 智能网联汽车技术概论[M]. 北京:人民邮电出版社,2019.

[4] 崔胜民,俞天一,王赵辉. 智能网联汽车先进驾驶辅助系统关键技术[M]. 北京:化学工业出版社,2019.

[5] 石晏丞,李军. 汽车自动驾驶领域的传感器融合技术[J]. 装备机械,2021:1-6.

[6] 崔胜民,吴永亮. 智能网联汽车技术概论[M]. 北京:北京大学出版社,2021.

[7] 崔胜民,卞合善. 智能网联汽车环境感知技术[M]. 北京:人民邮电出版社,2020.

[8] 崔胜民,卞合善. 智能网联汽车技术[M]. 北京:机械工业出版社,2021.

[9] 李晶华,戈国鹏. 智能网联汽车技术与应用[M]. 北京:社会科学文献出版社,2019.

[10] 袁赛柏,金胜,朱天林. MIMO 雷达发展技术综述[J]. 现代雷达,2017,39(8):5-8.

[11] 韩宝石,王峥. 车载毫米波雷达国内外发展现状综述[J]. 数字通信世界,2019(9):15-16.

[12] 安富利. 不断"出圈"的毫米波雷达传感器[J]. 软件和集成电路,2021(9):12-14.

[13] 柯柏文. 智能网联汽车技术[M]. 北京:机械工业出版社,2020.

[14] 王建,徐国艳,陈竞凯,等. 自动驾驶技术概论[M]. 北京:清华大学出版社,2019.

[15] 崔胜民. 一本书读懂智能网联汽车[M]. 北京:化学工业出版社,2019.

[16] 崔胜民,卞合善. 导航定位技术[M]. 北京:人民邮电出版社,2021.

[17] 李晓欢. 自动驾驶汽车定位技术[M]. 北京:清华大学出版社,2019.

[18] 罗国荣. 基于传感器融合的一种多目标车辆识别跟踪方法[J]. 北京工业职业技术学院学报,2021(03):12-18.

[19] 石晏丞,李军. 汽车自动驾驶领域的传感器融合技术[J]. 装配机械,2021(03):1-6.

[20] 崔硕,姜洪亮,成辉,等. 多传感器信息险合技术综述[J]. 汽车电器,2018(9):41-43.

[21] 韩崇昭,朱洪艳,段战胜,等. 多源信息融合[M]. 北京:清华大学出版社,2010.

[22] 许德章,何去非. 多传感器集成与信息融合原理[J]. 安徽工程科技学院学报(自然科学),2006(2):74-78.

［23］韩增奇,于俊杰,李宁霞,等. 信息融合技术综述［J］. 情报杂志,2010,29(S1)：110-114.

［24］彭力. 信息融合关键技术及其应用［M］. 北京:冶金工业出版社,2010.

［25］仲腾. 基于卡尔曼滤波的多传感器信息融合的列车定位方法研究［D］. 北京:北京交通大学,2018.

［26］张志. 多传感器信息融合及其应用研究［D］. 西安:西安电子科技大学,2017.

［27］ROY S,PETERSEN I R. Robust H estimation of uncertain linear quantum systems ［J］. International of Robust & Nonlinear Control,2016 ,26(17)：3723-3736.

［28］ADBELHAKIM A. Two-Stage Weighted Least Squares Estimation of No stationary Random Coefficient Auto regressions［J］. Journal of Time Serie Econometrics,2013,5(1)：25-46.

［29］党宏社,韩崇唱,王立琦,等. 基于模糊推理原理的多传感器数据融合方法［J］. 仪器仪表学报,2004(4):527-530.

［30］肖雷. 多传感器最优估计与融合算法［D］. 西安:西安电子科技大学,2009.